驾驶人员

押运人员

装卸管理人员

危险货物道路运输培训丛书

危险货物道路运输从业人员培训教材

（爆炸品、剧毒化学品篇）

严季　刘浩学　◎主编

人民交通出版社股份有限公司

China Communications Press Co.,Ltd.

内 容 提 要

本书是危险货物道路运输培训丛书之一。为满足爆炸品、剧毒化学品道路运输从业人员的培训需求，本书分两篇编写，第一篇是爆炸品篇，第二篇是剧毒化学品篇。本书主要内容包括爆炸品、剧毒化学品的基础知识、包装知识、道路运输要求以及道路运输事故应急预案等。

本书为危险货物道路运输从业人员培训教材，也可作为各级危险货物道路运输管理人员依法行政，科学、规范执法的实用手册。

图书在版编目(CIP)数据

危险货物道路运输从业人员培训教材.爆炸品、剧毒化学品篇/严季，刘浩学主编. -- 北京：人民交通出版社股份有限公司，2014.11

(危险货物道路运输培训丛书)

ISBN 978-7-114-11728-2

Ⅰ.①危… Ⅱ.①严…②刘… Ⅲ.①爆炸物－公路运输－危险货物运输－技术培训－教材②毒物－化工产品－公路运输－危险货物运输－技术培训－教材 Ⅳ.①U492.8

中国版本图书馆 CIP 数据核字(2014)第 220218 号

Weixian Huowu Daolu Yunshu Congye Renyuan Peixun Jiaocai (Baozhapin、Judu Huaxuepin Pian)

书　　名：危险货物道路运输从业人员培训教材(爆炸品、剧毒化学品篇)
著 作 者：严　季　刘浩学
责任编辑：钟　伟
出版发行：人民交通出版社股份有限公司
地　　址：(100011)北京市朝阳区安定门外外馆斜街 3 号
网　　址：http://www.ccpress.com.cn
销售电话：(010)59757973
总 经 销：人民交通出版社股份有限公司发行部
经　　销：各地新华书店
印　　刷：北京鑫正大印刷有限公司
开　　本：787×1092　1/16
印　　张：18.5
字　　数：392 千
版　　次：2014 年 11 月　第 1 版
印　　次：2014 年 11 月　第 1 次印刷
书　　号：ISBN 978-7-114-11728-2
定　　价：48.00 元

前言

本教材是根据新修订的《道路危险货物运输管理规定》(交通运输部令2013年第2号)第八条第三款,关于“从事道路危险货物运输的驾驶人员、装卸管理人员、押运人员应当经所在地设区的市级人民政府交通运输主管部门考试合格,并取得相应的从业资格证;从事剧毒化学品、爆炸品道路运输的驾驶人员、装卸管理人员、押运人员,应当经考试合格,取得注明为‘剧毒化学品运输’或者‘爆炸品运输’类别的从业资格证”的规定,在《危险货物道路运输从业人员培训教材(基础篇)》(以下简称基础篇)的基础上,针对从事爆炸品、剧毒化学品道路运输的驾驶人员、押运人员、装卸管理人员培训而编写的。

为理清本教材与基础篇的关系,应了解《道路危险货物运输管理规定》(交通运输部令2013年第2号)第八条第三款规定的两层意思:一是要求所有从业人员都要具备危险货物道路运输的资格,故首先要针对所有从业人员编写基础篇;二是爆炸品、剧毒化学品道路运输从业人员要在取得危险货物道路运输资格后,再进行专门的培训并经考试合格才能上岗,故要在基础篇的基础上,针对爆炸品、剧毒化学品道路运输从业人员编写本教材。这样才能保证对从业人员的培训具有科学性、针对性,避免了仅用一本教材解决不同考试对象、考试要求的不合理状况。

2014年6月29日,交通运输部办公厅下发了《关于印发道路危险货物运输从业人员从业资格考试大纲、培训教学大纲和培训教学计划的通知》(交办运〔2014〕131号,以下简称131号文)。为了便于培训教师和爆炸品、剧毒化学品道路运输从业人员了解131号文,本教材将其涉及爆炸品、剧毒化学品的内容分别进行了归纳(见附录1)。根据附录1,可以看出其存在以下问题:一是根据教学规律,有关教学文件的次序应该是教学大纲、教学计划与考试大纲;二是教学内容及要求相对简单;三是驾驶人员、押运人员、装卸管理人员的考试分值均为30分,与常规的考试计分不一致,不利于实际操作。为此,我们根据多年从事危险货物道路运输管理和教学经验,编写了更加符合实际的爆炸品、剧毒化学品道路运输从业人员培训大纲、培训计划与考试大纲(见附录2)。另外,为了使教学工作更具有针对性，从业人员能更好地掌握相关知识，我们还按章节编写了思考题和考试模拟题。考试模拟题见附录3，并配备了答案。

为满足爆炸品、剧毒化学品道路运输从业人员的培训需求，本教材分两篇进行编写，第一篇是爆炸品篇，第二篇是剧毒化学品篇，主要内容包括爆炸品、剧毒化学品的基础知识、包装知识、道路运输要求以及道路运输事故应急预案等。另外，有关《剧毒化学品目录》（2002 年版）、《剧毒化学品目录（2002 年版）补充和修正表》、《易制爆危险化学品名录》（2011 年版）的内容请参见人民交通出版社股份有限公司出版的《危险货物道路运输安全管理手册（标准篇）（2014 年版）》。

本教材的编写得到了广东省交通运输厅综合运输处、广州市交通运输管理局、深圳市交通运输委员会港航和货运交通管理局以及广东宏大增化民爆有限责任公司、广州市安之达物流有限公司、广州市化工轻工总公司、广东省华星物资储运公司、深圳市危险废物处理站有限公司、深圳市化轻危险品配送有限公司、深圳富骏材料科技有限公司、深圳市宏茂达石油配送有限公司、深圳市鹏铁物流有限公司等的大力支持，在此一并表示感谢。

本书由严季、刘浩学担任主编，由韩冰、张玉玲担任副主编，参加本书编写的还有吴萌、晏远春、杨开贵、沈民、席锦池、刘辉、张静源、张普聪、胡海平、孔方桂、曾嘉、胡娟娟、尤冬梅、张宇、陈辉、董胜武、常连玉等。

由于作者水平有限，加之时间仓促，书中难免有不妥之处，敬请有关专家、学者和从事危险货物道路运输的工作者批评指正，以便完善。

第一篇　爆炸品篇

第二篇 剧毒化学品篇

附　录

第一篇

爆炸品篇

第一章　爆炸品的基础知识

第一节　爆炸与爆炸品

一、爆炸的分类和特征

爆炸是指物质从一种状态，经过物理变化或化学变化，突然变成另一种状态，并释放出巨大的能量，产生光、热或者机械功。一般爆炸会使周围的物体遭受猛烈的冲击和破坏。例如工程爆破，它是人为受控的爆炸；而在日常生产活动中，违背人的意愿发生的爆炸，叫事故性爆炸，如常见的煤矿瓦斯爆炸、锅炉爆炸、粮食粉尘爆炸等。

1. 爆炸的分类

爆炸按照物质爆炸前后发生的变化，可以分为物理爆炸、化学爆炸和核爆炸三类。

1）物理爆炸

物理爆炸是指物质因状态或压力发生突变而形成的爆炸。它和化学爆炸的明显区别在于物理爆炸前和爆炸后物质的性质及化学成分并没有发生改变。例如，常见的轮胎充气过饱导致的爆炸，只是发生了空气压力减小的变化；液化气储罐在夏天高温暴晒导致压力过高，罐体破裂的爆炸也属于物理爆炸。物理爆炸的共同特点是容器内气体压力超过了容器的承受能力，某部位发生破裂，内部物质迅速膨胀并释放大量能量。

2）化学爆炸

化学爆炸是指在外界作用下（如受热、撞击等），物质以极快的反应速度发生放热的化学反应，并产生高温高压所引起的爆炸。爆炸前后的物质组分[1]和性质发生了根本性变化。例如，爆炸品的爆炸等。

3）核爆炸

核爆炸是指原子核发生聚变或裂变反应，释放出巨大能量而发生的爆炸。核爆炸形成数百万到数千万摄氏度的高温，爆炸中心区可产生数十万兆帕的高压，能量释放相当于数万到数千万吨 TNT 炸药的爆炸能量，同时伴随大量的热辐射、强光和有害的放射性粒子。其破坏力要比物理爆炸和化学爆炸大得多。

2. 爆炸的特征

从总的情况来看，一般爆炸表现有两个特征：

---

[1] 组分指混合物（包括溶液）中的各个成分，例如黑火药中的炭、硫黄和硝酸钾，蔗糖溶液的蔗糖和水等。

（1）爆炸的内部特征。大量气体和能量在有限的体积内突然释放或急剧转化，并在极短时间内，在有限体积中积聚，造成的高温高压等非正常状态，对邻近介质形成急剧的压力突跃和随后的复杂运动，显示出不寻常的移动或机械破坏效应。

（2）爆炸的外部特征。爆炸将能量以一定方式转变为原物质或产物的压缩能，随后物质由压缩态膨胀，在膨胀过程中做机械功，进而引发附近介质的变形、破坏和移动。同时，由于介质受振动而发生一定的声响。

二、爆炸品及爆炸发生的条件

1.爆炸品的定义

在《道路运输爆炸品和剧毒化学品车辆安全技术条件》（GB 20300—2006）中，将爆炸品定义为：在外界作用下（如受热、撞击等），能发生剧烈的化学反应，瞬时产生大量的气体和热量，使周围压力急剧上升，发生爆炸，对环境造成破坏的物品。该定义表述简单，在实际工作中常用这个定义。

在《危险货物分类和品名编号》（GB 6944—2012）中，进一步介绍了爆炸品。首先将“爆炸性物质”定义为：固体或液体物质（或物质混合物），自身能够通过化学反应产生气体，其温度、压力和速度高到能对周围造成破坏。烟火物质即使不放出气体，也包括在内。又将“爆炸性物品”定义为：含有一种或几种爆炸性物质的物品。即爆炸品就是各种爆炸性物质、爆炸性物品和为产生爆炸或烟火实际效果而制造的爆炸性物质和爆炸性物品中未提及的物质或物品的总称。该定义表明：一是爆炸品是一个总称，涵盖较大范畴；二是爆炸品的爆炸现象属于化学爆炸，即指物质因得到起爆的能量而迅速分解，释放出大量的气体和热量的过程。

需要注意的是，对于那些太危险以致不能运输或其主要危险特性符合其他类别的物质，即使具有爆炸性物质的某些特性，不能将这些物质界定为“爆炸性物质”。对于某些装置，如果其所含爆炸性物质数量或特性，不会使其在运输过程中偶然或意外被点燃或引发后，因迸射、发火、冒烟、发热或巨响而在装置外部产生任何影响的，这些装置也不属于“爆炸性物品”。

以上定性地介绍了爆炸品的概念和特性。具体运输中如何界定爆炸品呢？爆炸品以列入《危险货物品名表》（GB 12268—2012）中的第1类危险货物为准。

2.爆炸品发生化学爆炸的条件

爆炸品发生化学爆炸必须同时具备以下三个条件：

（1）反应过程的放热性。热量是爆炸做功的能量来源。没有大量的热放出，爆炸反应不可能完成，更不能形成高温、高压、高能量气体而膨胀做功。爆炸反应过程所放出的热量称为爆炸热（或爆热），是爆炸破坏能力的标志，也是爆炸品的重要危险特性。例如：1kgTNT爆炸能产生4200kJ的热量。1kg硝化甘油爆炸时可放出6196kJ的热量。

（2）反应速度快。变化以高速进行，并在瞬间完成。只有高速才能使爆炸产物的体积、能量、密度急骤增大而致爆。许多化学品反应释放出的热量比爆炸品放出的热量大得多，但未能形成爆炸,其根本原因还在于反应速度慢。例如:煤炭虽然所含热量比同样质量的TNT高1倍多,但由于燃烧速度缓慢而不能形成爆炸;而TNT完全反应所需时间约为10^{-5}s,瞬间所产生的热量来不及消散,气体产物就可升温到2000~3000℃,压力达到10~14GPa,因而发生爆炸。

为了衡量爆炸品的反应速度,常使用爆速这个参数。爆速是指爆轰波在炸药中稳定传播的速度(m/s),也可以理解为"爆炸品本身在进行爆炸反应时的传播速度"。爆速值的大小除与炸药种类有关外,还与炸药密度、装药直径、炸药中的添加物及外壳等有关。只有在一定的装药条件下,爆轰波的传播速度才为特定值。猛炸药的爆速为6~9km/s(例如TNT爆速为6.9km/s,黑索金爆速为8.75km/s),工业炸药爆速为2~4km/s。

(3)变化过程中能产生大量气体。爆炸品在爆炸瞬间生成大量气体产物,由于爆炸反应速度极快,来不及扩散膨胀,被压缩在爆炸物质原来所占有的体积内;爆炸过程在产生气态产物的同时释放大量的热量,这些热量也来不及逸出,转嫁给了生成的气体产物,这样在爆炸物质原来所占有的体积内就形成了高温高压状态的气体。这种气体作为工介(工作介质),在瞬间膨胀就可以做功,由于功率巨大,对周围物体会造成巨大的破坏作用。例如,1kgTNT爆炸后能生成727.2L气体,是爆炸前体积的1130倍。1kg硝铵炸药爆炸后能生成906L气体,体积膨胀1530倍。

一般来讲,爆炸反应过程放出热越大、爆炸反应速度越快、爆炸变化过程中能产生的气体越多,爆炸品的爆炸威力就越大。一般常见炸药的爆速、气体量和热量参数,见表1-1-1。

常见炸药的爆速、气体量和热量参数表 表1-1-1

炸药品名	爆速(m/s)	1kg炸药爆炸后所产生的气体量(L)	1kg炸药爆炸后所产生的热量(kJ)
UN0027;CN11096 黑火药(火药),颗粒状或粉状	500	280	2784
UN0143;CN11033 减敏硝化甘油,按质量含有不低于40%不挥发、不溶于水的减敏剂	8400	716	4196
UN0340、UN0341;CN11032 硝化纤维素,干的,或湿的,按质量含水(或酒精)低于25% 硝化纤维素,未改型的,或增塑的,按质量含有低于18%的增塑剂	6300	765	4291
UN0388;CN11040 三硝基甲苯(梯恩梯)和三硝基苯混合物或三硝基甲苯(梯恩梯)和六硝基芪混合物	6990	727	4187
UN0208;CN11037 三硝基苯基甲硝胺(特屈儿炸药)	7740	710	4564

续上表

炸药品名	爆速(m/s)	1kg 炸药爆炸后所产生的气体量(L)	1kg 炸药爆炸后所产生的热量(kJ)
UN0391;CN11044 环三亚甲基三硝胺(旋风炸药;黑索金[1];RDX)与环四亚甲基四硝胺(HMX;奥克托金炸药)的混合物,湿的,按质量含水不低于15%;或环三亚甲基三硝胺(旋风炸药;黑索金;RDX)与环四亚甲基四硝胺(HMX;奥克托金炸药)的混合物,减敏的,按质量含减敏剂不低于10%	8380	908	6280
UN0411;CN11049 季戊四醇四硝酸酯,按质量含蜡不低于7%(季戊炸药、泰安、太安)	8400	780	6389
UN0135;CN11025 雷酸汞(雷汞)	4500	315	1541
UN0129;CN11019 叠氮化铅(叠氮铅)	4500	310	1089

第二节　爆炸品的分项

一、按爆炸品危险特性

根据各种爆炸物品特性,《危险货物分类和品名编号》(GB 6944—2012)将第1类 爆炸品划分为6项。

(1)爆炸品1.1项:有整体爆炸危险的物质和物品。所谓的整体爆炸是指瞬间能影响到几乎全部载荷的爆炸。例如表1-1-2所列举的爆炸品。

爆炸品1.1项示例　　表1-1-2

联合国编号	名称和说明	类别或项别[2]
0004	苦味酸铵,干的,或湿的,按质量含水低于10%	1.1D
0005	武器弹药筒,带有爆炸装药	1.1F
0006	武器弹药筒,带有爆炸装药	1.1E
0027	黑火药(火药),颗粒状或粉状	1.1D
0028	压缩黑火药(火药)或丸状黑火药(火药)	1.1D
0029	非电引爆雷管,爆破用	1.1B

[1] 黑索金有不同种,如:黑索金,钝感的 UN0483;黑索金,湿的 UN0072。

[2] 其中第1类危险货物还包括其所属的配装组。关于配装组的问题,参见本篇第四章第四节中的相关内容。

(2)爆炸品1.2项:有迸射危险,但无整体爆炸危险的物质和物品。例如表1-1-3所列举的爆炸品。

爆炸品1.2项示例 表1-1-3

联合国编号	名称和说明	类别或项别
0007	武器弹药筒,带有爆炸装药	1.2F
0009	燃烧弹药,带有或不带起爆装置、发射剂或推进剂	1.2G
0015	发烟弹药,带有或不带起爆装置、发射剂或推进剂	1.2G
0018	催泪弹药,带有或不带起爆装置、发射剂或推进剂	1.2G
0035	炸弹,带有爆炸装药	1.2D
0039	摄影闪光弹	1.2G

(3)爆炸品1.3项:有燃烧危险并有局部爆炸危险或局部迸射危险或这两种危险都有,但无整体爆炸危险的物质和物品。1.3项包括满足下列条件之一的物质和物品:①可产生大量辐射热的物质和物品;②相继燃烧产生局部爆炸或迸射效应或两种效应兼而有之的物质和物品。例如表1-1-4所列举的爆炸品。

爆炸品1.3项示例 表1-1-4

联合国编号	名称和说明	类别或项别
0010	燃烧弹药,带有或不带起爆装置、发射剂或推进剂	1.3G
0016	发烟弹药,带有或不带起爆装置、发射剂或推进剂	1.3G
0019	催泪弹药,带有或不带起爆装置、发射剂或推进剂	1.3G
0050	闪光弹药筒	1.3G
0054	信号弹药筒	1.3G
0077	二硝基苯酚的碱金属盐,干的,或湿的,按质量含水低于15%	1.3C

爆炸品1.1项、1.2项、1.3项运输车辆的标志牌图形如图1-1-1所示❶。

(4)爆炸品1.4项:不呈现重大危险的物质和物品。本项包括运输中万一点燃或引发时仅出现较小危险的物质和物品;其影响主要限于包件本身,并预计射出的碎片不大、射程也不远,外部火烧不会引起包件内全部内装物的瞬间爆炸。例如表1-1-5所列举的爆炸品。

爆炸品1.4项示例 表1-1-5

联合国编号	名称和说明	类别或项别
0044	帽型起爆器	1.4S
0055	空弹药筒壳,带有起爆器	1.4S
0066	点燃导火索	1.4G
0131	引信点火器	1.4S
0197	发烟信号器	1.4G
0312	信号弹药筒	1.4G

❶国内有关标准,对爆炸品标志的表述不一致。在危险货物道路运输业,要执行《道路运输危险货物车辆标志》(GB 13392—2005)的有关要求。

爆炸品 1.4 项运输车辆的标志牌图形如图 1-1-2 所示。

(底色:橙红色,图案:黑色)

图 1-1-1　爆炸品 1.1 项、1.2 项、1.3 项运输车辆的标志牌图形

(底色:橙红色,图案:黑色)

图 1-1-2　爆炸品 1.4 项运输车辆的标志牌图形

(5)爆炸品 1.5 项:有整体爆炸危险的非常不敏感物质。本项包括有整体爆炸危险性,但非常不敏感以致在正常运输条件下引发或由燃烧转为爆炸的可能性很小的物质。

爆炸品 1.5 项运输车辆的标志牌图形如图 1-1-3 所示。

(6)爆炸品 1.6 项:无整体爆炸危险的极端不敏感物品。本项包括仅含有极端不敏感起爆物质,并且其意外引发爆炸或传播的概率可忽略不计的物品。同时本项物品的危险仅限于单个物品的爆炸。例如,UN0486 极端不敏感爆炸性物品(1.6N)。

爆炸品 1.6 项运输车辆的标志牌图形如图 1-1-4 所示。

(底色:橙红色,图案:黑色)

图 1-1-3　爆炸品 1.5 项运输车辆的标志牌图形

(底色:橙红色,图案:黑色)

图 1-1-4　爆炸品 1.6 项运输车辆的标志牌图形

在《危险货物品名表》(GB 12268—2012)中,1.5 项仅有 UN0482、1.6 项仅有 UN0486,由此可知第 1 类爆炸品中 1.5 项、1.6 项所占的比例很小。

二、爆炸性物质按用途分类

爆炸品中涵盖的“爆炸性物质”按用途的不同,可分为起爆药、猛炸药、火药和烟火剂四大类。

1. 起爆药

起爆药又称为初级炸药，它是四类爆炸性物质中最敏感的一种，受外界较小能量作用就能发生爆炸变化，而且在很短的时间内其变化速度可增至最大，但是它的威力较小，在许多情况下不能单独使用，只能用来作为火帽❶、雷管❷装药的一个组分，以引燃火药或引爆猛炸药。

起爆药受较小的激发冲能，如火焰、针刺、撞击、电能等激发就能引爆，而且只需少量药量就可以达到稳定的爆轰❸。它主要用于火工品，用以起爆猛炸药。常用的起爆药有雷汞（UN0135；CN11025）、叠氮化铅（UN0129；CN11019）等。

2. 猛炸药

猛炸药又称为次级炸药，习惯上称为炸药。它需要较大的外界能量作用才能激起爆炸变化，一般用起爆药来起爆。猛炸药典型的爆炸变化形式是爆轰，常用作各种弹药的主装药和火工品中的装药。常用的猛炸药有梯恩梯（UN0388；CN11040）、特屈儿（UN0208；CN11037）、太安（UN0411；CN11049）、黑索金（UN0391；CN11044）等。

3. 火药

火药典型的爆炸变化形式是燃烧，常用作枪炮弹的发射药与火箭推进剂，也广泛应用于火工品中。常用的火药有黑火药（UN0027；CN11096）、无烟火药（UN0161；CN13017）、单基药（以硝化棉为主体的火药）、双基药（以硝化甘油和硝化棉为主体的火药）、推进火药（以高氯酸盐及氧化铅等为主要药剂）。

4. 烟火剂

烟火剂是一类以氧化剂和可燃物为主体的混合物。其典型爆炸变化形式也是燃烧，是利用其燃烧反应所产生的特定烟火效应，起照明、信号、光、烟幕及燃烧等作用。烟花爆竹就是民用烟火剂。

由于雷管对明火、电火花、振动、撞击、摩擦敏感，故炸药不得与雷管同时装载、运输。

第三节　爆炸品的主要特性

爆炸品的特性主要体现在感度、威力和猛度、安定性三个方面。同时，三个特性也决定

❶火帽（UN0377、UN0378、UN0044），由金属或塑料帽内装有少量易于点燃的起爆药制成的火工品。这种起爆药很容易由冲击点燃，通常用作轻武器弹药筒的点燃部件，或发射药的撞击起爆器。

❷雷管包括：弹药用雷管（UN0073、UN0364、UN0365、UN0366），专门用于起爆炸药的起爆元件；电雷管（UN0030、UN0255、UN0456），各种用电流引发的、用于引爆起爆药的起爆元件，装有瞬发装置或延时装置；非电雷管（UN0029、UN0267、UN0455），各种非电流引发的、用于引爆起爆药的起爆元件，装有瞬发装置或延时装置。雷管对明火、电火花、振动、撞击、摩擦敏感。

❸爆轰又称爆震。它是一个伴有大量能量释放的化学反应传输过程。反应区前沿为一以超声速运动的激波，称为爆轰波。爆轰波扫过后，介质成为高温高压的爆轰产物。

了爆炸品爆炸性能的强弱。

一、感度(又称敏感度)

感度是指爆炸品在外界作用下发生爆炸反应的难易程度。爆炸品需要外界提供一定量的能量才能触发爆炸反应,否则爆炸反应就不能进行。感度高低通常以引起爆炸所需要的最小外界能量来表示。显然,引起某爆炸品爆炸所需的起爆能量越小,则其感度越高,危险性也越大。

不同爆炸品所需起爆能量的大小是不同的,其感度也不同。如:TNT对火焰的感度较小,但如用雷管引爆则立即爆炸。即使同一种爆炸品,所需起爆能量大小也不是固定不变的。如同样是TNT,在缓慢加压的情况下,它可经受几万牛顿压力也不爆炸,但在瞬间撞击情况下,即使冲击力很小,也会引起爆炸。

起爆能有多种形式,如机械能(冲击、摩擦、针刺);热能(高温、明火、火花、火焰);电能(电热、电火花);光能(激光及其他光线);爆炸能(雷管、起爆药)等。在运输装卸过程中,温度变化及机械作用的影响是不可避免的,所以在各种形式的感度中,主要是确定爆炸品的热感度和撞击感度。

1. 热感度

热感度是指爆炸品在外界热能作用下发生爆炸变化的难易程度。一般用"爆发点"来表示。爆发点是指物质在一定延滞期内发生爆炸的最低温度。延滞期则指从开始对炸药加热到其发生爆炸所需要的时间。表1-1-6给出了在不同延滞期下TNT的爆发点。可见,同一爆炸品,延滞期越短,爆发点越高;延滞期越长,爆发点越低。虽未受高热,但受低热时间足够长的话,也会诱发爆炸。因此,在运输中一定要使爆炸品远离热源或采取严格隔离措施。

TNT炸药在不同延滞期下的爆发点 表1-1-6

延滞期	5s	1min	5min	10min
爆发点(℃)	475	320	285	270

2. 撞击感度

撞击感度是指爆炸品在机械冲击的外力作用下,对冲击能量的敏感程度,用发生爆炸次数的百分比表示。撞击感度高(百分比的数值大),说明其对外界冲击能量的敏感度高,易于引起爆炸。反之,撞击感度低,说明其对冲击能量的感度低,不易引起爆炸。如装卸时不慎,炸药由高空落下;车辆在行驶中发生剧烈的冲击、振动等均属这一类。目前,各国大都采用立式落锤感度试验机测定[1]爆炸品的撞击感度。几种常用炸药的撞击感度见表1-1-7。

[1]立式落锤感度试验是指,使用10kg的重锤,重锤从25cm高度撞击0.05g的试样,其能发生爆炸次数的百分数。

几种常用炸药的撞击感度 表 1-1-7

炸药品名	爆炸百分数(%)	炸药品名	爆炸百分数(%)
TNT UN0388;CN11040	4~8	黑索金 UN0391;CN11044	70~80
苦味酸铵,干的,或湿的, 按质量含水低于10% UN0004;CN11059	24~32	季戊四醇四硝酸酯(季戊炸药), 按质量含蜡不低于7%(泰安、太安) UN0411;CN11049	100
三硝基苯基甲硝胺 UN0208;CN11037	50~60	无烟火药 UN0160;CN11099	70~80

值得注意的是,炸药的纯净度对其撞击感度有很大的影响。当炸药内混入坚硬物质如玻璃、铁屑、砂石等时,则其撞击感度增加,危险性增大。当炸药中混入惰性物质如石蜡、硬脂酸、机油等时,则其撞击感度降低。

因此,在运输装卸过程中,严禁混入坚硬杂物,车厢货舱应保持干净,炸药撒漏物绝不能再装入原包装内。有些较敏感的炸药(如黑索金、泰安等),在运输过程中为确保安全,可加入适量石蜡(这些附加物称为钝感剂)使其钝化,以增加安全系数。

二、威力和猛度

威力是指炸药爆炸时的做功能力,即炸药爆炸时对周围介质的破坏能力。威力的大小主要取决于爆热的大小、爆炸后气体生成量的多少以及爆温的高低。猛度,又称猛性作用,是指炸药爆炸后爆轰产物对周围物体(如弹壳、混凝土、建筑物或矿石层等)破坏的猛烈程度。其大小可用爆轰压和爆速来衡量。

爆炸品的威力和猛度越大则炸药的破坏作用越强。衡量威力和猛度的参数很多,运输中采用爆速,即爆炸品本身在进行爆炸反应时的传播速度(m/s),它是决定爆炸威力的重要因素。当炸药量相当时,爆速的大小能在一定程度上反映出炸药的爆炸功率及破坏能力。不同爆炸品具有不同的爆速。爆速越大,单位时间内进行爆炸反应的爆炸品越多,其爆炸威力也越大。通常将爆速是否大于3000m/s作为衡量爆炸品威力强弱的一个参考指标。

三、安定性(稳定性)

爆炸品的安定性是指爆炸品在一定的储存期间内,不改变自身的物理性质和化学性质的能力。爆炸品本身不稳定,即使在正常的保管条件下,也会产生某种程度的物理或化学变化,所以,长期储存不安定的爆炸品或在一定外界条件(如环境温湿度等)影响下,不仅会改变爆炸品的爆炸性能,影响正常使用,而且还可能发生燃烧和爆炸事故。

根据我国汽车运输的特点，以保持在环境温度不超过45℃（可允许短期略超过45℃）的条件下，运输期间货物不发生分解，不改变其使用效能，即可认为该货物安定性符合安全运输要求。同时，为增加运输过程中的化学安定性，对某些炸药，在运输途中必须加入一定量的水、酒精，或其他钝感剂（如萘、二苯胺、柴油等）。

综上所述，感度和安定性是用来衡量货物起爆的难易程度，而威力和猛度则关系到一旦发生爆炸所产生的破坏效果。一般来讲，可选用爆发点低于350℃、爆速大于3000m/s、撞击感度在2%以上为爆炸性的3个主要参考数据。三者居其一，即可认为该物质或物品具有爆炸性。

在有些教材中，还提到了爆炸品的理化特性。主要有：

（1）爆炸性。爆炸品的爆炸性是由本身的组成和性质决定的。而爆炸的难易程度则取决物质本身的敏感度。一般来讲，敏感度越高的物质越易爆炸。在外界条件作用下，炸药受热、撞击、摩擦、遇明火或酸碱等因素的影响都易发生爆炸。

（2）殉爆。当炸药爆炸时，能引起位于一定距离之外的炸药也发生爆炸，这种现象称为殉爆，这是炸药所具有的特殊性质。殉爆的发生是冲击波的传播作用，距离越近冲击波强度越大。

思　考　题

1. 何谓爆炸？

2. 何谓物理爆炸？何谓化学爆炸？

3. 爆炸品爆炸是属于物理爆炸还是化学爆炸？

4. 爆炸的特征有哪些？

5. 何谓爆炸品？爆炸品的定义是什么？如何确定爆炸品？

6. 爆炸品发生化学爆炸需要具备何种条件？

7. 根据爆炸品的危险特性，爆炸品可以分为几个项别？每个项别的特点是什么？

8. 爆炸品1.1项、1.2项、1.3项、1.4项、1.5项、1.6项道路运输车辆标志牌的图形是什么？

9. 爆炸性物质按用途的不同分为几类？常见的爆炸性物质有哪些？

10. 何谓起爆药、猛炸药、火药、烟火剂？

11. 爆炸品的特性有哪些？

12. 何谓爆炸品的感度、威力和猛度、安定性？

第二章 爆炸品的包装知识

爆炸品具有易爆易燃的危险特性,部分还具有毒害等特性,是危险货物道路运输中危险性大的货物。在危险货物道路运输过程中,若包装处理不当,极易造成事故,轻则影响运输,造成经济损失,重则造成重大人员伤亡,严重污染环境。随着国家经济建设的进一步发展,爆炸品的使用范围在扩大,运输量不断增加,由于包装不当而引发的事故时有发生,危害越来越大。如何妥善包装也成为行业监管部门和企业共同关注的问题。因此,全面了解爆炸品的包装要求,对运输安全和维护危险货物道路运输从业人员的自身安全,均有重要作用。

第一节 爆炸品包装的基本要求

爆炸品妥善包装,可以防止爆炸品因接触其他介质而使货物变质,或发生剧烈的化学反应造成事故;也可减少在运输过程中所受到的碰撞、振动、摩擦和挤压,使爆炸品在包装的保护下保持相对稳定状态,从而保证运输安全。同时,妥善包装也有利于储运过程中的堆垛、搬动、保管,提高运输效率和工作效率。

对于爆炸品而言,其运输包装必须进行专用包装,甚至在爆炸品包装之间都不能有相互替用。一般来说,为了保证爆炸品在储运过程中的安全,爆炸品的生产设计者在设计、生产爆炸品时,往往根据本爆炸品所必须满足的防火、防振、防磁等要求,同时也设计了该爆炸品的包装物,而且其包装设计需要与爆炸品的设计同时被批准,否则,不得进行爆炸品的生产。爆炸品包装的基本要求应当满足《危险货物运输包装通用技术条件》(GB 12463)和《公路运输危险货物包装检验安全规范》(GB 19269)的规定。

(1)包装结构合理,并具有足够强度,防护性能好。选择的包装的材质、形式、规格、方法和内装货物质量,必须与所装爆炸品的性质和用途相适应。盛装液体的容器,应能经受在正常运输条件下产生的内部压力。灌装时应留有足够的膨胀余量(预留容积),除另有规定外,并应保证在温度55℃时,内装液体不致完全充满容器。运输包装与内装物直接接触部分,必要时应有内涂层或进行防护处理,运输包装材质不应与内装物发生化学反应而形成危险产物或导致削弱包装强度。

具体包装容器基本结构应符合《一般货物运输包装通用技术条件》(GB/T 9174)的规定;包装的组合形式、标记代号、限制质量应参照《危险货物运输包装通用技术条件》(GB 12463)中附录A规定执行。

(2)包装构造和封闭形式合理,具有较强的封闭性和隔离性。包装构造和封闭形式应能承受正常运输条件下的各种作业风险,不应因温度、湿度或压力的变化而发生任何渗(撒)

漏，表面应清洁，不允许黏附有害的危险物质。例如，双重卷边接合的钢桶，金属桶或以金属做衬里的包装箱，应能防止爆炸物进入隙缝。钢桶或铝桶的封闭装置必须有合适的垫圈。盛装需浸湿或加有稳定剂的物质时，其容器封闭形式还应能有效地保证内装液体（水、溶剂和稳定剂）的百分比，在储运期间保持在规定的范围内。盛装液体爆炸品容器的封闭形式，还应具有防止渗漏的双重保护，其运输包装封口应根据内装物性质采用严密封口、液密封口或气密封口。

运输包装有降压装置时，其排气孔设计和安装应能防止内装物泄漏和外界杂质进入，排出的气体量不应造成危险和污染环境。对于盛装有对外部电磁辐射敏感的电引发装置的爆炸物品，包装应具备防止所装物品受外部电磁辐射源影响的功能。

此外，复合包装的内容器和外包装应紧密贴合，外包装不应有擦伤内容器的凸出物。除内包装能充分防止爆炸品与金属物接触外，铁钉和其他没有防护涂料的金属部件不得穿透外包装。

（3）包装内容器具有稳固性。如内容器易碎且盛装易撒漏货物，应使用与内装物性质相适应的衬垫材料或吸附材料衬垫妥实。包装内的爆炸物质和物品，包括内容器，必须衬垫妥实，在运输中不得发生危险性移动。

爆炸品的包装实例如图1-2-1所示。

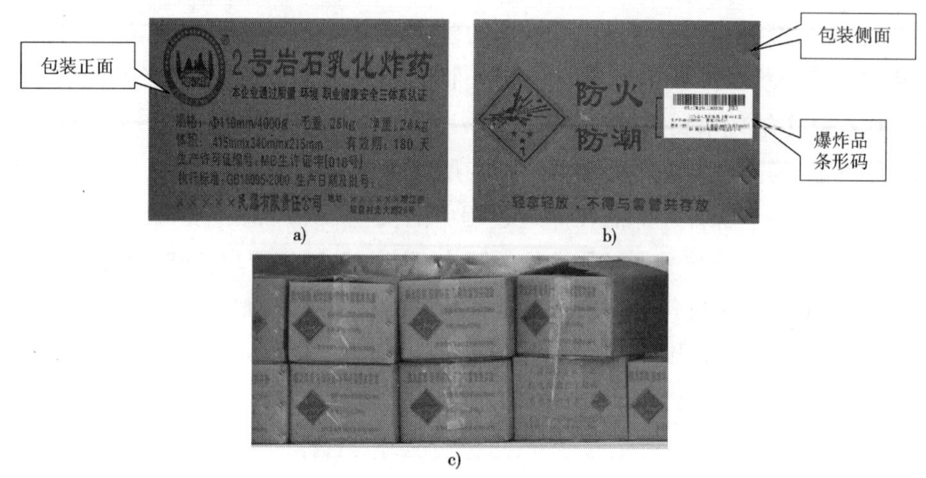

图1-2-1　爆炸品的包装实例

第二节　爆炸品包装的分类和标志

一、爆炸品的包装分类

从目前运输的爆炸品来看，主要有以下三种分类方式。

1. 按爆炸品的包装要求分类

爆炸品自身的理化性质客观上就决定了包装要求。根据爆炸品包装是否具有特殊包装要求，将爆炸品包装分为一般包装和特殊包装。

爆炸品属于一般包装还是特殊包装，可以通过包装说明进行判断。一般包装主要由"P"、"IBC"、"LP"、"T"进行标识。"P"是适用中型散货箱和大型包装以外的包装，"IBC"适用于中型散货箱，"LP"适用于大型包装，"T"适用于便携式罐体。特殊包装则由"PP"、"B"、"L"、"TP"进行标识。"PP"适用于中型散货箱盒大型包装以外的包装，"B"适用于中型散货箱，"L"适用于大型包装，"TP"适用于便携式罐体。

2. 按爆炸品的包装材料分类

按爆炸品使用的包装材料分类，一般可以分为木制包装、金属制包装、纸制包装和塑料制包装。

(1)木制包装主要是利用天然板材以及胶合板、木屑板等人工板材作为包装材料，主要为木桶包装和木箱包装(图1-2-2)。例如，普通天然木箱、防筛漏天然木箱、胶合板箱、再生木箱、纤维板箱等。

图1-2-2 工业电子雷管的木箱包装

(2)金属制包装的主要形式有桶(包括罐)和箱(包括盒、听)包装两大类。其基本性能表现为牢固、耐压、耐破、密封、防潮，其强度是所有包装中最高的，是在爆炸品包装中使用最广泛的包装材料。例如，钢桶、金属储器、铝桶、金属分隔板、钢箱、铝箱等。

(3)纸制包装主要以纸包皮、纸袋、牛皮纸包皮为主(图1-2-3)。纸制包装的特点在于防振性能很好，经特殊工艺加工，强度可以与木材相比。

图1-2-3 工业电子雷管的纸制包装

(4)塑料制包装主要是以聚氯乙烯、聚苯乙烯、聚乙烯、钙塑、发泡塑料等为原料制成的桶、袋(图1-2-4)、箱、瓶、盒、罐。塑料还可以与金属或纸制成各种复合材料。塑料包装的特点是质轻、不易碎、耐腐蚀,但与金属容器相比,耐热、密封、耐蠕变性能相对要差一些。

图1-2-4　塑料袋包装(2号岩石乳化炸药的内包装)

3. 按爆炸品的包装类型分类

爆炸品与其他危险货物相同,包装类型主要分为桶、箱、袋三大类。

爆炸品的桶类包装主要包括铁桶、铝桶、胶合板桶、纤维板桶、塑料桶。箱类一般包括以箱为外包装的各种组合包装,例如钢箱、铝箱、木箱、胶合板箱、再生木箱、纤维板箱以及集装箱。袋类主要为塑料袋、纸袋、纺织品袋、导电橡胶袋等。

二、爆炸品包装标志❶

爆炸品的包装标志,应当执行《危险货物包装标志》(GB 190)的规定。根据GB 190,爆炸品的包装标志分为标记和标签两部分。

1. 包装标记

适合爆炸品的标记主要包括:危险货物正式运输名称及相应编号、危害环境物质和物品标记(装载液体的容量为5L或以下,或者装载固体的容量为5kg或以下的单容器,带内容器除外)和方向标记(危险货物装在容积不超过120mL的内容器中,内容器和外容器之间有足够的吸附材料,能够吸收全部液体内装物的除外)。其中危险货物正式运输名称及相应编号应根据GB 12268进行确定,并标示在每个包装件上。危害环境物质和物品标记、方向标记、高温运输标记如图1-2-5~图1-2-7所示[图1-2-6a)或b)均可],应标示在运输名称和相应编号的附近。

(符号:黑色,底色:白色)

图1-2-5　危害环境物质和物品标记

a)

b)

(符号:黑色或正红色,底色:白色)

图1-2-6　方向标记

❶引自《危险货物包装标志》(GB 190)。

为了加强对爆炸品的管理,尤其在储存、运输、使用环节的跟踪管理,一般情况下都要求给每一个爆炸品的包装上粘贴条形码(图1-2-8)。条形码在包装箱上粘贴的位置,可参看图1-2-1、图1-2-3。

(符号:正红色,底色:白色)

图1-2-7 高温运输标记

二号岩石乳化炸药[箱]24kg
生产日期:130930 数量:24kg
批号:183 许可证:MB生许证[009号]
X1 ××××民爆有限责任公司

图1-2-8 爆炸品的包装上粘贴条形码

2. 包装标签[1]

爆炸品的包装标签包括四个标签,其中1.1~1.3项对应同一个标签、1.4~1.6项分别对应一个标签,具体见表1-2-1。标签分为上下两部分,除了1.4~1.6项外,标签的上半部分为图形符号,下半部分为类别或项号和适当的配装组字母。1.4~1.6项的标签在上半部分标明项号,在下半部分标明配装组字母,1.4项S配装组一般不需要标签,但认为这类货物需要标签的,则依照1.4项式样。图形中⋆⋆为填写爆炸品项别的位置,⋆为填写爆炸品配装组字母的位置。

关于配装组的问题,参见第一篇第四章第四节中的相关内容。

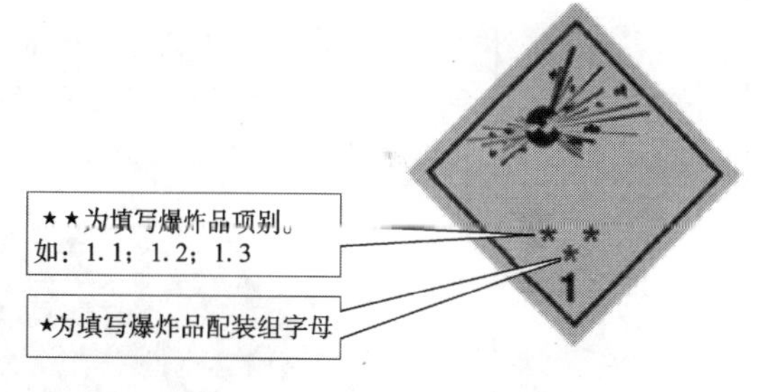

图1-2-9 爆炸品的1.1~1.3项的标签

1.1~1.3项对应同一个标签,如图1-2-9所示。关于图形中⋆⋆、⋆的填写,可见硝化丙三醇包装标签的样式(图1-2-10)。

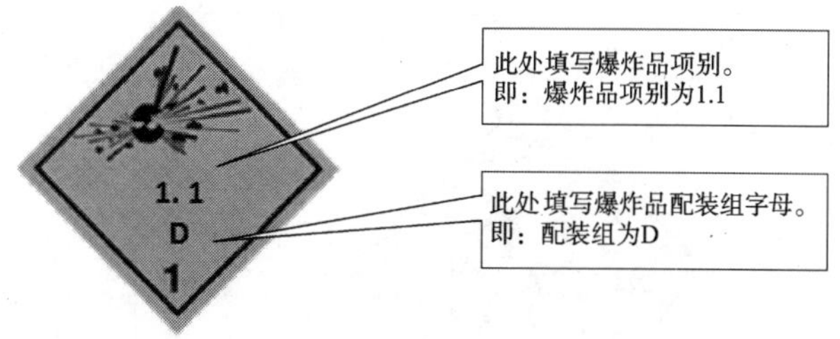

图1-2-10 硝化丙三醇(UN0143、CN11033)包装标签的样式

[1]引自《危险货物包装标志》(GB 190)。

爆炸品包装标签 表 1-2-1

标签名称	标 签 图 形	对应的爆炸品项别
爆炸品	 （符号：黑色，底色：橙红色）	1.1 ~ 1.3
	 （符号：黑色，底色：橙红色）	1.4
	 （符号：黑色，底色：橙红色）	1.5
	 （符号：黑色，底色：橙红色）	1.6

如果GB 12268第5栏标明爆炸品还具有次要危险性的，还应当按照GB 190的规定标注其他标签图形。例如UN编号为0224的叠氮化钡，其次要危险性为6.1，即毒性物质，那么在标注爆炸品1.1项别的图形时，还需要增加6.1毒性物质的标签图形。此外，对于标签的大小、尺寸也应当严格按照GB 190的规定执行，具体内容请参见人民交通出版社股份有限公司出版的《危险货物道路运输从业人员培训教材(基础篇)》。

第三节　爆炸品的安全技术说明书和安全标签

根据《道路危险货物运输管理规定》第三十二条第二款的规定，危险货物托运人托运危险化学品的，应当“提交与托运的危险化学品完全一致的安全技术说明书和安全标签”。危险化学品安全技术说明书和安全标签的具体编写内容，应当分别符合《化学品安全技术说明书编写指南》(GB/T 17519—2013)、《化学品安全技术说明书　内容和项目顺序》(GB/T 16483—2008)、《化学品安全标签编写规定》(GB 15258—2009)和《化学品分类和标签规范　第2部分:爆炸物》(GB 30000.2—2013)等规定。当所运爆炸品为危险化学品时，相应地托运人也应当根据上述标准编写爆炸品安全技术说明书和安全标签，履行《危险化学品安全管理条例》和《道路危险货物运输管理规定》所规定的义务。

一、爆炸品的安全技术说明书

化学品安全技术说明书，是提供化学品燃爆、毒性和环境危害以及安全使用、防护措施和紧急情况下的应对措施、主要理化参数、法律法规等方面信息的综合性文件，对化学品生产、流通和使用提供技术指导。对爆炸品道路运输而言，安全技术说明书是运输爆炸品具体作业的技术指南和应急指南，也是企业安全教育的重要内容之一。

爆炸品安全技术说明书一般包括16个部分的内容，明确爆炸品的名称、危害特性以及成分组成(第1~3部分)；危险发生情形下的应急措施(第4~6部分)；预防和控制危险发生的措施(第7~10部分)；其他爆炸品的安全信息(第11~16部分)。具体16部分的标题、编号见表1-2-2。

爆炸品安全技术说明书内容　　表1-2-2

顺　序	标　题	说　明
第1部分	化学品及企业标识	主要标明爆炸品的名称、爆炸品的供应商产品代码、供应商名称、地址、电话、应急电话、传真和电子邮件地址，并说明推荐用途和限制用途
第2部分	危险性概述	简要概述爆炸物质主要的物理和化学危险性信息，以及对健康和环境影响的信息。存在特殊危险性质的，也应当说明。如GHS对该爆炸品进行了危险性分类的，应标明GHS危险性类别和标签要素等

续上表

顺　序	标　题	说　明
第3部分	成分/组成信息	标明该爆炸品是物质还是混合物。如是物质[1]，应给出其化学品名称或通用名、CAS号及其标识符；并对该物质的危险性分类产生影响的杂质和稳定剂在内的所有危险组分的化学名或通用名，以及浓度或浓度范围进行列明。混合物，不必列明所有组分
第4部分	急救措施	说明必要时应采取的急救措施及应避免的行动。根据不同的接触方式将信息细分为：吸入、皮肤接触、眼睛接触和食入。简要描述不同方式接触爆炸品后的急性和迟发效应、主要症状和对健康的主要影响等信息
第5部分	消防措施	说明合适的灭火方法和灭火剂，化学品的特别危险性，以及特殊灭火方法及保护消防人员特殊的防护装备
第6部分	泄漏应急处理	指明液体爆炸品泄漏后现场可采用的简单有效的应急措施、注意事项和消除方法，包括：作业人员防护措施、防火装备和应急处置程序；环境保护措施；泄漏爆炸品的收容、消除方法及所使用的处置材料；防止发生次生危害的预防措施
第7部分	操作处置与储存	阐述化学品操作处置和安全储存方面的信息资料，包括：操作处置作业中的安全注意事项、安全储存条件和注意事项
第8部分	接触控制和个体防护	标明在生产、操作处置、搬运和使用化学品的作业过程中，为保护作业人员免受化学品危害而采取的防护方法和手段。包括：容许浓度、工程控制方法、个体防护设备（例如，呼吸系统防护、手防护、眼睛防护、皮肤和身体防护）等要求
第9部分	理化特性	主要描述化学品的外观及理化性质等方面的信息，包括：外观与性状（物态、形状和颜色）；气味；pH值；熔点/凝固点；沸点、初沸点和沸程；闪点；爆炸极限；蒸气压；蒸气密度；相对密度（水=1）；溶解性；n-辛醇/水分配系数；自燃温度；分解温度等。必要时，还可提供气味阈值、蒸发速率；易燃性
第10部分	稳定性和反应性	主要叙述爆炸品的稳定性和特定条件下的可能发生的危险反应方面的信息，包括：应避免接触的条件（例如：静电、撞击或振动）、不相容的物质、危险的分解产物
第11部分	毒理学资料	提供接触爆炸品后产生的各种毒性作用的信息
第12部分	生态学资料	主要陈述爆炸品的环境影响、环境行为和归宿方面的信息，包括：在环境中的预期行为，可能对环境造成的影响/生态毒性；持久性和降解性；潜在的生物累积性；土壤中的迁移性
第13部分	废弃处置	针对残余废弃物或受污染的容器和包装，推荐安全和环保的废弃处置方法信息

[1] 自然状态下或通过任何制造过程获得的化学元素及其化合物，包括为保持其稳定性而有必要的任何添加剂和加工过程中产生的任何杂质，但不包括任何不会影响物质稳定性或不会改变其成分的可分离的溶剂。

续上表

顺　序	标　题	说　明
第 14 部分	运输信息	阐述国际运输法规规定的编号与分类信息，并且这些信息需要根据不同的运输方式进行区分。包括：联合国危险货物编号、联合国运输名称、联合国危险性分类、包装组（如果可能）、海洋污染物（是/否）以及运输注意事项（运输工具的要求；消防和应急处置器材配备要求；防火、防爆、防静电等要求；禁配要求；行驶路线要求；其他要求）
第 15 部分	法规信息	主要是表明使用本说明书的国家或地区管理该爆炸品的法规名称以及爆炸品安全标签信息
第 16 部分	其他信息	主要提供其他对安全有重要意义的信息，例如，参考文献

值得注意的是，由于 GB/T 17519、GB/T 16483 都属于国家标准中的推荐性标准，因此，在实践中，托运人提供的爆炸品安全技术说明书可能不涵盖上述的 16 部分的所有内容，但承运人和从业人员可以参照上述 16 部分内容，对托运人未提供的部分提出询问，特别是所运输爆炸品的危险特性、个体防护和运输注意事项等方面的内容。

爆炸品生产企业在销售产品时，还要向用户提供“使用说明书”和“检验合格证”。样式如图 1-2-11 所示。

二、爆炸品的安全标签

爆炸品安全标签是用于表示爆炸品所具有的危险性和安全注意事项的一组文字、象形图和编码组合，可粘贴、拴挂或喷印在爆炸品的外包装或容器上。通过安全标签的设置，警示作业人员安全操作和处置。爆炸品安全标签的内容主要包括爆炸品的化学品标识、象形图、信号词、危险性说明、防范说明、应急咨询电话、供应商标识、资料参阅提示语等。具体内容和说明参照表 1-2-3 和图 1-2-12。

对于小于或等于 100mL 的爆炸品的小包装，为方便标签使用，安全标签内容可以简化，包括化学品标识、象形图、信号词、危险性说明、应急咨询电话、供应商名称及联系电话、资料参阅提示语即可。此外，在运输作业过程中，运输作业人员不能撕下爆炸品的安全标签，对于安全标签脱落和损坏的，应当及时与托运人取得联系，做好相应的处理。

1号岩石乳化炸药

使用说明书

注册 神斧 SHEN FU 商标

××××集团有限责任公司

××××××化工厂

生产单位：××××××化工厂玉溪分厂

地址：云南省玉溪市红塔区

电话：(0877) ×××××××

邮编：653100

a)

检验合格证

产品名称　1号岩石乳化炸药

产品标准号　GB18095-2000

制造日期　20131111421111

批　　号

检验人员

检验结果　合　格

b)

1 号岩石乳化炸药说明书

生产许可证号：MB生许证字[009号]

一、用途及适用范围

本品按GB18095-2000《乳化炸药》标准进行制造，适用于无沼气或矿尘爆炸危险的爆破工程和露天爆破工程。本品具有较好的抗水性能，可直接用于有水工作面和水下爆破。

二、规格

药卷直径 mm	药卷质量 g	中包质量 kg	每箱净重 kg	每箱毛重 kg
Φ32	200	3	24	25.5
Φ35	250	3	24	25.5
散装	每袋净重：30kg；毛重：30.5kg。			
其他规格	可根据用户要求，生产Φ25mm以上各种规格产品			

三、主要性能

项　目	国　标
药卷密度 g/cm^3	0.95～1.30
爆速 m/s	$\geq 4.5\times10^3$
猛度 mm	≥16.0
殉爆距离 cm	≥4
作功能力 mL	≥320
有效期	自制造完成之日起计算180天

四、运输、储存

1　本品不得与雷管及其他起爆器材共同储运，在储运中应轻拿轻放、勿重力挤压；堆码高度不应超过五箱，以免包装破损或受压变形。

2　本品必须储存在通风良好、干燥的库房内，库房应符合有关安全规范。

3　本品的运输必须按照国家有关危险货物运输规定进行。（国外用户请参照使用地国家有关规定）

五、使用注意事项

1　炮孔装药前，应将炮孔清理干净；装药时，药卷聚能穴方向应同向，确保药卷相互接触，不得脱节，以免炸药爆炸不完全。

2　本品需用 8 号工业雷管起爆，起爆时应将雷管长度的 2/3插入药面内。

3　为保持产品性能稳定，拆箱后的药卷不宜长期裸置并应远离热源。

4　使用时严格按照《爆破安全操作规程》执行。

5　使用时若发现药卷硬化、沙化、渗水、渗油等现象时，应经检测合格后再使用。

6　敬请注意制造日期，先收先发，以免炸药过期。

c)

图 1-2-11　使用说明书和检验合格证样式

爆炸品的安全标签内容 表 1-2-3

标签内容名称	内容说明
象形图	主要需要参考的是国家标准《化学品分类和标签规范 第2部分：爆炸物》(GB 30000.2—2013)象形图颜色应根据 GB 30000.2 规定执行，一般使用黑色图形符号加白色背景，方块边框为红色。正文应使用与底色反差明显的颜色，一般采用黑白色。若在国内使用，方块边框可以为黑色
信号词	根据爆炸品的危险程度和类别，用“危险”、“警告”两个词分别进行危害程度的警示。信号词位于化学品名称的下方，要求醒目、清晰。1.1～1.3 项应和 1.5 项选用信号词“危险”；1.4 项选用“警告”信号词；1.6 项不使用信号词
危险性说明	简要概述化学品的危险特性，居信号词下方。根据 GB 20576～GB 20599、GB 20601～GB 20602，选择爆炸品的危险性说明。所有危险性说明都应出现在安全标签上，按物理危险、健康危害、环境危害顺序排列
防范说明	表述爆炸品在处置、搬运、储存和使用作业中所必须注意的事项和发生意外时简单有效的救护措施等，要求内容简明扼要、重点突出。这部分应包括安全预防措施、意外情况（如泄漏、人员接触或火灾等）的处理、安全储存措施及废弃处置等内容
化学品标识	需要用中文和英文分别表明爆炸品的化学名称或通用名称。名称要求醒目清晰，位于标签的上方。名称应与化学品安全技术说明书中名称一致。 对混合物应标出对其危险性分类有贡献的主要组分的化学名称或通用名、浓度或浓度范围
应急咨询电话	填写爆炸品生产商或生产商委托的 24h 化学事故应急咨询电话号码
供应商标识	供应商名称、地址、邮编和电话号码等

编　码：
产品名称：三硝基萘

公司名称：
街名及号码：
国家、省、城市、邮编：
电话号码：
紧急呼叫电话：
使用说明：
载质量：　　毛重：
有效期：　　批号：
装载日期：

危　险
放在儿童无法触及之处。
使用前请读标签。

危险说明
爆炸物，整体爆炸危险。
防范说明
远离热源/火花/明火/热表面。禁止吸烟。
用适当材料保持湿润。
容器和接收设备接地/等势连接。
不得研磨/冲击/摩擦。
戴防护面具。
火灾时，撤离现场。
火灾时可能爆炸。
火接近到爆炸物时切勿救火。
按照当地有关法律法规储存。
将内装物/容器处理到得到批准的废物处理厂。

UN0217
三硝基萘

图 1-2-12　三硝基萘安全标签样例

三、《道路运输危险货物安全卡》

为了强化从业人员的业务培训知识、提高从业人员应急能力,《道路危险货物运输管理规定》第三十九条要求:“驾驶人员或者押运人员,应当按照《汽车运输危险货物规则》(JT 617)的要求,随车携带《道路运输危险货物安全卡》。”《道路运输危险货物安全卡》是依据产品的《化学品安全技术说明书》和《化学品安全标签》编写、制作的,其内容主要是为了道路运输的要求。主要内容有:危险化学品的危险性、储运要求、泄漏处理、急救、灭火方法、防护措施等。表1-2-4是硝化丙三醇的《道路运输危险货物安全卡》(正面)样式。《道路运输危险货物安全卡》(背面)样式,见表1-2-5。

硝化丙三醇的《道路运输危险货物安全卡》(正面)样式 表1-2-4

<table>
<tr><td rowspan="2">
</td><td rowspan="2">硝化丙三醇
(含不挥发、不溶于水的钝感剂≥40%)
Nitroglycerine
$C_3H_5(ONO_2)_3$
甘油三硝酸酯;硝化甘油
Nitroglycerine;Glyceryl trinitrate
[淡黄色稠厚液体]</td><td>UN No.0143</td></tr>
<tr><td>CN No.11033</td></tr>
<tr><td colspan="2">危险性
受暴冷暴热、撞击、摩擦,遇明火、高热时,均有引起爆炸的危险。
与强酸接触能发生强烈反应,引起燃烧或爆炸。
储运要求
包装方法:按主管部门规定。
储运条件:储存于阴凉、干燥、通风的专用爆炸品库房。远离火种、热源。库温不宜超过30℃。保持容器密封。应与起爆器材分开存放。禁止使用易产生火花的机械设备和工具。禁止振动、撞击和摩擦。冷天要做好防冻工作,防止凝结,搬运时要轻装轻卸,防止包装及容器损坏。严格按照“五双”管理制度执行。</td><td>泄漏处理
切断火源,戴好自给式呼吸器,穿防静电工作服。用锯末或类似材料混合吸收。或用大量水冲洗,稀释后放入废水系统。
急救
吸入:迅速脱离现场至空气新鲜处,保持呼吸道通畅;呼吸困难时输氧;呼吸停止时立即进行人工呼吸;就医。
眼睛或皮肤接触:立即用水冲洗;就医。
食入:误服立即漱口,急送医院救治。
灭火方法
雾状水、泡沫。禁止用砂土压盖。</td></tr>
<tr><td colspan="3">防护措施:
接触其蒸气时,应该佩戴过滤式呼吸器。紧急事态抢救或撤离时,建议佩戴自给式呼吸器。戴安全防护眼镜。穿防静电工作服。戴防化学品手套。工作现场禁止吸烟、进食、饮水。工作毕,淋浴更衣。保持良好的卫生习惯。</td></tr>
</table>

《道路运输危险货物安全卡》(背面)样式　　表 1-2-5

(根据不同情况联系政府部门或其他相关部门的电话号码) 安全监督部门电话号码: 消防部门电话号码: 化学急救电话号码: 医疗急救电话号码: 环保部门电话号码: 公安交警电话号码: 运输单位电话号码: 事故发生地交通运输主管部门电话号码❶: 国家化学事故应急咨询电话:0532－83889090

思 考 题

1. 爆炸品包装的基本要求有哪些?
2. 爆炸品的包装材料主要有哪些类型?
3. 爆炸品的包装类型分为哪三大类?
4. 爆炸品的包装上应有哪些包装标志?
5. 如何识别爆炸品包装标志图形?
6. 爆炸品《化学品安全技术说明书》的作用是什么?
7. 爆炸品《化学品安全技术说明书》包括的主要内容是什么?
8. 爆炸品《化学品安全标签》的作用是什么?
9. 爆炸品《化学品安全标签》包含哪些主要内容?
10. 为何要随车携带《道路运输危险货物安全卡》?
11. 承运人应如何查验爆炸品包装物?

---

❶此条是根据《危险化学品安全管理条例》(国务院令第 591 号)第七十一条"发生危险化学品事故,事故单位主要负责人应当立即按照本单位危险化学品应急预案组织救援,并向当地安全生产监督管理部门和环境保护、公安、卫生主管部门报告;道路运输、水路运输过程中发生危险化学品事故的,驾驶人员、船员或者押运人员还应当向事故发生地交通运输主管部门报告"规定,而增加的内容。

第三章 爆炸品道路运输管理

第一节 爆炸品道路运输法规

一、法律法规有关规定

《中华人民共和国道路交通安全法》(中华人民共和国主席令第8号,自2004年5月1日起实施)规定:“机动车载运爆炸物品、易燃易爆化学物品以及剧毒、放射性等危险物品,应当经公安机关批准后,按指定的时间、路线、速度行驶,悬挂警示标志并采取必要的安全措施。”《中华人民共和国道路交通安全法实施条例》(国务院令第405号,自2004年5月1日起实施)第二十二条规定:“机动车驾驶人初次申领机动车驾驶证后的12个月为实习期。机动车驾驶人在实习期内不得驾驶载有爆炸物品、易燃易爆化学物品、剧毒或者放射性等危险物品的机动车。”

在《公路安全保护条例》(国务院令第593号,自2011年7月1日起实施)的第四十二条中要求:“载运易燃、易爆、剧毒、放射性等危险物品的车辆,应当符合国家有关安全管理规定,并避免通过特大型公路桥梁或者特长公路隧道;确需通过特大型公路桥梁或者特长公路隧道的,负责审批易燃、易爆、剧毒、放射性等危险物品运输许可的机关应当提前将行驶时间、路线通知特大型公路桥梁或者特长公路隧道的管理单位,并对在特大型公路桥梁或者特长公路隧道行驶的车辆进行现场监管。”

首先应明确,《中华人民共和国道路交通安全法》对爆炸品道路运输,提出了要经公安机关批准的要求。鉴于公安机关至今还未制定“爆炸品”道路运输办理有关批准手续的具体办法,以及《危险化学品安全管理条例》(国务院令第591号,自2011年12月1日起实施)对爆炸品(第1类)道路运输没有要到公安机关办理手续的相关规定,使得爆炸品道路运输企业(托运人、承运人)在实际工作中无法办理“爆炸品道路运输通行证”。同样,易燃易爆道路运输也存在无法到公安机关办理通行证问题。其次是爆炸品道路运输的车辆通过特大型公路桥梁或者特长公路隧道时,要遵守《公路安全保护条例》的有关规定,由负责审批易燃、易爆、剧毒、放射性等危险物品运输许可的机关应当提前将行驶时间、路线通知特大型公路桥梁或者特长公路隧道的管理单位,并对在特大型公路桥梁或者特长公路隧道行驶的车辆进行现场监管。同样,这条规定在实践中也未能很好执行。

在实际工作中,考虑到具有第1类爆炸品道路运输资质的企业,也经常遇到运输民用爆炸物品、烟花爆竹、易制爆危险化学品等业务,因此这些企业要在严格执行《中华人民共和国道路交通安全法》、《危险化学品安全管理条例》的同时，也要根据运输业务执行《民用爆炸物品安全管理条例》（国务院令第466号，自2006年9月1日起实施）、《烟花爆竹安全管理条例》（国务院令第455号，自2006年1月21日起实施）等有关法律法规的规定，运输民用爆炸物品、烟花爆竹、易燃易爆化学物品。故在此介绍一下民用爆炸物品、烟花爆竹、易制爆危险化学品道路运输办理运输许可证的法律要求。

（一）民用爆炸物品

《民用爆炸物品安全管理条例》规定，国家对民用爆炸物品的运输实行许可证制度。以下介绍条例有关民用爆炸物品道路运输方面的要求。

（1）办理《民用爆炸物品运输许可证》。运输民用爆炸物品，收货单位应当向运达地县级人民政府公安机关提出申请，并提交包括下列内容的材料：

①民用爆炸物品生产企业、销售企业、使用单位以及进出口单位分别提供的《民用爆炸物品生产许可证》、《民用爆炸物品销售许可证》、《民用爆炸物品购买许可证》或者进出口批准证明。

②运输民用爆炸物品的品种、数量、包装材料和包装方式。

③运输民用爆炸物品的特性、出现险情的应急处置方法。

④运输时间、起始地点、运输路线、经停地点。

《民用爆炸物品运输许可证》应当载明收货单位、销售企业、承运人，一次性运输有效期限、起始地点、运输路线、经停地点，民用爆炸物品的品种、数量。

（2）运输要求。运输民用爆炸物品的，应当凭《民用爆炸物品运输许可证》，按照许可的品种、数量运输。经由道路运输民用爆炸物品的，应当遵守下列规定：

①携带《民用爆炸物品运输许可证》。

②民用爆炸物品的装载符合国家有关标准和规范，车厢内不得载人。

③运输车辆安全技术状况应当符合国家有关安全技术标准的要求，并按照规定悬挂或者安装符合国家标准的易燃易爆危险物品警示标志。

④运输民用爆炸物品的车辆应当保持安全车速。

⑤按照规定的路线行驶，途中经停应当有专人看守，并远离建筑设施和人口稠密的地方，不得在许可以外的地点经停。

⑥按照安全操作规程装卸民用爆炸物品，并在装卸现场设置警戒，禁止无关人员进入。

⑦出现危险情况立即采取必要的应急处置措施，并报告当地公安机关。

（3）民用爆炸物品运达目的地，收货单位应当进行验收后在《民用爆炸物品运输许可证》上签注，并在3日内将《民用爆炸物品运输许可证》交回发证机关核销。

（二）烟花爆竹

《烟花爆竹安全管理条例》规定，国家对烟花爆竹的运输实行许可证制度。未经许可，任何单位或者个人不得运输烟花爆竹。以下介绍条例有关烟花爆竹道路运输方面的要求。

(1)办理《烟花爆竹道路运输许可证》。经由道路运输烟花爆竹的,托运人应当向运达地县级人民政府公安部门提出申请,并提交下列有关材料:

①承运人从事危险货物运输的资质证明。

②驾驶人员、押运人员从事危险货物运输的资格证明。

③危险货物运输车辆的道路运输证明。

④托运人从事烟花爆竹生产、经营的资质证明。

⑤烟花爆竹的购销合同及运输烟花爆竹的种类、规格、数量。

⑥烟花爆竹的产品质量和包装合格证明。

⑦运输车辆牌号、运输时间、起始地点、行驶路线、经停地点。

《烟花爆竹道路运输许可证》应当载明托运人、承运人、一次性运输有效期限、起始地点、行驶路线、经停地点、烟花爆竹的种类、规格和数量。

(2)运输要求。经由道路运输烟花爆竹的,除应当遵守《中华人民共和国道路交通安全法》外,还应当遵守下列规定:

①随车携带《烟花爆竹道路运输许可证》。

②不得违反运输许可事项。

③运输车辆悬挂或者安装符合国家标准的易燃易爆危险物品警示标志。

④烟花爆竹的装载符合国家有关标准和规范。

⑤装载烟花爆竹的车厢不得载人。

⑥运输车辆限速行驶,途中经停必须有专人看守。

⑦出现危险情况立即采取必要的措施,并报告当地公安部门。

(3)烟花爆竹运达目的地后,收货人应当在3日内将《烟花爆竹道路运输许可证》交回发证机关核销。

鉴于爆炸品道路运输企业有可能从事民用爆炸品、烟花爆竹道路运输。根据"专项法律优于一般法律"的法理,民用爆炸品、烟花爆竹道路运输要依据《民用爆炸物品安全管理条例》、《烟花爆竹安全管理条例》到相关部门办理道路运输的许可手续。

为了进一步说明爆炸品、民用爆炸品、烟花爆竹三者的关系,在本篇附件1中,介绍了爆炸品、民用爆炸品、烟花爆竹道路运输的有关问题研究;在本篇附件2和附件3中,介绍了交通运输部对民用爆炸品、烟花爆竹道路运输有关问题的批复。

(三)易制爆危险化学品

依据《危险化学品安全管理条例》第二十三条,易制爆危险化学品是指可用于制造爆炸物品的危险化学品。《危险化学品安全管理条例》涉及生产、储存、运输易制爆危险化学品的条款如下。

1. 对生产、经营管理的要求

(1)生产、储存公安部门规定的易制爆危险化学品的单位,应当如实记录其生产、储存的数量、流向,并采取必要的安全防范措施,防止丢失或者被盗;发现丢失或者被盗的,应当立即向当地公安机关报告。生产、储存单位，应当做好相关保卫工作，其专用仓库应当符合国家标准、行业标准的要求。

(2)从事易制爆危险化学品经营的企业，应当向所在地设区的市级人民政府安全生产监督管理部门提出申请，经过审批后方可经营。申请人持危险化学品经营许可证向工商行政管理部门办理登记手续后，方可从事危险化学品经营活动。法律、行政法规或者国务院规定经营危险化学品还需要经其他有关部门许可的，申请人向工商行政管理部门办理登记手续时还应当持相应的许可证件。

(3)依法取得危险化学品安全生产许可证、安全使用许可证或经营许可证的企业，凭相应的许可证件购买易制爆危险化学品。民用爆炸物品生产企业凭民用爆炸物品生产许可证购买，购买时应当持本单位出具的合法用途说明。个人不得购买易制爆危险化学品。

(4)企业销售易制爆危险化学品，应当如实记录购买单位的名称、地址、经办人的姓名、身份证号码以及所购买的品种、数量、用途。相关文件的保存期限不得少于1年。易制爆危险化学品因买卖而流通，相关企业单位应当在销售、购买后5日内，将流通的品种、数量以及流向信息报公安机关备案，并输入计算机系统。

(5)使用易制爆危险化学品的单位不得出借、转让易制爆危险化学品；因转产、停产、搬迁、关闭等确需转让的，应当向具有相关许可证件或者证明文件的单位转让，并及时向公安机关上报。

2. 对运输管理的要求

(1)通过道路运输易制爆化学品的，还应当向当地公安机关报告，应当配备押运人员，并保证所运输的化学品处于押运人员的监控之下。途中因住宿或者发生影响正常运输的情况，需要较长时间停车的，驾驶人员、押运人员应当采取相应的安全防范措施。

(2)易制爆危险化学品在道路运输途中丢失、被盗、被抢或者出现流散、泄漏等情况的，驾驶人员、押运人员应当立即采取相应的警示措施和安全措施，并向当地公安机关报告。有关部门应当采取必要的应急处置措施。

3. 法律责任

(1)有下列情形之一的，由公安机关责令改正，可以处1万元以下的罚款；拒不改正的，处1万元以上5万元以下的罚款：

①生产、储存、使用易制爆危险化学品的单位不如实记录生产、储存、使用的易制爆危险化学品的数量、流向的。

②生产、储存、使用易制爆危险化学品的单位发现丢失或者被盗，不立即向公安机关报告的。

③生产企业、经营企业不如实记录易制爆危险化学品购买单位的名称、地址、经办人的姓名、身份证号码以及所购买的易制爆危险化学品的品种、数量、用途，或者保存销售记录和相关材料的时间少于1年的。

④销售企业、购买单位未在规定的时限内将所销售、购买的易制爆危险化学品的品种、

数量以及流向信息报所在地县级人民政府公安机关备案的。

⑤使用易制爆危险化学品的单位依照本条例规定转让其购买的易制爆危险化学品，未将有关情况向所在地县级人民政府公安机关报告的。

(2)易制爆化学品生产企业、经营企业有下列情形之一的，由安全生产监督管理部门责令改正，没收违法所得，并处10万元以上20万元以下的罚款；拒不改正的，责令停产停业整顿直至吊销其危险化学品安全生产许可证、危险化学品经营许可证，并由工商行政管理部门责令其办理经营范围变更登记或者吊销其营业执照：

①向不具有相关许可证件或者证明文件的单位销售易制爆危险化学品的。

②向个人销售易制爆危险化学品的。

(3)不具有相关许可证件或者证明文件的单位购买易制爆危险化学品，或者个人购买易制爆危险化学品的，由公安机关没收所购买的易制爆危险化学品，可以并处5000元以下的罚款。

(4)使用易制爆危险化学品的单位出借或者向不具有相关许可证件的单位转让其购买的易制爆危险化学品，或者向个人转让其购买的易制爆危险化学品的，由公安机关责令改正，处10万元以上20万元以下的罚款；拒不改正的，责令停产停业整顿。

(5)有下列情形之一的，由公安机关责令改正，处1万元以上5万元以下的罚款；构成违反治安管理行为的，依法给予治安管理处罚：

①易制爆化学品运输车辆未悬挂或者喷涂警示标志，或者悬挂或者喷涂的警示标志不符合国家标准要求的。

②通过道路运输易制爆化学品，不配备押运人员的。

③运输易制爆危险化学品途中需要较长时间停车，驾驶人员、押运人员不向当地公安机关报告的。

④易制爆危险化学品在道路运输途中丢失、被盗、被抢或者发生流散、泄漏等情况，驾驶人员、押运人员不采取必要的警示措施和安全措施，或者不向当地公安机关报告的。

易制爆危险化学品有6类(表1-3-1)，60多种。

易制爆危险化学品分类 表1-3-1

品 名 分 类	品名中文名称
高氯酸、高氯酸盐及氯酸盐	高氯酸(含酸50%～72%)、氯酸钾、氯酸钠、高氯酸钾、高氯酸锂、高氯酸铵、高氯酸钠
硝酸及硝酸盐类	硝酸(含硝酸≥70%)、硝酸钾、硝酸钡、硝酸锶、硝酸钠、硝酸银、硝酸铅、硝酸镍、硝酸镁、硝酸钙、硝酸锌、硝酸铯
硝基类化合物	硝基甲烷、硝基乙烷、硝化纤维素、硝基萘类化合物、硝基苯类化合物、硝基苯酚(邻、间、对)类化合物、硝基苯胺类化合物、2,4-二硝基甲苯、2,6-二硝基甲苯、二硝基(苯)酚(干的或含水<15%)、二硝基(苯)酚碱金属盐(干的或含水<15%)、二硝基间苯二酚(干的或含水<15%)

续上表

品 名 分 类	品名中文名称
过氧化物与超氧化物	过氧化氢溶液、过氧乙酸、过氧化钾、过氧化钠、过氧化锂、过氧化钙、过氧化镁、过氧化锌、过氧化钡、过氧化锶、过氧化氢尿素、过氧化二异丙苯（工业纯）、超氧化钾、超氧化钠
燃料还原剂类	环六亚甲基四胺（乌洛托品）、甲胺（无水）、乙二胺、硫黄、铝粉（未涂层的）、金属锂、金属钠、金属钾、金属锆粉（干燥的）、锑粉、镁粉（发火的）、镁合金粉、锌粉或锌尘（发火的）、硅铝粉、硼氢化钠、硼氢化锂、硼氢化钾
其他	苦氨酸钠（含水≥20%）、高锰酸钠、高锰酸钾

二、部门规章有关规定

《道路危险货物运输管理规定》（交通运输部令2013年第2号）除一般通用要求外，对爆炸品运输企业、人员、车辆资质条件等也分别作出了特别要求。

1. 对企业的相关要求

（1）运输爆炸品的，自有专用车辆（挂车除外）10辆以上。

（2）运输爆炸品、易制爆危险化学品的，应当配备罐式、厢式专用车辆或者压力容器等专用容器。

（3）运输爆炸品专用车辆以及罐式专用车辆，数量为20辆（含）以下的，停车场地面积不低于车辆正投影面积的1.5倍，数量为20辆以上的，超过部分，每辆车的停车场地面积不低于车辆正投影面积（《机动车行驶证》上的“外轮廓尺寸”）。

（4）申请从事爆炸品道路运输经营的企业向市级道路运输管理机构提出申请时，提交的拟投入专用车辆、设备承诺书，还应当包括运输爆炸品专用车辆核定载质量等有关情况。

（5）运输爆炸品的企业和单位，应当配备专用停车区域，并设立明显的警示标牌。

（6）运输爆炸品的企业和单位，应当遵守有关部门关于爆炸品道路运输车辆在重大节假日通行高速公路的相关规定。

2. 对人员的相关要求

（1）从事爆炸品道路运输的驾驶人员、装卸管理人员、押运人员，应当经考试合格，取得注明为“爆炸品运输”类别的从业资格证。

（2）运输易制爆危险化学品需要较长时间停车的，驾驶人员或者押运人员应当向当地公安机关报告。

3. 对车辆的相关要求

（1）运输爆炸品的罐式专用车辆的罐体容积不得超过20m^3，但符合国家有关标准的罐式集装箱除外。

（2）运输爆炸品的非罐式专用车辆，核定载质量不得超过10t，但符合国家有关标准的集装箱运输专用车辆除外。

(3)运输爆炸品专用车辆及罐式专用车辆(含罐式挂车)应当到具备危险货物道路运输车辆维修资质的企业进行维修。

第二节 爆炸品道路运输托运人责任

托运人相对承运人而言,对爆炸品的危险属性更为熟悉和专业,从源头对托运人加强监管,明确托运人在运输过程中的义务,对确保整个运输安全至关重要。爆炸品道路运输托运人的主要责任如下。

1. 选择具有资质的承运人

承运人不具有危险货物运输资质违规运输,已经成为危险货物运输事故的主要原因之一。而要避免此类事故,托运人对承运人的选择是关键。根据现行法律规定,危险货物托运人必须委托具有危险货物道路运输资质的企业承运,并且选择的危险货物承运人的经营范围必须包含第1类爆炸品。

2. 办理运输通行证

由于爆炸品危险性较大,目前法律、行政法规规定,对于爆炸品,托运人必须办理有关手续后方可运输。每次运输爆炸品之前,托运人必须向运输爆炸品的起点或终点的县级以上公安管理部门申请运输线路审批许可。

3. 妥善包装

爆炸品妥善包装,可减少货物在运输过程中所受到的碰撞、振动、摩擦和挤压,使爆炸品在包装的保护下保持相对稳定状态。因此,爆炸品包装是否妥当,是影响爆炸品道路运输安全的重要因素。《道路危险货物运输管理规定》中有关“危险货物托运人应当严格按照国家有关规定妥善包装并在外包装设置标志”的规定,明确了爆炸品的包装义务必须由托运人负责。托运人应当根据《一般货物运输包装通用技术条件》(GB/T 9174)、《危险货物运输包装通用技术条件》(GB 12463)、《公路运输危险货物包装检验安全规范 》(GB 19269)等标准规定,选择合适的包装容器和包装结构;并根据《化学品安全标签编写规定》(GB 15258)、《化学品分类和标签规范　第2部分:爆炸物》(GB 30000.2)粘贴爆炸品的安全标签。

4. 确保货物合理运输

如前所述,爆炸品的感度主要分热感度(如加热、火花、火焰等),撞击感度(如冲击、针刺、摩擦、撞击等)等;不同的爆炸品的各种感度数据是不同的。所以在运输之前,托运人需要根据所托运的爆炸品的特性添加抑制剂或者稳定剂,控制爆炸品的敏感度。例如,有些较敏感的炸药(如黑索金、泰安等),在运输过程中为确保安全,可加入适量石蜡(这些附加物称为钝感剂)使其钝化。硝化甘油炸药在冷天要做防冻工作,运输过程中温度不得低于15℃,以防止冻结。

5. 信息告知

一般来说,与承运人相比,托运人对爆炸品的特性、包装都更为专业,熟悉运输过程中应当避免的操作行为和注意事项。因此，在爆炸品运输之前，托运人应当向承运人提交相关的运输材料，具体包括：

（1）运输说明书，包括爆炸品的品名、数量、物理化学形态、危害风险等内容。

（2）装卸、运输作业注意事项和沿途应检查的事项。

（3）应急处置注意事项。

6. 运输信息记录保存

为了确保事故源头可追溯，以及督促托运人切实履行义务的考虑，根据目前法律规定，托运人应当对托运的爆炸品的种类、数量和承运人等相关信息予以记录，记录的保存期限不得少于1年。

7. 协助事故救援

爆炸品运输中发生事故时，托运人应当发挥其对爆炸品熟悉的专业优势，结合应急预案有关内容，配合承运人或应急处置管理部门等做好事故应急工作。

8. 其他

如果承托双方合同约定由托运人对爆炸品进行装卸作业的，托运人应当按照合同约定指派装卸管理人员，确保危险货物的装卸作业应当遵守安全作业标准和规程，并在装卸管理人员的现场指挥或者监控下进行。

第三节　爆炸品道路运输承运人责任

承运人承担运输作业人员、车辆等方面的组织管理责任，避免出现车辆事故或其他偷盗等意外事故发生。在运输过程中，承运人的责任主要体现在以下几个方面。

1. 查验

如前所述，托运人是否符合法定资质至关重要。承运人在承托环节，查验托运人是否具有公安部门出具的爆炸品线路许可文件。除此之外，承运人还需要查验和收存托运人提交的材料，包括运输说明书，以及其他装卸、运输作业等注意事项文件。同时，承运人还应当检查爆炸品的包装标签是否符合相关标准要求。如果托运人提交材料不齐全的，或者托运的物品不符合包装标签要求的，承运人不能启运爆炸品。

2. 人员配备

驾驶人员、押运人员、装卸管理人员等从业人员作为运输必备的要素，承运人在选择从业人员从事爆炸品运输作业时，必须确保从业人员具备一定的职业道德素养和与所从事工作相适应的技能，能够履行岗位职责，保证爆炸品道路运输任务安全、有序、高质量完成。

（1）爆炸品道路运输从业人员应当经所在地设区的市级人民政府交通运输主管部门考试合格，取得“爆炸品道路运输”的道路运输从业资格证。

(2)需要加强对从业人员有关安全生产法规、安全知识和技能培训,提高从业人员对爆炸品性质、危害特征、包装容器的使用特性的认识和操作技能,提高从业人员职业道德水平。

(3)从事运输爆炸品的驾驶人员要身体健康,无妨碍驾驶的心血管系统疾病、神经系统疾病、精神障碍、生理缺陷等疾病,同时,综合心理素质要合格。

3. 车辆及设备

在运输过程中,承运人必须要保证车辆及设备的适宜性。承运人配备的车辆在车辆技术性能、技术等级、车辆外廓尺寸、轴荷和质量、车辆燃料消耗量等方面必须满足相应国家标准的要求;对车辆配备满足在线监控要求,且具有行驶记录仪功能的卫星定位装置。同时在专用车辆上必须悬挂符合《道路运输危险货物车辆标志》(GB 13392)要求的警示标志,并且符合国家有关超载、超限运输的规定。

《道路运输危险货物管理规定》对爆炸品道路运输车辆的要求有:

(1)运输爆炸品、易制爆危险化学品的,应当配备罐式、厢式专用车辆或者压力容器等专用容器。

(2)运输爆炸品的罐式专用车辆的罐体容积不得超过 $20m^3$,但符合国家有关标准的罐式集装箱除外。

(3)运输爆炸品的非罐式专用车辆,核定载质量不得超过10t,但符合国家有关标准的集装箱运输专用车辆除外。

4. 运输要求

按公安部门核发道路通行证所指定的时间、路线、速度行驶。值得注意的是,在实际运输工作中,还要考虑自然灾害等特殊情况,做好预选路线的方案。

5. 协助事故救援

应急处置得当是减少或避免爆炸品道路运输事故的重要举措。作为承运人,应当根据日常经营运输的爆炸品在实际运输中已经出现过或预计可能出现的突发事件,制定应急预案,并根据应急预案的要求,组织从业人员进行应急演练,使从业人员可以在突发事件发生时可以迅速采取相应的应急处置措施,与此同时,承运人还应当配置相应的应急救援器材和设备,并确保从业人员可以熟悉掌握应急器材和设备的使用。

思 考 题

1. 涉及爆炸品道路运输的主要法规有哪些?
2.《中华人民共和国道路交通安全法》对爆炸品道路运输有哪些要求?
3.《公路安全保护条例》对爆炸品道路运输有哪些要求?
4. 法规对易制爆危险化学品道路运输有哪些要求?
5.《民用爆炸物品安全管理条例》的适用范围以及许可主体是怎样的?
6.《烟花爆竹道路运输许可证》的适用范围以及许可主体是怎样的?

7.《道路危险货物运输管理规定》涉及爆炸品道路运输有哪些主要条款？

8.《道路危险货物运输管理规定》对运输爆炸品车辆有哪些基本要求？

9. 爆炸品道路运输托运人的主要责任是什么？

10. 托运人对爆炸品包装物的责任是什么？

11. 爆炸品道路运输承运人的主要责任是什么？

第四章 爆炸品道路运输要求

第一节 爆炸品道路运输车辆要求

车辆是危险货物道路运输的载体,也是交通事故的直接"参与者"与"肇事者",与运输安全有密切的关系。运输事故的发生与汽车本身性能及安全性的关系十分明显。虽然在事故统计中,因为车辆而直接导致的事故比例并不大,但车辆的结构和性能及良好的技术状况是防止驾驶人员失误的基本保证条件。爆炸品作为危险性很大的货物,其运输车辆的技术要求也相比一般危险货物的要求更为严格。目前对于爆炸品道路运输的车辆要求,应当遵循《道路运输爆炸品和剧毒化学品车辆安全技术条件》(GB 20300)的相关规定。

一、车辆基本要求

1. 发动机

对于运输爆炸品的车辆,总质量大于2000kg的,其发动机应为压燃式。

2. 排气系统

车辆发动机排气装置应具备灭火星的功能。若装用排气火花熄灭器(图1-4-1),应符合《机动车排气火花熄灭性能要求和试验方法》(GB 13365)的要求。

a)

b)

图1-4-1 排气火花熄灭器

总质量大于2000kg的车辆的发动机排气装置应安装在车身前部,排气管与运输货物的距离至少大于300mm。其出气口要远离运输货物,距离不得小于500mm。总质量小于2000kg(含2000kg)的车辆的发动机排气装置宜安装在车身前部,如安装在货厢底板下部,排气管与货厢底板之间应加装带有反射热辐射材料的隔热板,排气管与运输货物的距离至少大于150mm。

3. 车辆轮胎

运输爆炸品的车辆,应装用子午线轮胎。

4. 限速器

为保证爆炸品运输车辆的运行速度，车辆上应配备限速装置。限速装置的调定速度不得大于90km/h。

5. 电气装置

驾驶室内应设置电源总开关，如图1-4-2所示。

图1-4-2　驾驶室内的电源总开关

蓄电池接线端子应采取可靠的绝缘保护措施或用绝缘的蓄电池箱盖住。

6. 车辆结构及厢体基本要求

车辆应为罐式车辆或货厢为整体封闭结构的厢式车辆。货厢结构为封闭式，具有防火、防雨、防盗功能，并且具有一定的强度和刚度。货厢内蒙皮应采用有色金属或不易发火的非金属材料（图1-4-3）。

说明：标准要求"货厢侧壁或前后板应根据需要设置具有防雨功能的通风窗"。"根据需要"是指，如需要靠通风降温以及车厢内可能有有毒气体的，要设置有防雨功能的通风窗。

货厢面板内外蒙皮之间采用助燃隔热材料填充。货厢侧壁或前后板应根据需要设置具有防雨功能的通风窗。货厢门应安装密封条。密封条应固定可靠，密封良好（图1-4-4）。货厢门铰链应固定可靠，旋转自如。锁止结构安全可靠（图1-4-4）。货厢内不得装设照明灯光，不得敷设电气线路。

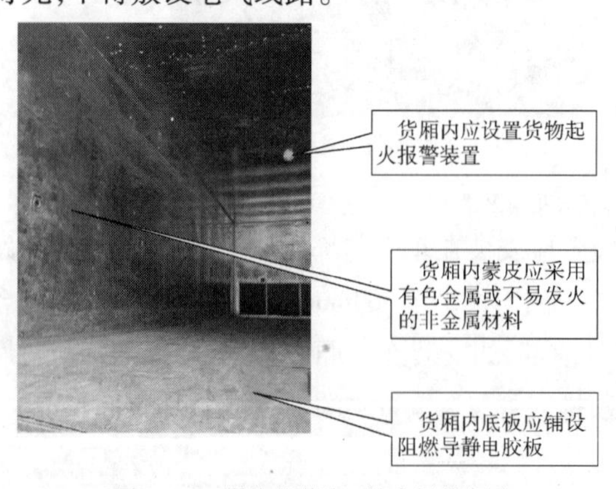

图1-4-3　爆炸品道路运输车辆的车厢

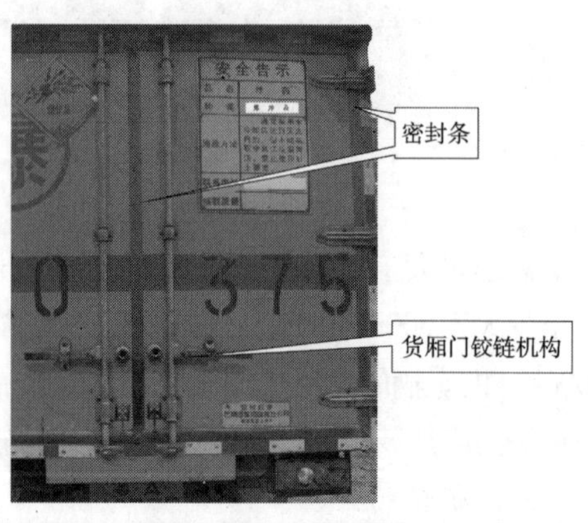

图1-4-4　爆炸品道路运输车辆的货厢门铰链机构

货厢内应设置货物起火燃烧报警装置(图1-4-3);货厢门上应设置防盗报警装置;总质量大于或等于9000kg的车辆的驾驶室内应装监视器,其摄像头应设在货厢后部上端,并应有良好的观察效果。

7. 防静电措施

货厢内底板应铺设阻燃导静电胶板(图1-4-3),厚度不小于5mm,导静电胶板任意一点与拖地带之间电阻值为$10^4 \sim 10^8 \Omega$。车辆必须装设搭铁线,搭铁线应柔软,展开、收回灵活。末端应装设弹性“鳄鱼夹”,搭铁线与车架之间的电阻值应不大于5Ω[1],如图1-4-5所示。车辆底部必须设置导静电拖地带,其性能应符合《汽车导静电橡胶拖地带》(JT 230)的规定。

a)

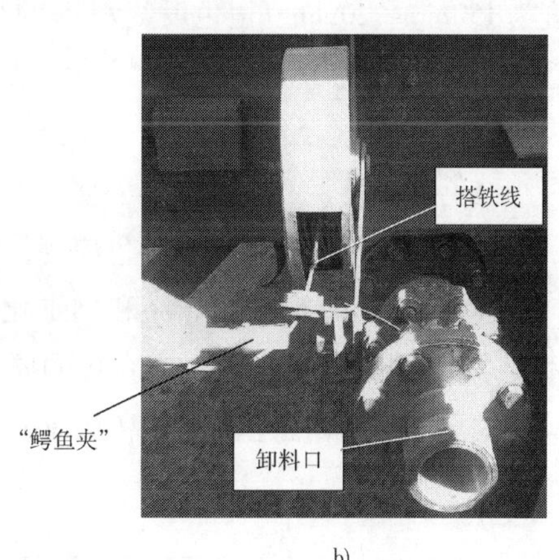

b)

图1-4-5 “鳄鱼夹”的图示

8. 灭火器

驾驶室内应配备一个干粉灭火器。在车辆两边应配备与所装载介质性能相适应的灭火器各一个,灭火器应固定牢靠、取用方便。

[1]该条是针对罐车而言的。由于液体在往罐体中装卸时,因液体流动可能产生电流,故要求在装卸时需要搭铁线。

二、车辆标志

（1）车辆应安装符合《道路运输危险货物车辆标志》（GB 13392）要求的标志牌和标志灯。

（2）在车辆后部应安装安全标示牌（图 1-4-6）。安全标示牌上应标明运输介质的名称、种类、罐体有效容积、最大核载质量、施救方法、企业联系电话。安全标示牌为白底黑字、字迹要求清晰完整，安装在车辆后部。安全标示牌为矩形，尺寸为 350mm × 175mm。

品名		种类	
罐体容积		核载质量	
施救方法			
联系方法			

a）罐式车安全标示牌示例

品名		种类	
厢体容积		核载质量	
施救方法			
联系方法			

b）厢式车安全标示牌示例

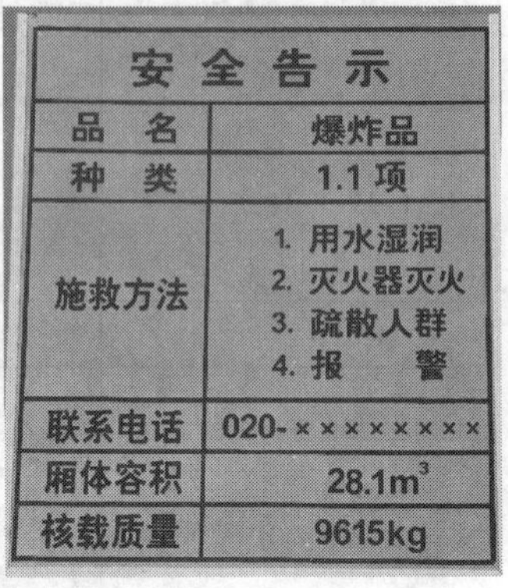

c）厢式车安全标示牌示例

图 1-4-6　安全标示牌示例

（3）在车辆的后部和两侧应粘贴橙色反光带以标示车辆的轮廓（图 1-4-7），橙色反光带的宽度为 150mm ± 20mm。橙色反光材料的亮度因数应符合《视觉信号表面色》（GB/T 8416—2003）中表 5 的规定，橙色反光材料的色品坐标应符合《视觉信号表面色》（GB/T 8416—2003）中表 6 的规定，其逆反射性能应符合《公路交通标志反光膜》（GB/T 18833—2002）中表 3 规定的一级红色反光膜。

（4）厢式车辆的货厢外部颜色应为浅色。

上述介绍《道路运输爆炸品和剧毒化学品车辆安全技术条件》（GB 20300）的有关车辆技术要求，主要是针对车辆生产企业的要求。但作为爆炸品道路运输的企业（用户），也要了解其相关要求，以保证运输安全和从业人员的安全。

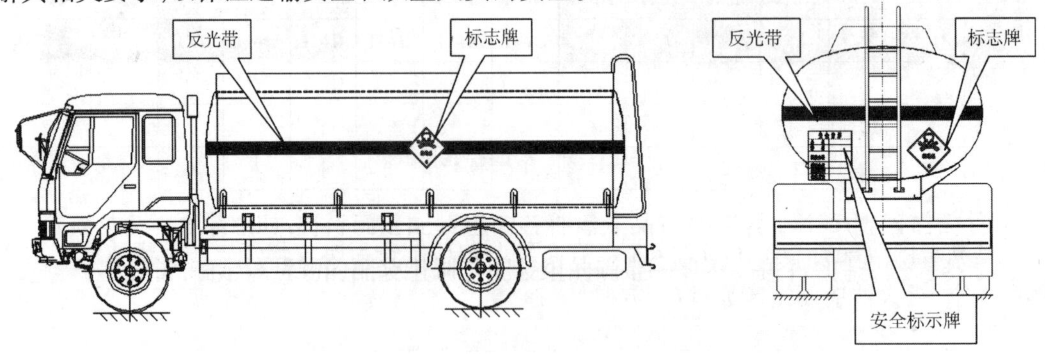

a）罐式车辆反光带、标志牌及安全标示牌位置

图　1-4-7

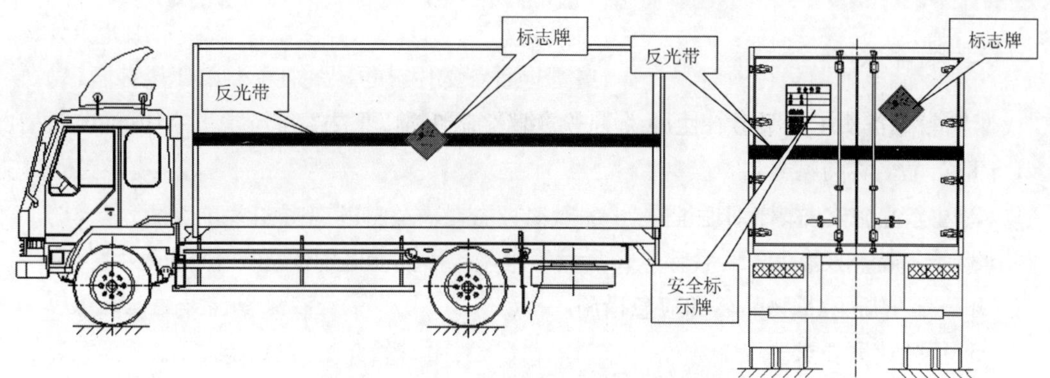

b)厢式车辆反光带、标志牌及安全标示牌位置

图1-4-7 反光带、标志牌及安全标示牌位置

部分在用车辆悬挂标志的情况如图1-4-8所示。

a)

b)

图1-4-8 部分在用车辆悬挂标志的情况

三、随车文件

车辆应配备使用说明书。使用说明书的编写应包括以下内容：

(1)产品名称与型号。

(2)生产企业名称、详细地址。

(3)技术特点及参数。

(4)装运的危险货物品名和应急措施。

(5)行驶速度要求。

(6)停车熄火要求。

(7)车辆维修规定。

同时，在国家标准中还要求，驾驶室内部应有放置应急设施的空间和放置应急设施的装置。

第二节　爆炸品道路运输驾驶人员基本要求

一、爆炸品道路运输驾驶人员的基本要求

1. 文化程度

由于爆炸品道路运输的特殊性，如在运输、装卸作业中操作不当，就极易发生爆炸、燃烧、中毒等严重事故，造成大量人员伤亡、财产损失、环境破坏，因此要求从事爆炸品道路运输的驾驶人员，不仅要掌握驾驶车辆的技能，还应该具备一定的文化程度，以便能更全面和深入地了解所装运爆炸品的理化性质、危害特性、包装物或者容器使用的基本要求和发生意外事故时的处置措施。

2. 驾驶年龄

为保证爆炸品道路运输安全，降低事故，要求从事爆炸品道路运输的驾驶人员，取得相应机动车驾驶证，年龄不超过60周岁；取得经营性道路旅客运输或者货物运输驾驶人员从业资格2年以上，建议有3年内或5万km以上无重大以上交通责任事故的经历。

3. 身体条件

由于爆炸品的危害性，要求从事爆炸品道路运输的驾驶人员身体健康，无妨碍驾驶的疾病。同时，综合心理素质要较好。一般主要妨碍驾驶的疾病有：心血管系统疾病、神经系统疾病、精神障碍、生理缺陷等。

4. 资格要求

从事爆炸品道路运输的驾驶人员，需经所在地设区的市级人民政府交通运输主管部门考试合格，取得危险货物道路运输从业资格证；并在此基础上，参加爆炸品道路运输的专门考试，经考试合格，取得注明为“爆炸品运输”的从业资格证，方可上岗从业。

5. 专业技能

除了具备较好的驾驶技能外，从事爆炸品道路运输的驾驶人员必须接受其所属企业或单位安排的有关安全生产法规、安全知识、专业技术、职业卫生防护和应急救援知识等方面的培训，了解所运爆炸品货物理化性质、危害特征、包装容器的使用特性和发生意外事件或运输事故时的应急措施，还需接受其所属企业或单位安排的有关运输安全生产和基本应急知识等方面的考核；考核不合格的，不得从事相关工作。

二、爆炸品道路运输驾驶人员的岗位职责

（1）严格遵守交通运输部《道路危险货物运输管理规定》等有关危险货物道路运输、特别是爆炸品道路运输的法律、法规和规章，严格执行《道路运输危险货物车辆标志》（GB 13392）、《汽车危险货物运输规则》（JT 617）、《汽车运输、装卸危险货物作业规程》（JT 618）等国家标准、行业标准中关于危险货物道路运输的规定。

（2）观察交通状况，严格遵守道路交通安全法律法规安全驾驶；按照安全运输规定、行车路线、行车时间行车和停车，确保行车和运输安全，防止发生交通事故；除押运人员外，车辆不得搭载无关人员和其他物品。

（3）执行公司安全运输的各项规章制度和操作规程。

（4）车辆（罐体）日常维护与清理、清洗。

（5）出车前、行车中、回场后车辆（罐体）检查。出车前车辆安全检查登记表见表 1-4-1。

出车前车辆安全检查登记表 表 1-4-1

<table>
<tr><td>车牌号</td><td colspan="3"></td><td>检验日期</td><td colspan="2">年 月 日</td></tr>
<tr><td>承检修人
（签字）</td><td></td><td colspan="2">检验员
（签字）</td><td></td><td>驾驶人员
（签字）</td><td></td></tr>
<tr><td>驾驶人员
必须做到</td><td colspan="6">严格遵守和执行《中华人民共和国道路交通安全法》，坚持“安全第一，预防为主”的原则，每次运输必须对所驾车辆落实出车前、行驶中、收车后的安全检查</td></tr>
<tr><td>检测项目</td><td>检查情况</td><td>问题处理</td><td>检测项目</td><td>检查情况</td><td colspan="2">问题处理</td></tr>
<tr><td>制动系统</td><td></td><td></td><td>灯光系统</td><td></td><td colspan="2"></td></tr>
<tr><td>电路、油路系统</td><td></td><td></td><td>GPS 系统</td><td></td><td colspan="2"></td></tr>
<tr><td>底盘</td><td></td><td></td><td>警示标识</td><td></td><td colspan="2"></td></tr>
<tr><td>发动机</td><td></td><td></td><td>导静电链</td><td></td><td colspan="2"></td></tr>
<tr><td>方向机</td><td></td><td></td><td>随车工具</td><td></td><td colspan="2"></td></tr>
<tr><td>前、后桥</td><td></td><td></td><td>刮水器</td><td></td><td colspan="2"></td></tr>
<tr><td>前、后轮</td><td></td><td></td><td>灭火器</td><td></td><td colspan="2"></td></tr>
<tr><td>转动轴</td><td></td><td></td><td>后视镜</td><td></td><td colspan="2"></td></tr>
<tr><td>直、横拉杆</td><td></td><td></td><td>车厢及门锁</td><td></td><td colspan="2"></td></tr>
<tr><td>结论</td><td colspan="6">检验员（检查人）签字：</td></tr>
</table>

注：1. 此表由车辆管理部门收存。
2. 存在问题必须整改合格。
3. 结论必须明确是否合格及是否可以出车运输民爆物品。

(6)检查随车携带相关证件、运输文件是否齐全有效,如《道路运输危险货物安全卡》等。

(7)车辆安全防护设施、设备及消防、劳动防护、捆扎等器材是否齐全、有效,及时发现、排除车辆安全隐患,保持车辆技术状况良好。

(8)参加安全教育与培训活动,学习安全技术知识与技能,掌握危险货物道路运输以及爆炸品道路运输安全知识、技能与应急处理办法,了解所运输爆炸品的物理和化学特性。出车前安全教育记录表见表1-4-2。

出车前安全教育记录表 表1-4-2

<table>
<tr><td colspan="6">驾驶人员姓名: 车牌号: 送达地点:</td></tr>
<tr><td rowspan="3">教育内容</td><td>安全行车
十大禁令</td><td colspan="4">(1)严禁无证驾驶和驾驶与证件不相符的车辆;
(2)严禁酒后驾车;
(3)严禁人货混装和违章搭人;
(4)严禁违反装载规定和驾驶室超额坐人;
(5)严禁超速行驶;
(6)严禁强行超车或让车不减速及抢道行驶;
(7)严禁驾驶不符合安全要求的车辆;
(8)严禁驾驶牌证不齐的车辆;
(9)严禁灯光不齐、照明不良的车辆夜间行驶;
(10)严禁直流供油或加油时起动车辆</td></tr>
<tr><td>安全行驶
十五项要求</td><td colspan="4">(1)出车前、行驶中、收车后注意勤检查,勤调校,勤维护;
(2)出车前注意检查驾驶证、行车证、缴讫证和号牌是否齐全,装载是否符合规定,超长、超宽、超高是否设有明显标志,经有关部门的批准;
(3)起步前注意各种仪表指针是否正常和停车周围有无障碍;
(4)行车中要思想集中,注意严格遵守交通规则,不得饮酒、吸烟及与他人闲谈;
(5)行经弯道前,注意“减速、鸣笛、靠右行”;
(6)行经铁道前,注意火车驶来,应做到“一慢、二看、三通过”;
(7)行经繁华街道、人行道、牲畜群、急弯、窄桥、狭路、隧道或视线在30m内和设有警告、禁令标志地段,注意时速不得超过15km/h,注意车马行人动态,随时准备采取应急措施;
(8)会车时注意减速靠右行,遇较窄道路要发扬“先慢、先让、先停”的好作风;
(9)不得在夜间装卸,随时保持通信畅通;
(10)运输危险品时,不准在人员聚集地方、交叉路口或火源附近停车;
(11)在冰雪路面上行驶,车轮应采取防滑安全措施;
(12)必须严格执行运输证指定路线,在公路上必须中速行驶,并与其他车辆保持避免引起殉爆的距离;
(13)灭火器要齐全有效;
(14)防静电胶带要齐全有效;
(15)与前车保持车距安全有效</td></tr>
<tr><td>教育人强调内容
(授教人填写)</td><td colspan="4"></td></tr>
<tr><td colspan="2">安全预想
(驾驶人员填写)</td><td colspan="4"></td></tr>
<tr><td colspan="2">教育人签字</td><td></td><td>受教育人签字</td><td></td><td>时间</td></tr>
</table>

注:此表由车辆管理部门收存。

(9)妥善保管并能正确使用各种劳动保护、防护用品和消防器材。

(10)发生运输事故时,及时报警、报告本单位,实施应急处置,维护好现场。

三、爆炸品道路运输驾驶人员的工作要求

1. 运输前的准备工作

(1)运输爆炸品的专用车辆应符合国家法律、法规以及技术标准的要求。

(2)装车前应检查运输爆炸品车辆,车厢或集装箱底板应平坦完好,铺设阻燃导静电胶板。将货厢或集装箱清扫干净,罐体清洗干净,排除异物,车厢、集装箱或罐体内不得有酸、碱、氧化剂、盐类等与所装爆炸品性质相抵触的残留物,或以前运输残留货物。确保车辆结构的耐用,内部底面和壁面没有凸出物。

“车辆结构的耐用”是指货物车厢、集装箱的结构部件。例如集装箱的顶部和底部侧梁、顶部和底部端梁、门栏和门头板、地板横向构件、角支柱和角配件,没有严重的缺陷。严重缺陷是指:结构部件中的凹陷或断裂;顶部和底部端梁或门头板有多于一处的拼接或拼接不正确(例如搭接);任一个顶部或底部侧梁或任一个门栏或角支柱有多于两处的拼接;门铰和金属构件失灵、扭曲、损坏、丢失或不起作用,垫圈和密封圈不密封;集装箱整个形状变形的程度大到妨碍设备正确对位,难于把集装箱安放和固定在汽车上。

此外,车厢、集装箱的任何零部件老化,不论是用何种材料制造的。例如侧墙的金属生锈或玻璃纤维破裂,都是不能接受的。然而正常的损耗,包括轻微的凹陷和刮伤及其他不影响运输装置耐用性和防风雨完整性的损害,则是可以接受的。

(3)检查运输爆炸品车辆配备的消防器材,发现问题应立即更换或修理。

(4)根据所装货物及包装情况,备好防散失用具等应急处置器材。

(5)检查随车携带相关证件、运输文件是否齐全有效,特别是查验“爆炸物品准运证”是否携带及有效性。

(6)应根据所装爆炸品的性质,配备防护用品(如工作服、手套、防毒口罩、护目镜或者轻型防护服、防毒面具等)。

(7)进入装卸作业区,应禁止随身携带火种、关闭随身携带的手机等通信工具和电子设备(一般情况下,要提前交到门卫保管)、严禁吸烟、穿着不产生静电的工作服和不带铁钉的工作鞋。

(8)在装卸作业时应按照指定位置停车,熄灭发动机,实施驻车制动,装设好导静电拖地带。

(9)爆炸品运输一般不配装。若需与其他货物混装,应符合有关规定。

2. 运输过程中的要求

为了保证爆炸品道路运输安全,在运输过程中应按以下要求进行:

(1)按规定装载,装载量不得超过额定负荷。密封式车厢装货总高度不得超过1.5m;没有外包装的金属桶(一般装的是硝化棉或发射药)只能单层摆放,以免压力过大或撞击

摩擦引起爆炸;在任何情况下雷管和爆炸药都不得同车装运或两车同时在同一场地进行装卸。

(2)应将车厢门锁牢后方可运行车辆,不准敞开车门行驶。

(3)爆炸品道路运输时,要按照公安机关指定的时间、路线、速度行驶,不得擅自改变行驶路线。车上无押运人员不得单独行驶,押运人员必须熟悉所装货物的性能和作业注意事项等。车上严禁搭乘无关人员和危及安全的其他物资。

(4)行车中驾驶人员必须集中精力,严格遵守交通法规和操作规程,同时注意观察,保持行车平稳。多部车辆列队运输行驶时,跟车距离至少保持50m以上,一般情况下不得超车和强行会车。

(5)行车途中应严控车速,尽量避免紧急制动,车辆转弯前应减速,保持车辆平稳运行,以防止因紧急制动、急转弯等造成装载货物摩擦、振动、坍塌、坠落,撞击、摩擦引发爆炸事故。

(6)运输途中不得随意停车,更不得在人口聚集地、交叉路口、火源附近停车。运输过程中需要停车住宿或遇有无法正常运输的情况时,应向当地公安部门报告,将车辆停放在有利于安全防护的地方,停车时要始终有人看守。

(7)夏季高温季节,应按照作业地规定的作业时间运输,做好车内货物温度监控;当车内货物温度非正常升高时,应停车检查,采取必要的降温措施。

(8)中途停车时,停车点应远离热源、火种场所和人口密集区;临时停靠或途中住宿过夜,车辆应有专人看管;途中住宿过夜,应向当地公安部门报告。

(9)运输途中应每隔一定时间停车检查车上货物情况,发现包装破漏要及时处理,防止漏出物损坏其他包装,酿成重大事故。

(10)车辆重载若发生故障,在维修时应严格控制明火作业,驾驶员不得离开车辆,要随时注意周围环境是否安全,发现问题应及时采取措施。

(11)运输途中发生燃烧、爆炸、污染、中毒或者被盗、丢失、流散、泄漏等事故,驾驶人员应会同押运人员立即向事故发生地公安部门、交通运输主管部门和本运输企业或者单位报告,并根据应急预案和《道路运输危险货物安全卡》的要求采取应急处置措施,以下是运输途中的泄漏、火灾处理的基本要求。

①运输途中泄漏处理。

a. 驾驶人员应尽可能把车开到安全区域停车、熄火、关闭电源。

b. 立刻穿戴好个人防护用品。

c. 在车辆前后100m处设置三角警告牌,阻止其他人员靠近。

d. 阻止泄漏物接触任何火源。

e. 阻止围观人员靠近泄漏物,告诉群众泄漏爆炸品的危险性。

f. 按照爆炸品泄漏处理方法,站在上风处对泄漏进行处理。

g. 无法处理泄漏物,因泄漏引起的危险性可能进一步增大时,应立即拨打110报警电话，清楚地汇报事故的时间、地点及现场情况和救援所需要的特殊设备；同时向本企业或单位报告。

h. 维持现场秩序，等候救援队伍到来。

i. 不要起动或移动车辆，直到所有的泄漏物被安全的处理好并恢复正常状态。

②运输途中火灾处理。运输过程中发生火灾时，应尽可能将爆炸品转移到危害最小的区域或进行有效隔离。不能转移、隔离时，应组织人员疏散。以下是施救的建议程序。

a. 把车辆开离公路并远离住宅、树木和其他易燃物体，停车、熄火、关闭电源。同时，由押运人员拨打110报警电话，清楚地汇报事故发生的时间、地点及现场火势情况和救援所需要的特殊设备；同时向本企业或单位报告。

b. 在车辆四周建立警戒线，提醒过往的车辆和人员不要靠近。

c. 驾驶人员立刻穿戴好个人防护用品(轻型防护服、防毒面具等)。

d. 在确保自身安全的情况下，使用车载灭火器灭火，禁止用水灭火。

e. 维持现场秩序，等候救援队伍到来；准备随车携带的产品资料供救火队伍行动参考。

f. 等救助队伍到达时，配合消防人员进行灭火。

g. 没有安全主管或消防人员的同意，不要移动车辆，直到火灾被完全扑灭。

(12)对于不具备有效的避雷电、防湿潮条件时，雷雨天气应停止对爆炸品的运输作业。

第三节　爆炸品道路运输押运人员基本要求

从事爆炸品道路运输的押运人员，需经所在地设区的市级人民政府交通运输主管部门考试合格，取得危险货物道路运输从业资格证；并在此基础上，参加爆炸品运输的专门考试，经考试合格，取得注明为“爆炸品运输”的从业资格证，方可上岗从业。

爆炸品道路运输押运人员是爆炸品道路运输安全的重要保障者，明确自身的责任有利于履行自身的职责。由于所运输的爆炸物品凡受到高热、摩擦、撞击或受一定物质激发，就能发生剧烈的化学反应，产生大量的气体和热量，同时气体体积急剧膨胀而引起爆炸，所以押运人员必须熟练掌握爆炸物品道路运输相关知识，准确掌握当次所运爆炸物品危险性、储运要求、泄漏处理、急救和防护措施，才能确保爆炸品在装卸和运输过程中做好本职安全防护工作。

一、爆炸品道路运输押运人员的基本要求

爆炸品道路运输押运人员除具备危险货物道路运输押运人员的基本素质要求和高度的责任感及警惕性外，按照《道路危险货物运输管理规定》第八条的规定，还应当取得注明为“爆炸品运输”类别的道路运输从业资格证。同时，建议企业聘用经所在辖区公安机关出具无违法犯罪记录的证明，心理健康，经岗前培训合格的押运人员。

二、爆炸品道路运输押运人员的岗位职责

由于爆炸品具有受热、撞击、摩擦、遇明火或酸碱等因素的影响发生爆炸特性，因此，在

储运中要避免摩擦、撞击、颠簸、振荡，严禁与氧化剂、酸、碱、盐类、金属粉末和钢材料器具等混储混运。爆炸品道路运输押运人员除了完成危险货物运输押运人员应尽的职责外，还应当履行以下职责。

1. 出车前检查

（1）查收运达地县级人民政府公安机关核发的“爆炸物品运输许可证”；车辆的有关证件、标志应齐全有效、技术状况良好，协助驾驶人员对车辆安全技术状况进行严格检查，发现故障应立即排除。

（2）核实公安部门爆炸物品运输许可手续载明的收货单位、销售企业、承运人，熟悉运输有效期限、起始地点、运输路线、经停地点，民用爆炸物品的品种、数量；包装材料和包装方式；运输爆炸物品的特性、出现险情的应急处置方法。

（3）车辆的车厢底板应平坦完好、栏板牢固，对于不同的爆炸物品，应采取相应的衬垫防护措施，车厢或罐体内不得有与所装危险货物性质相抵触的残留物。

（4）根据所运爆炸品特性，随车携带捆扎、防潮、降温、防火、防毒等工属具和应急处理设备及劳动防护用品。

（5）主动接受出车前安全教育，配备齐全规定的劳动防护用品。

出车前车辆安全检查，见表1-4-1；出车前安全教育，见表1-4-2。

2. 装载爆炸品

（1）装载爆炸品时，应与库管员核对品名、编码、序号、规格、数量、包装标志，查验查收安全技术说明书和安全标签，督促按照爆炸品操作规程有序堆码、捆扎，押运人员必须确保运输的爆炸物品品种、数量无误，包装完好。

（2）监督装载的爆炸物品不超高、不超载、不混装（同载车除外），而且捆扎牢固、当木箱包装产品和纸箱包装产品同车运输时，要督促采取可靠措施，防止纸箱被木箱磨烂、压烂或被捆扎绳勒坏的现象。

（3）押运人员在爆炸品装载完成后，应严格按照操作规程办理交接手续，不得擅自离岗、脱岗，应使爆炸品随时处于押运人员的监管之下，以防止被盗、丢失等事故的发生。监督装卸作业全过程的安全工作，严禁脱岗。

（4）若需与其他货物混装，应符合有关规定。

3. 运输过程监管

（1）运送爆炸物品时，发车前，押运人员必须对其装车情况进行检查确认，并签字认可，锁好车厢门，保管好钥匙。

（2）运输途中，押运人员应监督驾驶人员按照规定的日期、运输路线、经停地点和运行速度和各项安全规定运行，严格控制殉爆距离，并做好翔实押运记录。途中需要改变运输路线、经停地点必须报请公安部门批准。

（3）途中认真观察周围情况，每隔2h要停车检查，严防爆炸物品丢失、被盗和发生其他情况。行车途中发现捆扎松动或脱绳、断绳等现象应重新捆扎，安全可靠后再继续行驶。途中停车及装卸爆炸物品时，押运人员应坚守押运岗位。

(4)对于有中途卸货的情况，在卸货以后，要重新对所剩产品堆码情况进行必要的调整，认真清数和捆扎，确定可靠无误后方能继续行驶。

(5)当运送爆炸品途中发生异常情况时，应与驾驶人员协同配合，按运输企业应急预案进行妥善处置，保护爆炸品，维持好现场秩序，及时向企业、有关管理部门报告情况。

(6)车辆驾驶室内如安装了监视器，押运人员要负责时时监控。

4. 到达卸货

(1)货物运达卸货地点后，应与收货人核对，确认到货时间、货物品名、数量、规格等信息，办理交接手续。因故不能及时卸货，应当按照操作规程要求将车辆停放在安全位置，在待卸期间，应会同驾驶人员负责看管货物。卸货时，应督促装卸人员按照操作规程安全有序地卸载爆炸品。押运人员进出货物装卸场所时，应自觉遵守各项安全管理制度，不准携带火种，关掉手机，不准穿铁钉鞋和易产生静电的工作服。

(2)到达装卸点若遇有车辆从事装卸作业时，押运人员应督促驾驶人员将车靠在安全地带，待装卸点无车辆时，才准驶入。

(3)爆炸品到达目的地以后，要协调收货单位在“爆炸品运输证”上签证物品到达情况(签收)。返回后，将“爆炸品运输证”、收货单等及时交有关部门。

三、爆炸品道路运输押运人员的工作要求

1. 出车前的要求

(1)押运人员接受任务后，会同驾驶人员领取并掌握当班作业单据，验证准运手续、出入库单据等，核实公安部门爆炸物品运输许可手续载明的收货单位、销售企业、承运人，熟悉运输有效期限、起始地点、运输路线、经停地点，民用爆炸物品的品种、数量；包装材料和包装方式；运输爆炸物品的特性、出现险情的应急处置方法等相关注意事项。

(2)协助驾驶人员做好车辆例行检查。检查车辆是否与所运载的民用爆炸物品相适应，技术状况是否符合《道路运输爆炸品和剧毒化学品车辆安全技术条件》(GB 20300)等标准的规定，若不符合安全要求，应及时与驾驶人员沟通及报修。

(3)根据所运爆炸品特性，领取安全防护用品，随车携带捆扎、防潮、降温、防火、防毒等工属具和应急处理设备、劳动防护用品，检查随车必备的消防用具是否齐全有效。

(4)检查车辆标志的安装悬挂是否符合《道路运输危险货物车辆标志》的规定。

(5)检查运输车辆的有关证件、标志是否齐全有效。

(6)办完手续后，接受安全教育，并听取管理人员的安全告知。

(7)接受完安全教育后，应到运输公司办理相关手续，并整理好个人物质准备出车。

(8)对于运输具有特殊性质的爆炸品任务，应按照具体要求严格执行。

2. 装载时的要求

(1)运输车辆到爆炸品库房装货，押运人员应先到门卫室登记并与库管员进行沟通，落

实装载库区及车辆停靠点。

(2)联系客户，核对客户名称，清点所押运物品的数量、品种、规格，确保与运输证一致。

(3)检视装载作业区的安全状况。

(4)检查车厢、栏板的固定、链接、锁扣装置是否安全完好。

(5)监督作业人员穿戴好安全防护用品，按照《汽车运输、装卸危险货物作业规程》(JT 618)的规定装载货物。装载时，应与库管员核对品名、编码、序号、规格、数量、包装标志、安全技术说明书和安全标签，督促按照爆炸品操作规程有序堆码、捆扎，押运人员必须确保运输的爆炸物品品种、数量无误，包装完好。装产品时确认产品品种、数量无误，编码顺序有序。

(6)检查装载爆炸物品的包装是否适合道路运输的要求，内、外包装是否完好无损，包装标志是否齐全、清晰，不符合包装要求的拒绝装载。

(7)检查装载堆码是否符合要求，捆扎、固定是否牢靠。在装完货物出库前，检查车辆配备器材完好，并签字确认。

(8)装车完毕，对爆炸物品的装载安全措施及影响车辆起动的不安全因素进行检查，确认无不安全因素后，方允许车辆起步。

(9)监督所装载民用爆炸物品质量必须在车辆核定载质量范围内，严禁超限超载。

(10)做好货物的点收点交及单据交接工作。

(11)车辆出库前，再次检查车辆应配备器材齐备、完好，并签字确认。

3. 运输过程的要求

(1)押运人员在押运过程中要积极保持与单位的信息联系，落实好行车过程车门锁等防盗装置完好情况，货物堆码及安全情况的检查，原则上每隔2h进行一次安全检查，途中如发生突发事件必须立即报告。

(2)爆炸品运往矿区、山区工地等道路崎岖或复杂路段，押运人员应提醒驾驶人员保持高度警觉，严格控制速度，确保安全行车。

(3)对于有中途卸货的情况，在卸货以后，要重新对所剩产品堆码情况进行必要的调整，认真清数和捆扎，确定可靠无误后方能继续行驶。

(4)车辆驾驶室内如安装了监视器，押运人员要负责时时监控。

4. 到达卸货的要求

(1)货物运达卸货地点后，联系客户，核对客户单位、品种、数量是否与运输证相符。与收货人核对，确认到货时间、货物品名、数量、规格等信息，办理交接手续。因故不能及时卸货，应当按照操作规程要求将车辆停放在安全位置，在待卸期间，应会同驾驶人员负责看管货物，并积极联系接货人或接货单位。

交货前，押运人员应对车辆装载情况进行一次检查，确认无异常后，方能卸车交货。卸货时，应督促装卸人员按照操作规程安全有序地卸载危险货物。押运人员进出货物装卸场所时应自觉遵守各项安全管理制度，不准携带火种，关掉手机，不准穿铁钉鞋和易产成静电的工作服。

(2)检视卸载作业区安全,监督作业人员穿戴安全防护用具。

(3)卸货过程中全程监督,并维持现场秩序,防止无关人员靠近(驾驶人员应予以协助)。

(4)监督卸货作业人员按照《汽车运输、装卸危险货物作业规程》(JT 618)的要求作业。

(5)检查卸载爆炸物品的包装是否完好无损,堆垛码放是否符合要求。

(6)交货时做好爆炸物品的点交、点收及单据交接工作。到达目的地后确认产品安全并顺利交接;卸完货物后检查车厢内是否有民用爆炸物品残留,做好车辆清洁工作。

(7)办完各种手续及时联系单位,告知产品安全到达。

5. 任务完成回场的要求

(1)回场后,协助驾驶人员做好车辆维护。检查车辆标志、标识、消防器具、导静电橡胶拖地带,以及车厢、栏板的固定、链接、锁口装置的安全完好状态,若有不符合安全要求的状况及时与驾驶人员沟通、报修。

(2)会同驾驶人员交清当班作业单据。

(3)归还装卸工具及安全防护用品。

第四节　爆炸品道路运输装卸管理人员基本要求

爆炸品在装卸时,如发生爆炸事故危害极大。同时,如爆炸品装载不符合要求,在运输过程中也易发生事故,因此爆炸品装卸工作需要特别注意。

一、装卸作业前的要求

(1)装卸管理人员应掌握所装卸爆炸品的理化性质及应急措施,经所在地市级交通运输主管部门考试合格,取得相应从业资格证,持证上岗,并对装卸作业现场安全操作负责。

(2)运输车辆应使用厢型货车、罐式车辆或集装箱运输车辆,必须符合《道路运输爆炸品和剧毒化学品车辆安全技术条件》;应配置符合《道路运输危险货物车辆标志》(GB 13392)要求的车辆标志;运输车辆的车厢内不得有酸、碱、氧化剂等残留物。且随车携带的防潮、防火、防爆等工属具应齐全有效。

(3)爆炸品装卸工具,必须事先检查各种机件是否完好,如有故障,不得使用。

(4)不具备有效的避雷电、防湿潮条件时,雷雨天气应停止对爆炸品的装卸作业。

(5)装卸作业前,车辆发动机应熄火,并切断总电源。不应将车辆停放在纵坡大于5%的路段,否则,应采取防止车辆溜坡的有效措施。

(6)装卸作业前应对照出库单,核对爆炸物品名称、规格、数量,并认真检查货物包装。爆炸品的安全标签、标识、标志等与运单不符或包装破损、包装不符合有关规定的应拒绝装车。

二、装卸作业中的要求

(1)装卸现场严禁高温和接触明火;装卸搬运时,不准穿铁钉鞋,使用铁轮、铁铲头推车和叉车,应有防火花措施;严禁使用易产生火花机具设备。装卸人员作业时不得携带烟火和通信工具。

(2)装卸过程中,驾驶人员和押运人员不得远离车辆,押运人员负责监装、监卸,办理货物交接签证手续时要点收、点交。无关人员严禁进入装卸作业区。

(3)车辆进入爆炸品装卸作业区,车辆排气管应安装排气火花熄灭器,按有关安全作业规定驶入装卸作业区,并将车辆停放在容易驶离作业现场的位置。装卸过程中需要移动车辆时,应有人监护,在保证安全的前提下才能移动车辆。起步要慢,停车要稳。

(4)装卸管理人员必须遵守保密规定,不得向无关人员泄露有关爆炸品储运情况。同时,必须遵守有关场、库的规章制度。

(5)装卸作业时,必须轻拿、轻放,稳妥作业,严防跌落、摔碰;禁止撞击、拖拉、翻滚、投掷、倒置。

(6)禁止将爆炸品与氧化剂、酸、碱、盐类物品以及易燃物质、金属粉末同车配装。起爆药与炸药严禁在同一装卸点装卸,严禁混装在同车车厢运输。任何情况下,爆炸物品不得与普通货物混装,同类爆炸物品配装必须符合配装组的组合要求。装卸同类爆破物品应逐车装卸,不得在同一装卸点同时对两车或两车以上进行装卸作业。必须按照"卸货优先、轻车让重车"的原则安排爆炸品的装卸工作。

(7)使用手推车等工具时,要检查机具是否完好,搬运中装箱不宜过多,速度不宜过快,载质量不应超过300kg,搬运过程中应采取防滑、防摩擦和防止产生火花等安全措施。要注意将爆炸品包装箱捆牢,以预防在起步、停车、转弯时摔箱。

(8)装运火箭弹和旋上引信的炮弹,只能横装在货厢内与车辆行进方向垂直、严禁顺装、立装或侧装。这是因为车辆在行使过程中如果出现上下颠簸、突然起动或停车情况时,顺装、立装或侧装的炮弹,就会因受到巨大的惯性力作用,可能引起炮弹中的引信保险先期脱落,若再受振动即可能爆炸。

(9)如搬运时发现爆炸品的包装箱体破裂、松开或箱盖脱落,则不得装运,应小心卸下后单独放置以便及时更换包装。对于由于受压而略有变形的纸箱,可在装卸时摆放在箱堆的上部。装卸时如发现产品药剂撒出,应立即停止装卸作业,在安全员的指导下,将撒药的箱包移至安全地带,并对撒有药剂的地点进行处理和湿法清扫后,方能恢复作业。

(10)装卸作业应在白天进行,夜间作业应有足够的照明;作业现场温度超过35℃时,应停止装卸作业。如必须装卸的,应用冷水喷淋现场,使作业现场温度降到30℃以下,方可作业。天气恶劣时,如遇雷电雨、强风或冰雹时,应停止作业。

(11)如果装卸现场发生火灾时,应立即提醒装卸人员停止产品的装卸。并把车辆驶离装卸区,停车、熄火、关闭电源。

图1-4-9是爆炸品卸货的实例图。

图1-4-9 爆炸品卸货的实例图

三、爆炸品的配装

1. 爆炸品的配装组划分

首先,除有特殊规定外,爆炸品不得与其他类危险货物一起混装运输。爆炸品如与其他危险货物混装,应符合《汽车危险货物运输规则》(JT 617)的附录D《危险货物配装表》有关危险货物间的配装规定。其次,爆炸品间混装应符合爆炸品配装组要求,属于同一配装组的爆炸品可以放在一起运输,不同配装组的爆炸品一般不能放在一起运输。以下介绍爆炸品的配装组。

1)配装组

爆炸品由于性质上的差异,考虑到如果彼此在一起能安全积载或运输,而不会明显地增加事故的概率或在一定数量情况下不会明显提高事故后果的等级,可视为"相容的"或"可配装的"。根据这一原则,爆炸品被分成若干配装组。在《危险货物分类和品名编号》(GB 6944—2012)的4.2.3.1中,将配装组定义为"在爆炸品中,如果两种或两种以上物质或物品在一起能够安全积载或运输,而不会明显增加事故概率或在一定数量情况下不会明显提高事故危害程度的,可将其归为同一配装组"。

按爆炸品的物理性质、爆炸性能、内外包装方式、特殊危险性等不同特点,将爆炸品划分为A、B、C、D、E、F、G、H、J、K、L、N、S共13个配装组,见表1-4-3。这样,在《危险货物品名表》(GB 12268—2012)中,属同一配装组的爆炸品可以配装。如,闪光弹药筒(UN0049)1.1G、摄影闪光弹(UN0039)1.2G、燃烧弹药(UN0009)1.3G、点燃导火索(UN0066)1.4G等爆炸品可以配装。

2)配装组的确定

配装组定义是拟适用于彼此不兼容的物质或物品,属于配装组S的物质或物品除外。爆炸品配装组的确定按表1-4-3的规定进行。

由于配装组S的判定是以试验为依据的，S配装组的确定要与确定1.4项的试验相结合。此外，N配装组的确定要与确定1.6项的试验相结合，见表1-4-4。

爆炸品配装组划分

表1-4-3

配装组	待分类物质和物品的说明
A	一级爆炸性物质
B	含有一级爆炸性物质，而不含有两种或两种以上有效保护装置的物品。某些物品，例如爆破用雷管、爆破用雷管组件和帽形起爆器包括在内，尽管这些物品不含有一级炸药
C	推进爆炸性物质或其他爆燃爆炸性物质或含有这类爆炸性物质的物品
D	二级起爆物质或黑火药或含有二级起爆物质的物品，无引发装置和发射药；或含有一级爆炸物质和两种或两种以上有效保护装置的物品
E	含有二级起爆物质的物品，无引发装置，带有发射药（含有易燃液体或胶体或自燃液体的除外）
F	含有二级起爆物质的物品，带有引发装置，带有发射药（含有易燃液体或胶体或自燃液体的除外）或不带有发射药
G	烟火物质或含有烟火物质的物品或既含有爆炸性物质又含有照明、燃烧、催泪或发烟物质的物品（水激活的物品或含有白磷、磷化物、发火物质、易燃液体或胶体或自燃液体的物品除外）
H	含有爆炸性物质和白磷的物品
J	含有爆炸性物质和易燃液体或胶体的物品
K	含有爆炸性物质和毒性化学剂的物品
L	爆炸性物质或含有爆炸性物质并且具有特殊危险（例如由于水激活或含有自燃液体、磷化物或发火物质）需要彼此隔离的物品
N	只含有极端不敏感起爆物质的物品
S	如下包装或设计的物质或物品：除了包件被火烧损的情况外，能使意外起爆引起的任何危险效应不波及包件之外，在包件被火烧损的情况下，所有爆炸和迸射效应也有限，不至于妨碍或阻止在包件紧邻处救火或采取其他应急措施

2. 爆炸品项别与配装组代号

1）爆炸品项别与配装组代码

爆炸品项别与配装组代码由表示类、项的两个阿拉伯数字（中间加一圆点）和一个表示配装组的字母组成。例如，项别为1.1，配装组为A的爆炸品，其分项与配装组代号为1.1A。由此，可以进一步了解《危险货物品名表》（GB 12268—2012）中，爆炸品的“类别或项别”的含义。如：

黑火药（UN0027；CN11096），配装组代号为1.1D。即，黑火药为爆炸品的1.1项，配装组划分为D。

叠氮化铅（UN0129；CN11019），配装组代号为1.1A。即，叠氮化铅为爆炸品的1.1项，配装组划分为 A。

照明弹药(UN0297;CN14032),配装组代号为 1.4G。即,照明弹药为爆炸品的 1.4 项,配装组划分为 G。

由此可知,《危险货物品名表》(GB 12268—2012)中,爆炸品的“类别或项别”的含义包括两个含义,一是表明爆炸品的项别,二是表明爆炸品的配装组的划分。

2)爆炸品可能的项别与配装组代码

第 1 类危险货物爆炸品根据其具有的危险性分为 6 个项,其中 1 项和 13 个配装组中的一个,被认为可以相容的各种爆炸性物质和物品列为一个配装组。爆炸品可能的项别与配装组组合的代码号,见表 1-4-4。

爆炸品可能的项别与配装组代码号 表 1-4-4

配装组	组合	配装组	组合
A	1.1A	H	1.2H、1.3H
B	1.1B、1.2B、1.4B	J	1.1J、1.2J、1.3J
C	1.1C、1.2C、1.3C、1.4C	K	1.2K、1.3K
D	1.1D、1.2D、1.4D、1.5D	L	1.1L、1.2L、1.3L
E	1.1E、1.2E、1.4E	N	1.6N
F	1.1F、1.2F、1.3F、1.4F	S	1.4S
G	1.1G、1.2G、1.3G、1.4G		

在实际工作中,为了使用方便,常将表 1-4-3、表 1-4-4 合并为一个表,见表 1-4-5。

爆炸品配装组划分 表 1-4-5

待分类物质和物品的说明	配装组	组合
一级爆炸性物质	A	1.1A
含有一级爆炸性物质,而不含有两种或两种以上有效保护装置的物品。某些物品,例如爆破用雷管、爆破用雷管组件和帽形起爆器包括在内,尽管这些物品不含有一级炸药	B	1.1B、1.2B、1.4B
推进爆炸性物质或其他爆燃爆炸性物质或含有这类爆炸性物质的物品	C	1.1C、1.2C、1.3C、1.4C
二级起爆物质或黑火药或含有二级起爆物质的物品,无引发装置和发射药;或含有一级爆炸物质和两种或两种以上有效保护装置的物品	D	1.1D、1.2D、1.4D、1.5D
含有二级起爆物质的物品,无引发装置,带有发射药(含有易燃液体或胶体或自燃液体的除外)	E	1.1E、1.2E、1.4E
含有二级起爆物质的物品,带有引发装置,带有发射药(含有易燃液体或胶体或自燃液体的除外)或不带有发射药	F	1.1F、1.2F、1.3F、1.4F

续上表

待分类物质和物品的说明	配装组	组　合
烟火物质或含有烟火物质的物品或既含有爆炸性物质又含有照明、燃烧、催泪或发烟物质的物品（水激活的物品或含有白磷、磷化物、发火物质、易燃液体或胶体或自燃液体的物品除外）	G	1.1G、1.2G、1.3G、1.4G
含有爆炸性物质和白磷的物品	H	1.2H、1.3H
含有爆炸性物质和易燃液体或胶体的物品	J	1.1J、1.2J、1.3J
含有爆炸性物质和毒性化学剂的物品	K	1.2K、1.3K
爆炸性物质或含有爆炸性物质并且具有特殊危险（例如由于水激活或含有自燃液体、磷化物或发火物质）需要彼此隔离的物品	L	1.1L、1.2L、1.3L
只含有极端不敏感起爆物质的物品	N	1.6N
如下包装或设计的物质或物品：除了包件被火烧损的情况外，能使意外起爆引起的任何危险效应不波及包件之外，在包件被火烧损的情况下，所有爆炸和进射效应也有限，不至于妨碍或阻止在包件紧邻处救火或采取其他应急措施	S	1.4S

3. 配装组组合

《危险货物分类和品名编号》（GB 6944—2012），配装组还需要与爆炸品 6 个项别进行组合。具体某个爆炸品属于哪个配装组，可以按照 GB 12268 中表 1 第 4 栏的标注进行判断。GB 6944 对爆炸品划分配装组的方法、与各配装组有关的可能危险项别的组合进行了规定，具体见表 1-4-6。

爆炸品危险项别和配装组的组合　　表 1-4-6

危险项别	配装组													
	A	B	C	D	E	F	G	H	J	K	L	N	S	∑A～S
1.1	1.1A	1.1B	1.1C	1.1D	1.1E	1.1F	1.1G		1.1J		1.1L			9
1.2		1.2B	1.2C	1.2D	1.2E	1.2F	1.2G	1.2H	1.2J	1.2K	1.2L			10
1.3			1.3C			1.3F	1.3G	1.3H	1.3J	1.3K	1.3L			7
1.4		1.4B	1.4C	1.4D	1.4E	1.4F	1.4G						1.4S	7
1.5				1.5D										1
1.6												1.6N		1
∑1.1～1.6	1	3	4	4	3	4	4	2	3	2	3	1	1	35

在确认货物配装组时，将待确定配装组的各种爆炸品特性与表 1-4-5 所给出的特征说明进行对照分析，确定该货物的配装组别。配装组的确定一般不必进行实验，但需要注意以下几点：

（1）配装组 D 和 E 的物品，可安装引发装置或与之包装在一起，但该引发装置应至少配备两个有效的保护功能，防止在引发装置意外启动时引起爆炸。此类物品和包装应划分为

D或E配装组。

(2)配装组D和E的物品,可与引发装置包装在一起,尽管该引发装置未配备两个有效的保护功能,但在正常运输条件下,该引发装置意外启动不会引起爆炸。此类包件应划为D或E配装组。

(3)划入配装组S的物质和物品需要经过爆炸品分项程序1.4项的实验确定。

(4)划入配装组N的物质和物品需要经过爆炸品分项程序1.6项的实验确定。

4.爆炸品配装的要求

爆炸品运输作业人员在配装过程中,必须遵守以下几个方面的配装要求:

(1)分项及配装组代号相同的货物(L组除外)可以配装。例如,UN编号为0129叠氮化铅和0130收敛酸铅,都属于1.1A配装组,可以进行混装运输。

(2)属于配装组L的货物不能同其他组的货物配装,而且只能与该组中同一危险类型的货物配装。

(3)分项及配装组代号不同的货物允许进行以下配装。

①属于配装组A~K的货物,配装组相同,但项别不同,只要全部视为属于具有较小号码的项就可以配装,但1.5D组的货物同1.2D组的货物配装时,整个货物应视为1.1D组。

②属于配装组C、D、E和F的货物可以配装,其总体应视为具有较后字母的配装组。

③属于配装组G的制品(不包括烟火剂制品和要求特殊装载的制品),只要在同一舱室中没有爆炸性物质,则可与配装组C、D和E的制品配装。

④配装组N的货物一般不与其他配装组(S组除外)的货物配装,但是,弱配装组N的货物与配装组C、D、E的货物配装时,配装组N的货物应视为配装组D。

⑤属于配装组S的货物可以同除配装组A和L以外的其他配装组的货物配装。

⑥一般来说,1.4S的爆炸品可以与其他类危险货物混装运输;爆破炸药(UN0083的C型爆破炸药除外)可以与5.1项的硝酸铵和无机硝酸盐(UN1942和UN2067)一起运输,但在揭示牌、隔离、装载和最大许可载荷方面须把整个货物当作爆破炸药处理;装运爆炸品的救生设备(UN3072和UN2990)可以与设备中所装的相同危险货物一起运输;1.4G的气袋充气器或气袋模件或安全带预拉装置(UN0503)可以与第9类气袋充气器或充袋模件或安全带预拉装置(UN3268)一起运输。

⑦点火器材、起爆器材不得与炸药、爆炸性药品以及发射药、烟火等其他爆炸品混装运输。

综上所述,爆炸品要重点关注以下四方面的内容:

一是爆炸品分为6项(1.1项;1.2项;1.3项;1.4项;1.5项;1.6项)。

二是爆炸品根据其性质,划分为13个配装组,见表1-4-3。同一配装组的,可以配装。

三是爆炸品不同的项与13个配装组中的一个,在一定条件下可以组合。即,爆炸品的配装组代码号,见表1-4-4及《危险货物品名表》(GB 12268—2012)。

四是爆炸品不同的配装组,可以根据表1-4-5进行组合。

第五节　常运爆炸品及应急处置

一、火药、炸药及起爆药

1. 火药

火药又称发射药，是极易燃烧的固体物质，量大时或在密闭状态下也能转变为爆炸，但军事上主要利用其燃烧有规律的性质，用作枪弹、炮弹的发射药和火箭、导弹的推进剂及其他驱动装置的能源。火药按其结构又分为：

(1)单基药。其主要成分为硝化纤维素(UN0340、UN0341 等;CN11032)。

(2)双基药。其主要成分是硝化纤维素(UN0340、UN0341 等;CN11032)、硝化甘油和硝化甘油乙醇(UN0144;CN11034)。

(3)三基药。其主要成分是硝化纤维素(UN0340、UN0341 等;CN11032)、硝化甘油与硝基胍(UN0282;CN11027)。

(4)黑火药。其主要成分是硝酸钾、硫黄、木炭的有机混合物，各成分配比不同，其性能也不同。

硝化纤维素(别名硝化棉)，为纤维素与硝酸酯化反应的产物，是用精制棉与浓硝酸和浓硫酸酯化反应而得。广泛用于火工、造漆等行业，摄影胶片、赛璐珞、乒乓球都用其作原料。其外观像受过潮的棉花，色白而纤维长，因此，误其为棉花而发生事故也时有所见。硝化棉中含氮量不超过 12.5% 时，只能引起自燃，不会爆炸。因此，含氮量大于 12.5%，且所含水分不得少于 32% 的硝化棉，则属于 1.1 项(爆炸品)；含氮量小于 12.5%，且所含水量不少于 32% 的硝化棉，属于 4.1 项(易燃固体)。

硝化棉不仅易燃且易分解。松散的硝化棉在空气中燃烧不留残渣，增大密度时，燃速下降。大量硝化棉在堆积或密闭容器中燃烧能转化为爆轰。干燥的硝化棉极不稳定，易被点燃，易因摩擦而产生静电，在较低温度下能自行缓慢分解，放出大量的有毒气体并伴随放热，温度迅速上升而自燃。若含水 25% 时较为安全。

火药是以燃烧反应为主要化学变化形式的爆炸性物质，它具有规定的几何形状和尺寸、一定的密度和足够的机械强度。当采用适当的方式点火后，能够按照平行层规律燃烧，放出大量热和气体，对弹丸作发射功，或对火箭作推进功。常见火药的形式有：带状、棍状、片状、长管状、七孔状、短管状和环状等。

2. 炸药(猛炸药)

炸药是相对稳定的物质，在一般情况下比较安定，能经受生产、储存、运输、加工和使用过程中的一般外力作用。只有在相当大的外力作用下(如受热、撞击)才能引爆，通常是用装有起爆药的起爆装置来激发其爆炸反应。猛炸药按其组成情况可分为：

(1)单质炸药。如三硝基甲苯(梯恩梯)(UN0209;CN11035)、环三亚甲基三硝胺(旋风炸药；黑索金；RDX）（UN0483；CN11041）、季戊四醇四硝酸酯（季戊炸药、泰安）（UN0150；CN11049）等。

（2）混合炸药。如三硝基甲苯（梯恩梯）（UN0209；CN11035）与环三亚甲基三硝胺（旋风炸药；黑索金；RDX）（UN0483；CN11041）或其他两种以上单质炸药的混合物。

（3）工程炸药。如硝酸铵类的混合爆炸物（UN0222；CN11082）。

炸药爆炸时化学反应速度非常快，在瞬间形成高温高压气体并释放出大量热量，以极高的功率对外界做功，使周围介质（如建筑，交通设施等）受到强烈的冲击、压缩而变形或破碎。一般炸药按不同的爆炸效应要求和不同的装药形状、条件填装于弹类的弹丸（战斗部）以达到爆炸后杀伤和破坏等作用。

以表1-4-7三硝基甲苯的《道路运输危险货物安全卡》为例，介绍有关运输等要求。

三硝基甲苯的《道路运输危险货物安全卡》（正面） 表1-4-7

<table>
<tr><td rowspan="2">
</td><td colspan="2" rowspan="2">2,4,6-三硝基甲苯
（干的或含水<30%）
2,4,6-Trinitrotoluene
$CH_3C_6H_2(NO_2)_3$
梯恩梯（TNT）
T. N. T
［白色或黄色针状结晶，无臭］</td><td>UN No. 0209</td></tr>
<tr><td>CN No. 11035</td></tr>
<tr><td colspan="2">危险性
受热、接触明火，或受到摩擦、振动、撞击时可发生爆炸。
少量或薄层物料在广阔的空间中燃烧可不起爆。
大量堆积或在密闭容器中燃烧，有可能由燃烧转变为爆轰。
遇碱生成不安定的爆炸物。
储运要求
包装方法：Ⅰ类，塑料袋、牛皮纸袋，外木箱。
储运条件：储存于阴凉、干燥、通风的专用爆炸品库房。远离火种、热源。库温不超过30℃，相对湿度不超过80%。应与起爆器材、氧化剂、还原剂、酸类、碱类分开存放，切忌混储。禁止振动、撞击和摩擦。禁止使用易产生火花的机械设备和工具。搬运时要轻装轻卸，防止包装及容器损坏。</td><td colspan="2">泄漏处理
切断火源。应急人员戴好自给式呼吸器，穿消防防护服；使用无火花工具收集于干燥、洁净、有盖的容器中，转移至安全场所。大量泄漏：用水润湿，然后收集回收或运至废物处理场所处置。
急　救
吸入：立即脱离污染区至空气新鲜处，安置休息并保暖；就医。
眼睛接触：用水冲洗；就医。
皮肤接触：先用水冲洗，再用肥皂水冲洗；如炸伤速送医院救治。
食入：误服立即漱口，急送医院救治。
灭火方法
雾状水。禁止用砂土压盖。</td></tr>
<tr><td colspan="4">防护措施：
空气中浓度较高时，佩戴过滤式呼吸器。紧急事态抢救或逃生时，佩戴自给式呼吸器。戴安全防护眼镜。穿紧袖工作服，长筒胶鞋。戴橡胶手套。工作现场禁止吸烟、进食和饮水。工作后，淋浴更衣。保持良好的卫生习惯。进行就业前和定期的体检。</td></tr>
</table>

二、火工品及引信

装有火药或炸药，受外界刺激后燃烧或爆炸，以引燃火药、引爆炸药或做机械功的一次性使用的元器件和装置统称火工品。它靠简单的激发冲量（如加热、火焰、冲击、针刺、摩擦）起作用产生火焰，点燃发射药或引信药剂（延期药、加强药和时间药）引爆雷管和炸药。

引信是装配在弹药中，能够控制战斗部（如炮弹的弹丸，火箭的弹头，地雷的雷体和手榴弹的弹壳等）在相对目标最有利的地位或最有利的时间完全引起作用的装置。而引信中能够适时起激发作用的元件就是火工品。某些火工品不只装在引信中，它还装于发射装药或火箭发动机中用来点燃发射药。所以，火工品是引燃和引爆器材的总称。因此，火工品、引信和战斗部三者是不可分割的一个整体。战斗部靠引信来控制，而引信的控制作用，重要的一部分由火工品来完成。

火工品都是小的炸药元件，具有比较高的感度。其大致可分为两种：一种按输入冲量形式分为机械、热、电、爆炸装置等；另一种按输出形式分为点火器（包括火帽、底火、延期药、点火索、点火具等）和起爆器材（包括雷管、导爆索、导爆管、传爆管等）。

引信的构造主要包括发火和保险两个部分。引信的机构由多种零件组成，其引爆过程是击针冲击火帽，火帽的火焰能量引爆雷管产生爆轰波，此波再引爆传爆管药粒后产生较大的爆轰波使整个弹丸爆炸。

三、烟花爆竹

根据烟花爆竹国家标准规定，烟花爆竹是以烟火药为原料制成的工艺美术品，通过着火源作用燃烧（爆竹）并伴有声、光、色、烟、雾等效果的娱乐产品。

烟花爆竹是我国传统的手工艺品，其历史悠久，品种繁多。其中有欢庆节日的大型高空礼花；有应用于航海、渔业的求救信号弹；有体育、军事训练用的发令纸炮、纸壳手榴弹、土地雷；还有农业、气象用的土火箭等。但对撞击、摩擦引发的拉炮、摔炮（搅炮）以及穿天猴、地老鼠、土火箭之类的烟花，因为不安全，国家已明令严禁制造和销售。

烟花爆竹大都是以氧化剂（如氯酸钾、硝酸钾、硝酸钡等）与可燃物质（如木炭、硫黄、赤磷、镁粉、铝粉等）再加以着色剂（如钠盐、锶盐、钡盐、铜盐等）、黏结剂（如酚醛树脂、虫胶、松香、浆糊等）为主体的物质，按不同用途，装填于泥、纸、绸质的壳体内。其组成成分不但与爆炸品相同，而且还有氧化剂成分，应该是很敏感很危险的，但其大部分产品用药量甚少，用药量最多占30%，70%左右为泥土纸张等杂物，就决定了它具有较好的安定性。但如其包装不妥或对其爆炸危险性认识不足，同样也会造成爆炸事故。因此对烟花爆竹的包装要求不能低估，在公路运输过程中，各类从业人员一定要严格遵守相关操作规程。

四、爆炸品的一般灭火方法与泄漏处理

1. 灭火方法及处置

（1）在爆炸品发生爆炸后，应迅速判断和查明发生再次爆炸的可能性和危险性，紧紧抓住

爆炸后和再次发生爆炸之前的有利时机,采取一切可能的措施,全力制止再次爆炸的发生。

(2)爆炸品通常有效的灭火方法是用密集的水流或喷雾状水,冷却达到灭火的目的,但不能采取窒息法或隔离法。禁止使用砂土覆盖燃烧的爆炸品,否则会导致由燃烧转化为爆炸。对有毒性的爆炸品,灭火人员应戴防毒面具。

(3)扑救爆炸品货物时,水流应采用吊射,避免强力水流直接冲击货物,以免货物堆垛倒塌引起再次爆炸。

(4)灭火人员应尽量利用现场形成的掩蔽体或尽量采用卧姿等低姿态射水,尽可能采取自我保护措施。

(5)如果有疏散可能,人身安全上确有可靠保障,应迅速及时疏散着火区域周围的爆炸品,使着火区周围形成一个隔离带。

(6)灭火人员发现有发生再次爆炸征兆或危险时,应立即撤退;来不及撤退时,应就地卧倒。

2. 泄漏处理

对爆炸品的泄漏物,应及时用水湿润,再撒以锯末或棉絮等松软物品收集后并保持相当湿度,报请公安部门或消防人员处理,绝对不允许将收集的泄漏物重新装入原包装内。

爆炸品运输过程的事故应急措施说明见表1-4-8。

爆炸品运输过程的事故应急措施说明 表1-4-8

<table>
<tr><th>爆炸品类别</th><th>需配备的专用应急器材</th><th>泄漏应急行动</th><th>火灾(爆炸)应急行动</th></tr>
<tr><td>爆炸品(1.1项)</td><td rowspan="5">防护服(手套、靴子、防火工作服、带护镜的头盔);自给式呼吸器;防火花软底鞋;软刷和塑料簸箕</td><td>扫除或收拾起这些物品,如物品仍然完整但出现损害,将其隔离并寻求指示。
应保持物质的湿润。如可行,使用软刷和塑料簸箕收集泄漏物,以便将泄漏物和污染了的设备安全地予以转移处置</td><td>如包件没有直接卷入火中,要尽量防止火触及爆炸物。通常的做法是保持包件湿润,在尽可能远的地方用水射流将火隔开。如实际可行,转移可能卷入水中的包件。如火触及爆炸物,人员放弃包件并撤离该区域</td></tr>
<tr><td>爆炸品(1.2项)</td><td rowspan="2">扫除或收拾起这些物品,如物品仍然完整但出现损害,将其隔离并寻求指示
应保持物质的湿润。如可行,使用软刷和塑料簸箕收集泄漏物,以便将泄漏物和污染了的设备安全地予以转移处置</td><td rowspan="4">如包件没有直接卷入火中,要尽量防止火触及爆炸物。通常的做法是保持包件湿润,在尽可能远的地方用水射流将火隔开。如实际可行,转移可能卷入水中的包件。如火触及爆炸物,人员撤离至安全区域并继续从安全的位置灭火。如可行,应将曾暴露于火中的物品分离开,并在安全的距离外进行监视,寻求指示</td></tr>
<tr><td>爆炸品(1.3项)</td></tr>
<tr><td>爆炸品(1.4项)</td><td rowspan="2">应保持物质的湿润。如可行,使用软刷和塑料簸箕收集泄漏物,以便将泄漏物和污染了的设备安全地予以转移处置</td></tr>
<tr><td>爆炸品(1.5项)</td></tr>
</table>

思 考 题

1. 爆炸品道路运输车辆应符合哪些国家标准?

2.《道路运输爆炸品和剧毒化学品车辆安全技术条件》(GB 20300),对爆炸品道路运输车辆有哪些基本要求?

3. 爆炸品道路运输驾驶人员的基本要求是什么?

4. 爆炸品道路运输驾驶人员应取得什么类型从业资格,方可上岗从业?

5. 爆炸品道路运输驾驶人员应具备哪些专业技能?

6. 简述爆炸品道路运输驾驶人员的岗位职责。

7. 简述爆炸品道路运输驾驶人员运输作业前的准备工作。

8. 简述爆炸品道路运输驾驶人员运输过程中的安全要求。

9. 爆炸品道路运输押运人员应取得什么类型从业资格,方可上岗从业?

10. 对爆炸品道路运输押运人员有哪些要求?

11. 爆炸品道路运输押运人员岗位职责是什么?

12. 爆炸品道路运输押运人员工作要求是什么?

13. 爆炸品道路运输装卸管理人员应取得什么类型从业资格,方可上岗从业?

14. 爆炸品道路运输装卸管理人员装卸作业前的工作有哪些?

15. 爆炸品道路运输装卸管理人员装卸作业中有哪些要求?

16. 爆炸品道路运输装卸管理人员在配装过程中,应当遵守哪些配装要求?

17. 爆炸品道路运输装卸管理人员应如何理解配装组、配装组划分、配装组组合的概念?

18. 日常运输的爆炸品有哪些?

19. 简述爆炸品的灭火方法。

20. 简述爆炸品的泄漏处理方法。

第五章　爆炸品道路运输事故应急预案

《中华人民共和国安全生产法》第十七条规定："生产经营单位的主要负责人，负有组织制定并实施本单位的生产安全事故应急预案。"《危险化学品安全管理条例》第七十条要求："危险化学品单位应当制定本单位事故应急救援预案，配备应急救援人员和必要的应急救援器材、设备，并定期组织演练。"由于"应急预案"是企业根据所运爆炸品而制定的，执行主体是企业；但由于"预案"中涉及的许多内容都是爆炸品道路运输从业人员应知应会的知识，故本章针对企业和从业人员介绍相关内容。

第一节　应急预案的基本内容

一、应急预案的概念

应急预案又称"应急计划"或"应急救援预案"，是针对可能发生的突发事件，为迅速、有效、有序地开展应急行动而预先制定的方案。用以明确事前、事发、事中、事后的各个进程中，谁来做，怎样做，何时做以及相应的资源和策略等的行动指南。

应急预案实际上是标准化的反应程序，以使应急救援活动能迅速、有序地按照计划和最有效的步骤来进行，它有六个方面的含义：

(1)事故预防：通过危险辨识、事故后果分析，采用技术和管理手段控制危险源、降低事故发生的可能性。

(2)应急响应：发生事故后，明确分级响应的原则、主体和程序。重点要明确企业有关部门指挥协调、紧急处置的程序和内容；明确应急指挥机构的响应程序和内容，以及有关组织应急救援的责任；明确协调指挥和紧急处置的原则和信息发布责任部门。

(3)应急保障：是指为保障应急处置的顺利进行而采取的各种保证措施。一般按功能分为人力、财力、物资、交通运输、医疗卫生、治安维护、人员防护、通信与信息、公共设施、社会沟通、技术支撑以及其他保障。

(4)应急处置：一旦发生事故，具有应急处理程序和方法，能快速反应处理故障或将事故消除在萌芽状态的初期阶段，使可能发生的事故控制在局部，防止事故的扩大和蔓延。

(5)抢险救援：采用预定的现场抢险和抢救方式，在突发事件中实施迅速、有效的救援，指导群众防护，组织群众撤离，减少人员伤亡，拯救人员的生命和财产。

(6)后期处置：是指突发事件的危害和影响得到基本控制后，为使生产、工作、社会秩序和生态环境恢复正常状态所采取的一系列行动。

二、事故应急预案概述

爆炸品道路运输事故应急预案是根据不同情况（事故性质、设备、地点、气象等）预先制定补救、处理的方法，组织、培训抢险人员，配备救助器材等的一整套实施方案。事故一旦发生，各部门可以根据“预案”载明的措施，立即就位，有针对性地开展救援，赢得时间，获得主动，从而将事故危害和损失降到最低。

爆炸品道路运输事故应急预案应在了解相关法律法规和技术标准，以及搜集掌握国内外同行事故案例处理方法的基础上进行编制。预案应做到责任分明、科学适用、便于操作。同时，应急预案随依据的法律法规的变化或涉及要素的变化应定期进行修订、完善。

1. 编制目的

为加强对爆炸品道路运输安全的有效控制，最大限度地预防或降低爆炸品事故危害，保障人民生命和财产安全，保护环境，指导爆炸品运输企业制定应急预案，使爆炸品运输企业在突发泄漏、火灾、爆炸灾害事故时，能迅速反应、妥善处置，尽可能减少对人员、财产和环境的有害影响。

2. 编制依据

制定预案应主要依据下列法律法规。

(1)《中华人民共和国安全生产法》。

(2)《中华人民共和国道路交通安全法》。

(3)《中华人民共和国消防法》。

(4)《中华人民共和国环境保护法》。

(5)《危险化学品安全管理条例》。

(6)《国家突发公共事件总体应急预案》。

3. 制定事故应急预案的原则

1) 以人为本、安全第一

应把保障公众健康和生命财产安全作为首要任务，最大限度地减少爆炸品道路运输事故及其造成的人员伤亡和损失。

2) 预防为主、平战结合

增强忧患意识，坚持预防与应急相结合，做好应对爆炸品道路运输事故的各项准备工作。从事故预防的角度看：一方面要在技术上采取措施，使得运输生产的工具、设施设备具有保障安全状态的能力；另一方面要通过管理协调“人自身”的关系，掌握安全生产知识，以实现系统的安全。坚持预防为主的方针，做好预防、预测和预警工作。同时做好常态下的风险评估、物资储备、队伍建设、装备完善、预案演练等工作。

3) 坚持统一领导、分级管理

企业应根据所运爆炸品的特性和可能发生事故的不同类型，以及事故后果的严重性划分事故等级，建立健全分类管理、分级负责的应急管理体制。自上而下建立起爆炸品道路运输事故的预案启动和应急处置工作的管理体系。

4）充分准备、科学救援

危险货物道路运输的大型运输企业及国家重点运输单位应尽量采用先进技术，充分发挥专家作用，使用先进的救援装备和技术，增强应急救援能力，确保应急救援的科学、及时和有效。加强应急处置队伍建设，建立联动协调制度，形成统一指挥、反应灵敏、协调有序、运转高效的应急管理机制。事先对可能发生事故的状态和后果进行预测，并制定救援措施，一旦发生异常情况，能根据应急预案及时进行救援，最大限度地避免重大事故发生和减轻事故所造成的损失，同时又能及时地恢复生产。

某危险货物道路运输大型企业根据本企业所运输爆炸品的特性，制作了装载应急救援装备的"应急救援设备箱"（图1-5-1）。设备箱内配备相应的应急救援所需设备。平时，"应急救援设备箱"放在企业；应急救援时，将此箱装到货车上送往事故现场进行施救。该救援装备虽然是属于某一个企业，但有特殊需要时，也为其他企业和社会服务。在发达国家的危险货物道路运输企业，广泛配备和使用了这种"应急救援设备箱"。

a)

b)

图1-5-1　企业应急救援设备箱

为了应对本地区的危险货物道路运输应急救援问题，有些地区市级人民政府（如由安监部门牵头）依托本市某大型企业组建应急救援队伍，并配备了应急救援（装备）车（图1-5-2）。政府有关部门配备了应急救援装备是应对全社会危险货物道路运输事故应急的，故其装备较为齐全。为了保持救援良好的机动性，救援装备是以一辆重型货车为载体。救援车上配备的具体设备，可参见本章第二节中的相关内容。

4. 制定事故应急预案的基本要求

制定事故应急预案时，应具体描述意外事故和紧急情况发生时所采取的措施，其要求如下。

(1) 提供充分而详细的资料，包括具体描述可能的意外事故和紧急情况及其后果。如可能，指明应采用的措施。

(2) 确定负责人及所有人员在应急期间的职责。

(3) 确定与有关部门单位的联系。如：与爆炸品生产企业，与安全生产监督管理部门、公安部门、环保部门、保险机构，与外部应急机构的联系。

(4) 准备相关应急资料，可随时提供，避免过多浪费时间。

(5)应便于本企业从业人员执行。

a) b) c)

d)

图1-5-2　应急救援车

5. 事故应急预案应具备的基本内容

(1)发生事故或紧急情况时,向相关单位(机构)报告的程序。

(2)发生事故或紧急情况时,向过往车辆、行人发出警报并采取积极抢救措施的程序。

(3)企业内部应急指挥机构、报告程序、职责分工。

(4)应急队伍组织与演练。

(5)可提供与应急救援相适用的设备。

(6)预防事故的措施。

(7)事故的处置。

(8)人员培训。

三、事故报警

1. 事故报警

事故一经发现及时报警,对控制事态恶性发展具有极其重要的作用。下列情况之一,必须立即报警:一是发现有危险货物泄漏、燃烧、爆炸等可能,采取措施后未能抑制泄漏、燃烧、爆炸事故发生的;二是可能由交通事故导致危险货物泄漏、燃烧等事故的。

2. 报警内容

(1)报警人的姓名、联系方式。

(2)发生时间、具体地点(如,×××公路×××km处)、车辆行驶方向。

(3)事故性质(泄漏、燃烧、爆炸)。

(4)事故规模、人员伤亡及危害情况。

(5)车辆牌照、荷载吨位、车辆类型、车体容积,当前情况。

(6)危险货物编号(UN)、品名、数量(t),当前情况。

(7)已采取或拟采取的应急处置措施。

3. 报警方式

采用现场报警电话110报警或就近利用电话拨打119报警。

4. 事故报警流程图

《危险化学品安全管理条例》第七十一条规定"发生危险化学品事故,事故单位主要负责人应当立即按照本单位危险化学品应急预案组织救援,并向当地安全生产监督管理部门和环境保护、公安、卫生主管部门报告;道路运输过程中发生危险化学品事故的,驾驶人员或者押运人员还应当向事故发生地交通运输主管部门报告"。根据上述条款,在实际情况下,爆炸品道路运输事故发生后,要立即报告事发地公安交通管理部门和本企业。

由于在实际运输过程中的危险货物道路运输事故,大多数是交通事故或是由交通事故导致危险货物泄漏、燃烧、爆炸等责任事故,因此,发生事故后建议第一时间报告公安部门。公安部门视事故危害的大小,通报事故发生地的地方人民政府或有关部门。

事故报警流程如图1-5-3所示。

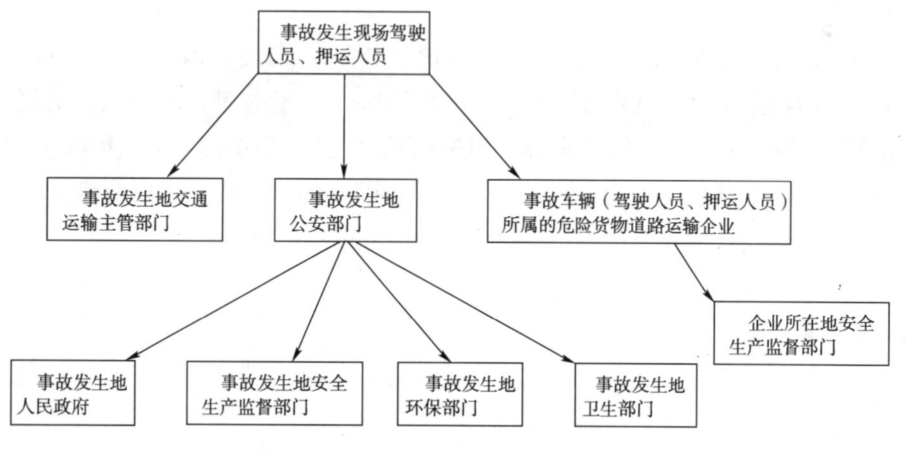

图1-5-3 事故报警流程图

四、应急保障

各有关部门要按照职责分工和相关预案做好突发公共事件的应对工作,同时根据总体预案切实做好应对突发公共事件的人力、物力、财力、交通运输、医疗卫生及通信保障等工作，保证应急救援工作的需要和灾区群众的基本生活，以及恢复重建工作的顺利进行。

1. 人力资源

公安（消防）、医疗卫生、环境监控、危险化学品事故救援，以及剧毒化学品道路运输企业应急救援队伍，是应急救援的专业队伍和骨干力量。运输企业要加强自身应急救援队伍的业务培训和应急演练，提高应急处置水平。

2. 财力保障

要保证剧毒化学品道路运输事故所需的应急准备和救援工作资金。运输企业要对应急保障资金的使用和效果进行监管和评估。

3. 物资保障

要建立健全应急物资保障体系，确保所需的应急装备、物资（灭火器械、防护装备等）等能及时供应。企业要确定好应急装备、物资的名称、型号、数量、性能、存放地点、管理者及其通信联系方式等，并加强对物资储备的监督管理，及时予以补充和更新。主要的应急装备、物资包括防护服（手套、靴子、防毒工作服、带护镜的头盔）、自给式呼吸器、自吸过滤式防毒面具、防火花软底鞋、软刷和塑料簸箕、二氧化碳或干式化学灭火剂、砂土、锯末或棉絮等松软物品等。

4. 其他相关保障

如运输保障、治安保障、技术保障、医疗保障、后勤保障等。

五、应急培训与演练

1. 应急培训

应急培训的目的是使应急救援人员具备系统、扎实的应急理论知识和应急行动的能力，确保发生事故时应急反应决策和行动正确合理、及时有效。企业针对应急法律法规、应急处置知识和预防、避险、自救、互救、减灾等常识进行培训，进一步增强应急救援人员的忧患意识、社会责任意识和自救、互救能力，提高其专业技能。应急培训，至少应明确以下内容：培训对象、培训内容、培训方式、培训频率和时间、培训考核与记录。

2. 应急演练

1）演练规模

爆炸品道路运输企业要结合实际，定期组织相关人员进行应急救援预案演练，演练规模可分为两种：一是全面、系统的演练，以检验整个应急反应系统各环节的有效性；二是针对应急反应系统中某个环节进行演练，以进一步完善应急反应预案，也可增强应急反应人员熟悉应急反应行动的机会。

2）应急演练内容

应急演练至少明确的内容：演练内容、规模（涉及的车辆及爆炸品），参加演练的部门及人员，演练频次，评估和总结。

第二节　应急预案的应用

一、企业应急预案的使用

爆炸品道路运输企业应根据本企业所运输爆炸品的特点和要求，以及事故的分级情况，制定企业的分级响应方案。

企业要做好事故应急组织机构的人员安排，每个成员要明确并牢固掌握自己的职责，以保证应急工作高效、顺利完成，尽量减少事故造成的损失。

企业应做好充分的人力、财力、物资等方面应急物资的保障工作。

企业应制定应急培训与演练的实施细节要求，并定期开展应急培训与演练，确保一旦发生事故，企业可以以最快的速度进行处理。

二、爆炸品道路运输事故潜在危害应急对策

1. 潜在危害

爆炸品道路运输事故的潜在危害是火灾或爆炸。

对于1.1、1.2、1.3、1.5、1.6类爆炸品，遇火可能发生爆炸，并且爆炸物碎片可以飞溅到离爆炸点1600m或更远的地方。对于1.4类爆炸品，爆炸物碎片可以飞溅到离爆炸点500m或更远的地方。燃烧时可以产生刺激性、腐蚀或有毒气体。

2. 注意事项

爆炸品道路运输发生火灾或爆炸，应注意以下几点：

(1)尽可能将爆炸品转移到危害最小的区域或进行有效隔离。不能转移、隔离时，应尽快疏散周围的人员到安全地带，将人员伤亡降到最低。

(2)迅速确认爆炸物品的品名、性质，包括能不能与水发生反应、是液态还是固态等相关信息。

(3)货物着火可用水冷却达到灭火目的，但不能采取窒息法或隔离法。

(4)禁止用沙土等物压盖，否则货物会由燃烧转为爆炸。严禁使用酸碱性灭火剂，以免激活爆炸物品的化学反应性能。

(5)扑救带有毒性的爆炸品火灾时，灭火人员要穿防毒服，戴化学安全防护眼镜，佩戴防毒面具。

(6)如果货车已经变热，请不要移动货物或车辆。

(7)利用再次爆炸未到来的时间，全力扑救。大多数爆炸物品最有效的扑救方法是喷水(雾状水)。与水发生反应的爆炸物品扑救要按照托运人提供的方法进行。

(8)水流应采取吊射方式，避免用强力水流冲击包装引起倒码，继而引发二次爆炸。

(9)对集装箱装运的爆炸物品，要集中消防水对准集装箱首次爆炸撕开的缺口进行

扑救。

（10）扑救人员应利用周围现成的掩蔽体或尽量采取卧姿等低姿态射水，尽可能保护好自己。

（11）对周围车辆和货物采取预防性措施，防止着火区进一步扩大。

（12）对泄漏的液态爆炸物品，采取惰性材料进行围堵、收集。

（13）散落地面的爆炸物品要安全处置，不能回收后装入原包装继续运输。

（14）如果爆炸品泄漏，要消除所有的火源（在泄漏区附近，严禁吸烟、闪光，以及产生火花或任何其他形式的明火），人员不要接触或者穿越泄漏物。

（15）如果爆炸品泄漏，处理产品时所用的一切设备必须接地。

（16）不要在泄漏区100m的范围内使用电雷管的无线电发射机。

（17）贴有1.4S字样标签的包件或装有1.4S类物质的包件是根据其着火时会剧烈燃烧、并伴有局部爆炸和碎片四射的特点而特殊设计的。上述影响一般限于包件最接近的部位，燃烧爆炸所致的后果通常只会影响邻近包件的地方。如果火势威胁到贴有1.4S字样标签的包件或装有1.4S类物质的货物区，应考虑向四周至少撤离15m。灭火时要注意保持一定的距离。

3. 急救

（1）将患者移到新鲜空气处。

（2）呼叫120或者其他急救中心。

（3）如果患者停止呼吸，应进行人工呼吸。

（4）如果出现呼吸困难要及时吸氧。

（5）脱掉并隔离被污染的衣服和鞋。

（6）若皮肤不慎接触到具有毒性的爆炸品，用肥皂和清水彻底冲洗皮肤。

（7）若眼睛不慎接触到具有毒性的爆炸品，立即提起眼睑，用大量流动清水或生理盐水彻底冲洗至少20min。

（8）若不慎食入，应用水漱口并就医。

（9）确保医护人员知道事故中涉及的有关物质，并注意采取自我防护措施。

4. 应急对策

爆炸品道路运输事故潜在危害的应急对策见表1-5-1。

三、爆炸品道路运输事故应急物资准备

应保证所需的应急装备、物资等的及时供应，企业要确定好应急装备、物资的名称、型号、数量、性能、存放地点、管理者及其通信联系方式等，并加强对物资储备的监督管理，及时予以补充和更新。主要的应急装备、物资包括以下内容。

（1）应急救援车辆及装备。应急救援车辆及相关装备如图1-5-4所示。

爆炸品道路运输事故潜在危害的应急对策 表1-5-1

<table>
<tr><th rowspan="3">货物类别</th><th rowspan="3">需配备的专用应急器材</th><th colspan="2">泄漏应急行动</th><th colspan="3">火灾(爆炸)应急行动</th></tr>
<tr><th rowspan="2">现场疏散</th><th rowspan="2">应急对策</th><th rowspan="2">现场疏散</th><th colspan="2">应急对策</th></tr>
<tr><th>货物着火</th><th>运输车辆着火</th></tr>
<tr><td>爆炸品(1.1项)</td><td rowspan="5">防护服(手套、靴子、防火工作服、带护镜的头盔);自给式呼吸器;防火花软底鞋;软刷和塑料簸箕</td><td rowspan="3">首次可向现场四周至少撤离800m</td><td rowspan="5">扫除或收拾起这些物品,如物品仍然完整但出现损害,将其隔离并寻求指示。
如果爆炸物品泄漏,应及时用水湿润泄漏的爆炸物,再撒以锯末或棉絮等松软物品使用软刷和塑料簸箕进行收集,以便将泄漏物和污染了的设备安全地予以转移处置,并及时报告消防部门。收集的撒漏物要保持相当湿度,报请消防人员处理,绝对不允许将收集的撒漏物重新装入原包装内</td><td rowspan="3">如果在火灾区有怀疑装有炸弹或导弹等军火的有轨车或拖车,应向四周撤离1600m,最初撤离人员(包括应急救援人员)也要求向四周撤离1600m,如果没有大量的爆炸物质,向现场四周至少撤离800m</td><td>停止所有的交通工具,清理方圆1600m范围内的火灾现场,让其自行燃尽。
如包件没有直接卷入火中,要尽量防止火触及爆炸物。通常的做法是保持包件湿润,在尽可能远的地方用水射流将火隔开。如实际可行,转移可能卷入水中的包件。如火触及爆炸物,人员放弃包件并撤离该区域</td><td rowspan="5">用大量水灭火。如果没有水,用二氧化碳、干式化学灭火剂。
在没有危险的情况下,灭火时可用无人操纵的灭火喷头或可监视喷头,并与火源保持尽可能大的距离,防止火蔓延至货物区域。
应特别注意燃烧的车辆,因为极容易复燃,旁边要随时准备好灭火器</td></tr>
<tr><td>爆炸品(1.2项)</td><td rowspan="2">停止所有的交通工具,清理方圆1600m范围内的火灾现场,让其自行燃尽。
如包件没有直接卷入火中,要尽量防止火触及爆炸物。通常的做法是保持包件湿润,在尽可能远的地方用水射流将火隔开。如实际可行,转移可能卷入水中的包件。如火触及爆炸物,人员撤离至安全区域并继续从安全的位置灭火。如可行,应将已经暴露过在火中的物品分离开,并在安全的距离外进行监视,寻求指示</td></tr>
<tr><td>爆炸品(1.3项)</td></tr>
<tr><td>爆炸品(1.4项)</td><td>首先考虑向泄漏区四周至少撤离250m</td><td>如果有轨车或拖车着火,应向四周撤离500m,也可立即向四周撤离500m</td><td>停止所有的交通工具,清理方圆500m范围内的火灾现场,让其自行燃尽。
如包件没有直接卷入火中,要尽量防止火触及爆炸物。通常的做法是保持包件湿润,在尽可能远的地方用水射流将火隔开。如实际可行,转移可能卷入水中的包件。如火触及爆炸物,人员撤离至安全区域并继续从安全的位置灭火。如可行,应将已经暴露过在火中的物品分离开,并在安全的距离外进行监视,寻求指示</td></tr>
<tr><td>爆炸品(1.5项)</td><td>首次可向现场四周至少撤离800m</td><td>如果在火灾区有怀疑装有炸弹或导弹等军火的有轨车或拖车,应向四周撤离1600m,最初撤离人员(包括应急救援人员)也要求向四周撤离1600m,如果没有大量的爆炸物质,向现场四周至少撤离800m</td><td>停止所有的交通工具,清理方圆1600m范围内的火灾现场,让其自行燃尽。
如包件没有直接卷入火中,要尽量防止火触及爆炸物。通常的做法是保持包件湿润,在尽可能远的地方用水射流将火隔开。如实际可行,转移可能卷入水中的包件。如火触及爆炸物,人员撤离至安全区域并继续从安全的位置灭火。如可行,应将曾暴露于火中的物品分离开,并在安全的距离外进行监视,寻求指示</td></tr>
</table>

（2）各类防护服、防护用品（包括耐高温手套、防滑手套、电工绝缘手套、防化水靴、轻型内置防化服、重型防护服、半面罩、全面罩、冷却背心、外置防化服、防静电工作服、防静电鞋等）。重型防护服如图1-5-5所示。

（3）水雾灭火系统、洗消喷淋器、消防水带、消防水枪、灭火器等消防器械，如图1-5-6所示。

a）移动供气源

b）各种防化服和呼吸器

c）排烟机

d）水雾灭火系统

图1-5-4　救援车箱体及装备

图1-5-5　重型防护服

a）灭火器

b）消防水枪

图1-5-6　消防器械

（4）吸附垫、收集池、围油栏、排油泵、防爆软管泵、有毒物质回收桶、砂土、锯末、棉絮、软刷、塑料簸箕、洗消废水回收袋、废物收集池等。有毒物质回收桶、围油栏、防爆软管泵，如图1-5-7所示。

（5）无火花工具箱、液压多功能钳、堵漏木塞、夹具、快速堵漏胶。夹具、堵漏木塞如图1-5-8所示。

(6)警示马甲、警示灯、警戒带。

(7)医疗急救箱以及洗眼液、洗眼器、各种药品。

(8)有毒有害气体检测仪如图1-5-9所示。

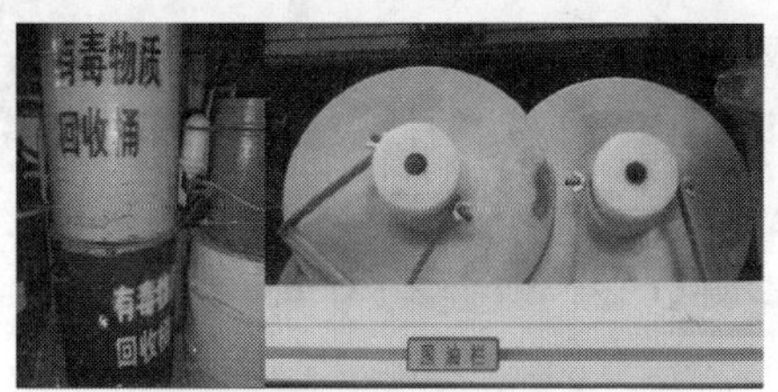

a) 有毒物质回收桶和围油栏

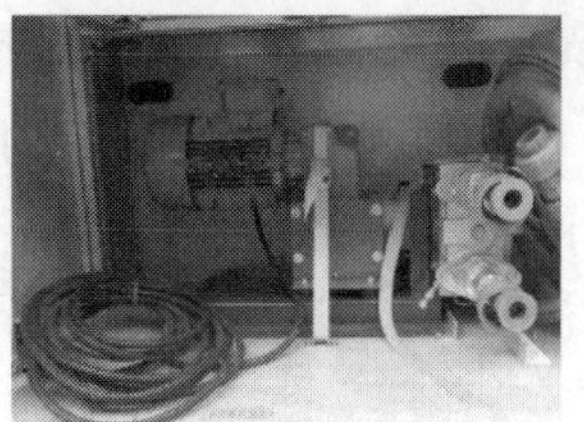

b) 防爆软管泵

图1-5-7 有毒物质回收桶、围油栏、防爆软管泵

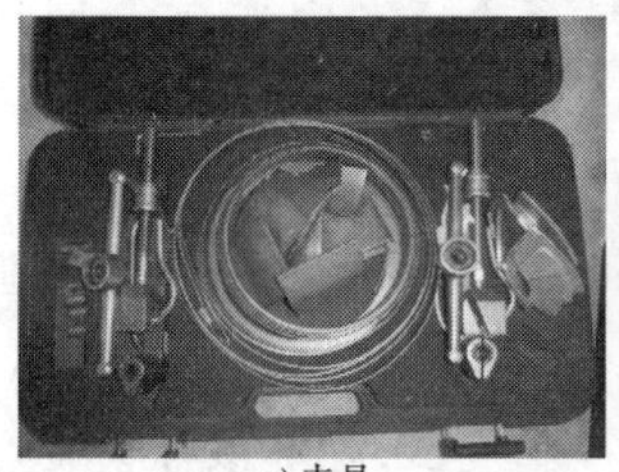

a) 夹具 b) 堵漏木塞

图1-5-8 夹具、堵漏木塞

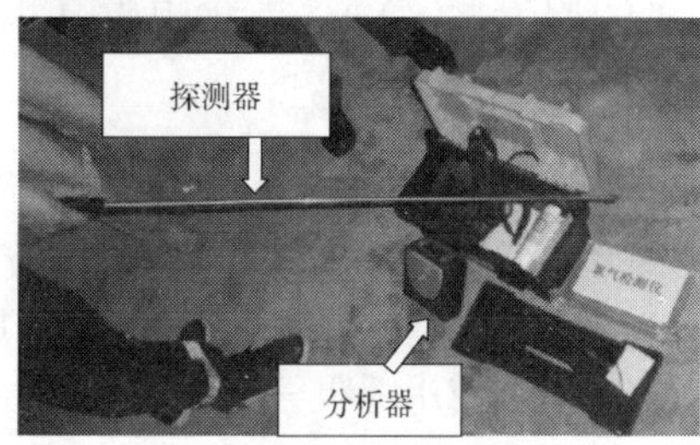

图1-5-9 氯气检测仪

(9)其他装备还有,叉车、指挥帐篷、呼吸器、呼吸器气瓶、电动送风机、移动式空气充填泵、排污泵、排烟机、便携式独立冲洗器等。

四、防护服、灭火器等应急装备使用说明

防护服有不同的种类,爆炸品道路运输事故应急需要的防护服为防火工作服(图1-5-10)或防毒服(扑救带有毒性的爆炸品火灾时使用,图1-5-11)。整套防护服包括防护服、手套、靴子、带护镜的头盔、防毒面具等。

图1-5-10 防火服

图1-5-11 防毒服

1. 防护服

1)防护服穿着说明

防护服的穿着要遵循一定的次序,这样可以保证防护服穿着的正确、快速,在工作中发挥防护服的效用,而且为使用后安全地脱下打下基础。一般应遵循"裤腿→靴子→上衣→面罩→帽子→拉链"的次序。防护服的穿戴及维护注意以下几点。

(1)必须对防护服进行检视和气压检测,确定没有缺陷。

(2)如有必要,此时应按照所建议的说明,在防护服的目视镜里面涂上防雾剂。

(3)选择两个人"合作组织",即在穿着防护服时有另一个人帮忙。

(4)内衣裤应该穿在防护服里面,至少建议穿长袖和长裤,或长"内衣裤"。应该考虑穿耐火内衣裤。

(5)去掉可能损坏防护服的个人物品,如笔、证章、首饰等。

(6)脱掉鞋(当穿上一个附带有长筒胶靴的防护服时,可省去这一步)。一些长筒胶靴不允许户外用鞋穿入。

(7)把裤腿卷入长袜中,以便能方便地穿上防护服的裤腿和长筒胶靴。

(8)如果使用一个自给式空气呼吸装置,检查并装上该设备,完成所有连接,根据制造厂要求进行调节,除非该呼吸装置要求,暂勿戴上面罩。

(9)如果使用呼吸管空气供应系统,检查并完成所有的连接和调试,除非该呼吸装置要求,暂勿戴上面罩。

(10)坐着将两条腿放入防护服。

(11)将两只脚放入外套靴里,拉下套靴上面的防溅罩。(注:工作靴应比通常穿的靴子大1~2号,这样,有足够的空间将防护服保护套的靴子放入套靴)。

(12)打开空气供应装置,戴上面罩,确定供气系统工作正常。

(13)站起,如果有内腰带的话,扎上内腰带。

(14)将手臂和头套入防护服里,拉上拉链,然后合上拉链覆盖。

(15)请助手检查确定拉链及拉链覆盖是否完全拉紧,面罩视野是否清晰,所有空气管路是否紧密接合,防护服是否处于最佳工作状态。

2)手套

应选用具有防火阻燃、防水隔热、耐高温等特点的手套。图1-5-12~图1-5-14所示为可使用的手套。

图1-5-12　消防手套

图1-5-13　铝箔耐高温手套

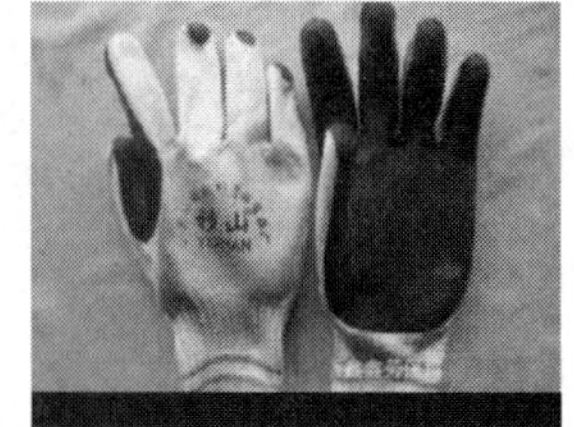

图1-5-14　橡胶手套

3)靴子

要求胶靴的靴底具有耐刺穿、防渗漏、耐磨等性能,图1-5-15所示为阻燃胶靴。

4)带护镜的头盔

图 1-5-16 所示为带护镜的头盔,保护驾驶人员头部和眼睛不受伤害。

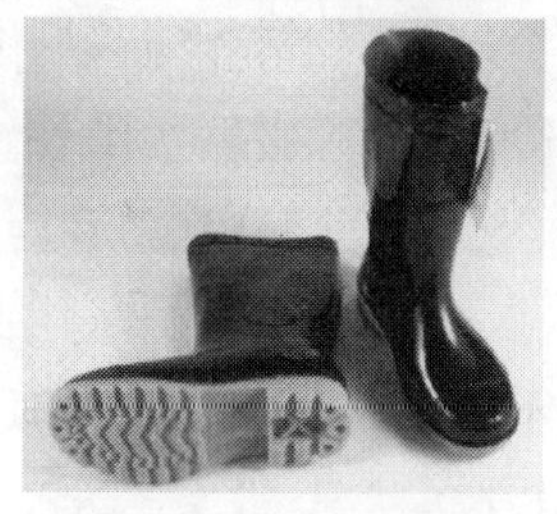

图 1-5-15 阻燃胶鞋

图 1-5-16 带护镜的头盔

5)自吸过滤式防毒面具

(1)简介。自吸过滤式防毒面具由面罩和滤毒罐(或过滤元件)组成。面罩包括罩体、眼窗、通话器、呼吸活门和头带(或头盔)等部件。滤毒罐用以净化有毒气体,内装滤毒层和吸附剂,也可将这两种材料混合制成过滤板,装配成过滤元件。较轻的(200g 左右)滤毒罐或过滤元件可直接连在面罩上,较重的滤毒罐通过导气管与面罩连接。样式如图 1-5-17 和图 1-5-18 所示。

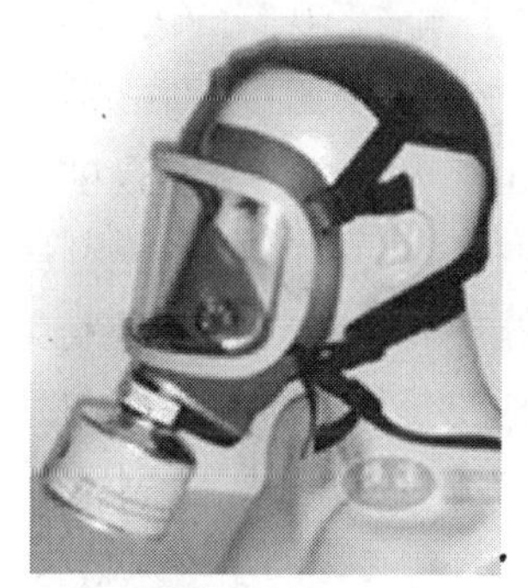

图 1-5-17 自吸过滤式防毒面具 1

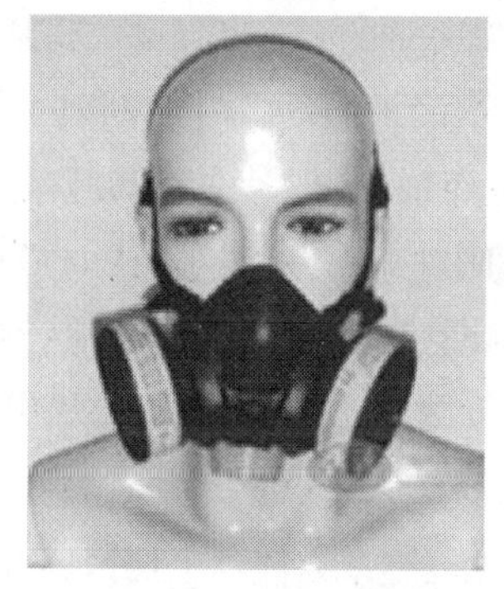

图 1-5-18 自吸过滤式防毒面具 2

(2)佩戴方法。

①将头带(或头盔)舒适地套在头的后上方。

②将下面的系带向后拉,一边拉一边将面罩盖住口鼻。

③将下面的系带拉到脖子后面,然后勾住。

④拉住系带的两端,调整松紧度。

⑤调整面具在脸部的位置,以达到最佳的佩戴效果。

⑥每次佩戴面具后,请按照如下方法进行面具的负压测试:将手掌盖住过滤盒或滤棉承接座的圆形开口,轻轻吸气。如果面具有轻微塌陷,同时面部和面具之间无漏气,即说明面具佩戴正确。如果有漏气现象,应调整面具在面部的佩戴位置或调整系带的松紧度,防止不密合。如果不能达到佩戴的密合性,请不要进入污染区域。

2. 自给式呼吸器

1)简介

自给式呼吸器是使人的呼吸器官、眼睛和面部完全与外界受污染空气隔离，依靠面具本身提供的氧气（空气）来满足人的呼吸需要的一类防护面具。主要由面罩、供气系统和背具构成。面罩的结构和性能与过滤式防护面具面罩基本相同。呼吸器按供气系统的供气原理可分为储气式（又称空气呼吸器，图 1-5-19）、储氧式（又称氧气呼吸器）和生氧式（又称生氧式防护面具）三种。

自给式呼吸器主要用于有害物质浓度较高（体积分数≥1%时），有害物质种类不明，环境空气中氧气浓度小于16%，以及空气中含有大量一氧化碳等状况，过滤式防毒面具无法发挥作用的场合。自给式呼吸器的优点是不论毒剂的种类、状态和浓度大小，均能有效地予以防护。自给式呼吸器的缺点是质量重、体积大、结构复杂、价格昂贵，使用、维护、保管要求高。

2）佩戴及摘卸方法

自给式呼吸器佩戴方法：

（1）将断开快速接头的空气呼吸器，瓶阀向下背在人体背部；不带快速接头的空气呼吸器，将全面罩和供气阀分离后，将其瓶阀向下背在人体背部；根据身高调节好调节带的长度，根据腰围调节好腰带的长度后，扣好腰带。调节带和腰带长度合适并扣好腰带后，人体肩部不会很明显地感到呼吸器的质量。将压力表调整到便于佩戴者观察的位置。

（2）将快速接头插好，供气阀和全面罩也要连接好；没有快速接头的空气呼吸器要将供气阀和全面罩连接好；把全面罩的脖带挂在人体脖子上。

（3）将瓶阀开关打开一圈以上，此时应该听到一声响亮的报警器报警声音，告知使用者瓶阀打开后气路已充满压缩空气；压力表的指针也应指示相应的气瓶储气压力。

（4）佩戴好全面罩深吸一口气，供气阀充气后（此时供气阀的旁路阀应在关闭位置）观察压力表的指针，在大吸气量时是否回摆，如果回摆，说明瓶阀开关的开气量不够，应将瓶阀开关再打开一些，直至压力表指针不回落为止。佩戴全面罩时，要对称的贴近人的头部和面部拉紧全面罩系带，但不要将系带拉得太紧，以面部贴合良好又无压痛为佳，如图 1-5-20 所示。

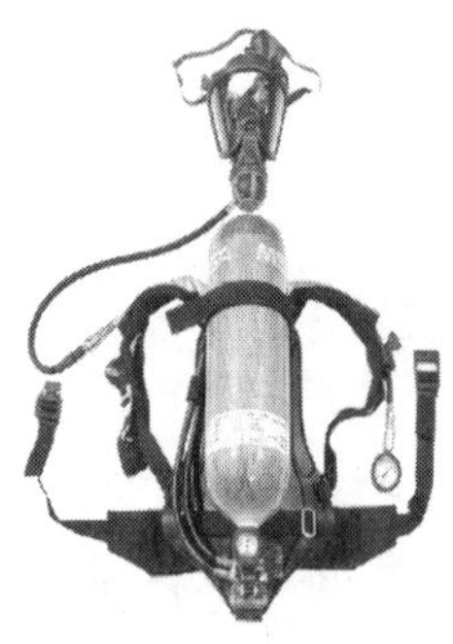

图 1-5-19　自给式呼吸器

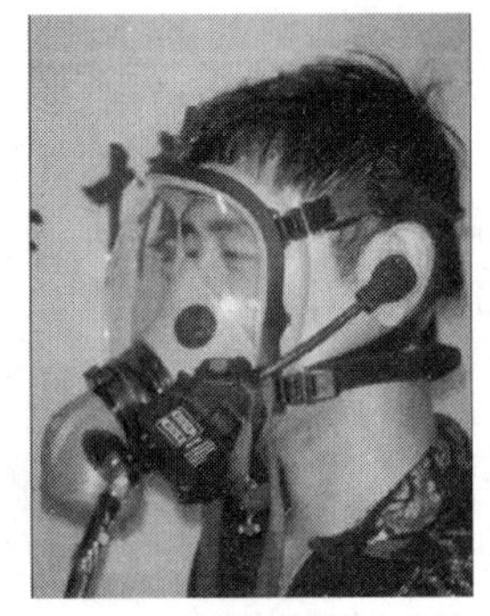

图 1-5-20　自给式呼吸器佩戴效果

自给式呼吸器摘卸方法：

（1）松开全面罩系带，关闭供气阀阀门。

（2）从头上取下全面罩，将脖带挂在脖子上。

（3）关闭瓶阀开关。

(4)解开腰带卡子,为了便于从人体上取下呼吸器,扳动调节带卡子,调节带自动拉长。

(5)从人体上取下空气呼吸器,放在清洁无污染的地方。

图1-5-21所示为某自给正压式空气呼吸器使用演示图。

①打开瓶阀（逆时针开，至少两圈），压力表读数不小于24MPa

②关闭瓶阀（顺时针关，不要太紧），缓慢按下供气阀黑色按钮同时观测压力表下降到 5MPa，报警哨是否报警

①双手交叉抓起肩带，将装具穿在身上

②向后下方拉紧肩

③扣上腰扣

①收紧腰带

②将下颌扣住面罩底部，套上束带

③由上至下调紧（不要太紧）

④手掌握住面罩口，深吸气感到有压迫感

⑤将供气阀插入面罩口（听到“咔嚓”一声即可）

①捏紧两边黑色按钮取下供气阀

②放松束带，自上而下取面罩

③松开腰带

④ 向上扳肩带扣，拉松肩带

⑤按下供气阀黑色按钮，将余气全部放掉（必须做），直至压力表指针归零

图1-5-21 某自给正压式空气呼吸器使用演示图

五、爆炸品运输途中着火及侧翻案例分析

1. 事故概况

×年×月×日下午,当地自然气温为33℃。×公司一辆全封厢式专用货车,由A公司装载“2号岩石乳化炸药”运往B公司。于14:00时,运输车在四川省成乐高速眉山段25km+500m处发生自燃,车体内冒出浓烟,驾驶室内窜出火苗。驾驶人员、押运人员跳车远离,站在高速公路边呼救。14:45时,当地消防指挥中心出动5辆消防车、30余名消防官兵赶到现场救援,消除了险情,未发生爆炸。

经现场调查分析认定,运输单位的资质、人员资格、车辆证照,民爆物品运输证件齐全。车辆核定载质量4.5t,实载约12t。

2. 直接原因

（1）车辆的电路系统故障短路着火，未能及时发现和扑救。

（2）车辆在高温条件下运行，油路系统滴漏，发动机自燃着火，未能及时发现和扑救。

3. 纠正与预防措施

（1）当环境气温高于30℃时，应调整炸药销售的运输时间，避开高温时段作业。

（2）运输车辆性能要保持完好，使用符合《道路运输爆炸品和剧毒化学品车辆安全技术条件》（GB 20300—2006）的车辆。

（3）为运输车配置足够的消防灭火器具（手提式泡沫灭火器和干粉灭火器，至少应各配置2具）。

4. 教训与启示

此次事故虽然没造成人员伤亡和重大的经济损失，但却给本单位造成了不良的影响。初始起火，驾驶人员却没有及时应急灭火。若发生爆炸，后果将是触目惊心的。要吸取本案例的教训与启示，做好下面几方面的工作，保障爆炸物品道路运输安全。

（1）建立健全危险源管理规章，扎实开展危险源识别、风险评价与控制工作。对流动性危险源要提高风险控制级别，采取有效的措施，保障安全生产。

（2）建立健全运输设备的安全管理规章，强制执行设备定期维修制度，关键部件或易损件要定期更新，不得凑合。

（3）民用爆炸物品销售运输要合理调度，遇异常气象条件时，禁止进行爆炸物品装卸作业或运输。

（4）爆炸物品装载、运输，要严格执行《道路危险货物运输管理规定》，严格按照规定的路线、速度和时间行驶。做到不超载、不超速、不超员、不超时间疲劳驾驶。

（5）加强安全生产投入，保障运输车辆的安全技术性能、安全、消防和防盗装置维护更新所需经费。

（6）制定爆炸物品运输事故专项应急救援预案，配置相应的应急设备设施。定期对员工进行预案演练训练，确保遇紧急事件后能够正确实施应急处置。

图1-5-22所示为峨眉消防官兵施救情况。

图1-5-22　峨眉消防官兵施救情况

图 1-5-23 所示为爆炸品运输车辆翻车事故的现场施救情况。值得注意的是，在施救时要使用雾状水施救。

图 1-5-23 爆炸品运输车辆翻车事故的现场施救情况

思 考 题

1. 为什么要制定爆炸品道路运输事故应急预案？
2. 事故应急预案应具备哪些基本内容？
3. 发生爆炸品道路运输事故时，应该如何报告（报警）？
4. 事故报警的流程是什么？
5. 事故报警的主要内容有哪些？
6. 防毒面具、防护服的穿戴方法是什么？
7. 各类爆炸品发生火灾或爆炸时现场疏散的距离是多少？
8. 爆炸品运输车辆着火时，应选择哪种灭火器？
9. 当爆炸品发生大量撒漏时，应选择哪种处理方式？

附　件

附件1　爆炸品与民用爆炸物品、烟花爆竹道路运输问题的研究

民用爆炸物品、烟花爆竹在道路运输过程中，一旦发生意外，造成爆炸事故，会导致人民生命财产重大损失，在社会上形成恶劣影响。2005年3月17日凌晨4时，浙H00517大客车（核载32人，实载28人）行至江西境内，追尾碰撞前方同向行驶载6t黑火药（生产烟花爆竹原材料之一）的赣A24929货车[1]，引发爆炸，造成31名车上人员（大客车28人，货车3人）全部死亡、两车被炸毁、高速公路及附属设施严重损坏，并波及公路两旁村庄多处房屋受损、8名村民受伤、两辆过往车辆受损及3名驾乘人员受伤；2011年在贵州省福泉市某在建车辆检测场的两辆承运民用爆炸物品的车辆发生爆炸事故[2]，造成9人死亡、252人受伤、多处房屋受损；2013年2月1日，连霍高速公路义昌河大桥，一辆载满烟花爆竹的货车突发爆炸，导致大桥南半幅被炸毁，北半幅桥板松动，多辆行驶车辆坠落于30m桥下，造成13人死亡，11人受伤[3]。

一、关于民用爆炸物品、烟花爆竹的道路运输许可

就上述事故，会听到有人说："针对民用爆炸物品、烟花爆竹的道路运输事故，交通运输部门应该加强许可管理。"其理由是：民用爆炸物品、烟花爆竹是危险货物。

民用爆炸物品、烟花爆竹不仅是危险货物，也是道路运输的货物。但谁应该对其进行道路运输许可呢？在这里，首先要明确两个法律上的基本问题。

（1）民用爆炸物品、烟花爆竹道路运输，不适用《危规》[4]。

《中华人民共和国道路运输条例》（国务院令第406号，自2004年7月1日起实施，以下简称《道条》）和《危险化学品安全管理条例》（国务院令第344号，自2002年3月15日起实施，以下简称《危化条》）是交通运输部制定《危规》的上位法（依据）。由于《危化条》第七十一条明确规定"民用爆炸品[5]、放射性物品、核能物质和城市燃气的安全管理，不适

[1] 赣A24929货车严重超载，违法运输烟花爆竹，未悬挂警示标志，并且在高速公路上未按规定车道行驶，是造成此次事故的次要原因。

[2] 据了解造成事故原因是，承运单位违法运输、违法储存、违法配送。

[3] 据了解造成事故原因是，烟花爆竹生产企业违法生产、违法托运；承运人违法运输。

[4] 《道路危险货物运输管理规定》（交通部令2005年第9号）。

[5] 根据当时的《民用爆炸物品安全管理条例》（1984年国务院颁布），民用爆炸物品包含"烟花爆竹"。其第二十二条规定"运输爆破器材，由收货单位凭物资主管部门签证盖章的爆破器材供销合同，写明运输爆破器材的品名、数量和起运及运达地点，向所在地县、市公安局申请领取《爆炸物品运输证》，方准运输"。

用本条例”，故交通运输部颁布的《危规》不适用民用爆炸物品、烟花爆竹的道路运输管理。

（2）民用爆炸物品、烟花爆竹道路运输应分别按照《民用爆炸物品安全管理条例》、《烟花爆竹安全管理条例》执行。

2006年，国务院先后颁布了《烟花爆竹安全管理条例》（国务院令第455号，自2006年1月11日起实施）、《民用爆炸物品安全管理条例》（国务院令第466号，自2006年9月1日起实施），对民用爆炸物品、烟花爆竹道路运输许可提出了更加明确的要求：《烟花爆竹安全管理条例》规定“国家对烟花爆竹的运输实行许可证制度[1]，经由道路运输烟花爆竹的应当经公安部门许可[2]”；《民用爆炸物品安全管理条例》规定“国家对民用爆炸物品的运输实行许可证制度[3]，运输民用爆炸物品收货单位应当向运达地县级人民政府公安机关提出申请[4]”。简单讲，道路运输民用爆炸物品、烟花爆竹要分别按照《民用爆炸物品安全管理条例》、《烟花爆竹安全管理条例》的相关规定，要取得公安机关核发的《民用爆炸物品运输许可证》、《烟花爆竹道路运输许可证》后方可运输。

综上所述，民用爆炸物品、烟花爆竹虽然是危险货物，也是货物，但因为《民用爆炸物品安全管理条例》、《烟花爆竹安全管理条例》提出了相关要求，故其道路运输要分别遵守上述两个条例，而不是按照《危规》执行。这也是“专项（专门）法律优于通用（一般）法律”的基本法理的要求。此次修订《危规》，在新《危规》（交通运输部令2013年第2号，自2013年7月1日起实施）的第二条中新增加了“法律、行政法规对民用爆炸物品、烟花爆竹、放射性物品等特定种类危险货物的道路运输另有规定的，从其规定”的内容，以进一步强调“危险货物”与“法规另有规定特定种类危险货物”的管理区别。

二、道路运输管理机构对民用爆炸物品、烟花爆竹道路运输管什么

有人会问：道路运输管理机构对民用爆炸物品、烟花爆竹的道路运输就不管了吗？根据“谁许可、谁负责”的原则，许可了什么，就管什么。具体讲，公安机关在民用爆炸物品、烟花爆竹道路运输许可时，如果选择（许可）了普通货物运输企业，那么我们根据《道条》赋予交通运输部门的职责对其进行管理；如果选择（许可）了危险货物运输企业，那么我们根据《道条》、《危化条》和《危规》赋予交通部门的职责对其进行管理；如果选择（许可）了生产企业自备（非经营性）车辆，我们就无法律依据对其进行管理。

---

[1]《烟花爆竹安全管理条例》第三条　国家对烟花爆竹的生产、经营、运输和举办焰火晚会以及其他大型焰火燃放活动，实行许可证制度。

[2]《烟花爆竹安全管理条例》第二十二条　经由道路运输烟花爆竹的，应当经公安部门许可。

[3]《民用爆炸物品安全管理条例》第三条　国家对民用爆炸物品的生产、销售、购买、运输和爆破作业实行许可证制度。

[4]《民用爆炸物品安全管理条例》第二十六条　运输民用爆炸物品，收货单位应当向运达地县级人民政府公安机关提出申请……

举例说明“许可什么，就管什么”：商务部门许可了A商店买卖食品，商务部门就要对其许可事项进行监管。如果A商店通过其他有关部门许可后，增加了买卖军火。商务部门对A商店还进行监管吗？还是要进行监管，但是商务部门只能监管自己许可的买卖食品职责，不能对买卖军火进行监管。

在实际工作中，设区的市级道路运输管理机构如何做好许可工作呢？首先要把握的是，不能在其《道路运输经营许可证》的“经营范围”内填写“民用爆炸物品”或者“烟花爆竹”的道路运输。然后根据申报者的申请，进行判断。以黑火药（UN0027、CN11096）为例说明。

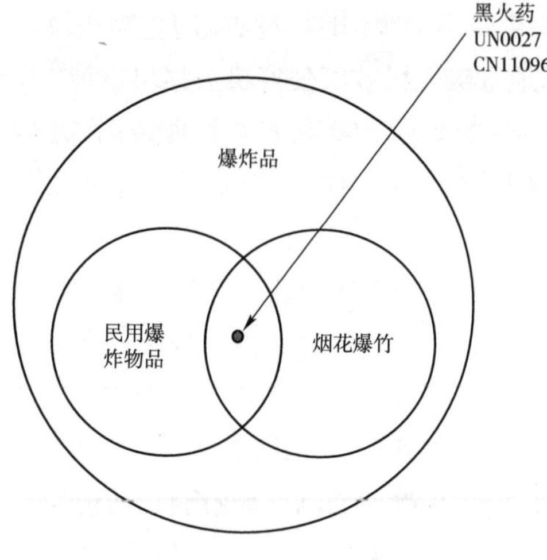

黑火药与爆炸品、民用爆炸物品、烟花爆竹之间的关系

黑火药属危险货物的第1类爆炸品，也可以称其为民用爆炸物品或者烟花爆竹，三者之间的关系如左图所示。

（1）当使用（运输）单位将“黑火药”称为“爆炸品”，按危险货物的第1类爆炸品申请危险货物运输资质时，运管机构就应对其进行运输许可。

（2）当使用（运输）单位根据其实际用途将黑火药称为民用爆炸物品或者烟花爆竹时，运管机构就不能对其进行运输许可。这时，黑火药就应按照《民用爆炸物品安全管理条例》或者《烟花爆竹安全管理条例》，到有关部门进行运输许可。

三、建议

《民用爆炸物品安全管理条例》、《烟花爆竹安全管理条例》的规定，民用爆炸物品、烟花爆竹的生产、经营（销售、购买）、运输是实行许可制度的。首先要抓好源头（生产环节）的管理，确保企业不违法生产（包括超经营范围生产）。民用爆炸物品、烟花爆竹的生产涉及社会治安和安全，国家对其生产进行全面管理，从理论上和实际工作中，相关管理部门对企业生产多少民用爆炸物品、烟花爆竹可以做到心中有数，也是应该要掌握的。其次，由于民用爆炸物品、烟花爆竹的生产涉及社会治安及安全，国家对其生产进行全面管理。当企业合法生产的民用爆炸物品、烟花爆竹的产量确定后，有关监管部门要定期核查企业销售凭证（合法的销售许可证）、运输凭证（运输许可证）中的所销售、运输的数量（质量）是否与企业产量吻合，这样就可以判断生产企业是否存在违法销售、违法运输情况。把好源头生产和管理关，不允许生产企业违法生产、违法销售、违法运输，就可以做到事半功倍。反之，如果相关生产企业监管部门不抓好源头管理，任其违法销售、违法运输，然后要求其他部门到销售、运输市场去查找、查处其违法行为，就会增大执法难度和行政成本，事倍功半。

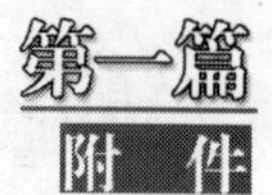

附件 2　关于对采用集装箱运输奥运会烟花爆竹的批复

（厅公路便〔2008〕20 号）

湖南省交通厅：

你厅《关于我省采用集装箱运输奥运会烟花爆竹的请示》（湘交运管〔2008〕329 号）收悉。经研究，批复如下：

《道路危险货物运输管理规定》是依据《危险化学品安全管理条例》和《中华人民共和国道路运输条例》制定的。《危险化学品安全管理条例》明确规定，民用爆炸品不适用本条例。因此，《道路危险货物运输管理规定》第八条关于"运输剧毒、爆炸、强腐蚀性危险货物的非罐式专用车辆核定载质量不得超过 10 吨"的规定，不适用于烟花爆竹运输。经由道路运输烟花爆竹，应按照《烟花爆竹安全管理条例》的有关规定执行。请你厅根据国家有关法律法规，做好道路危险货物运输安全管理工作，积极配合有关部门做好奥运会烟花爆竹运输工作。

二〇〇八年六月三日

抄送：北京奥组委开闭幕式工作部，各省、自治区、直辖市交通厅（委）

附件3　关于《关于民用爆炸物品运输是否应纳入道路危险货物运输行业管理的请示》的复函（交运发〔2010〕105号）

广东省交通运输厅：

你厅《关于民用爆炸物品运输是否应纳入道路危险货物运输行业管理的请示》（粤交运〔2009〕1353号）收悉。经研究，函复如下：

一、民用爆炸物品、烟花爆竹的道路运输应严格执行《民用爆炸物品安全管理条例》（国务院令第466号）、《烟花爆竹安全管理条例》（国务院令第455号）的有关规定，由有关部门负责许可、监管等工作。道路运输管理机构不应对民用爆炸物品、烟花爆竹的道路运输进行许可。

二、道路危险货物运输企业运输民用爆炸物品、烟花爆竹，应按照《民用爆炸物品安全管理条例》、《烟花爆竹安全管理条例》的规定，经有关部门许可后方可运输。

二〇一〇年三月一日

抄送：各省、自治区、直辖市交通运输厅（局、委）

第二篇

剧毒化学品篇

第一章 剧毒化学品的基础知识

第一节 剧毒化学品的概念

在国家标准《道路运输爆炸品和剧毒化学品车辆安全技术条件》(GB 20300—2006)中，将剧毒化学品定义为：具有非常剧烈毒性危害的化学品，包括人工合成的化学品及混合物(含农药)和天然毒素。本标准中剧毒化学品是指列入国家安全生产监督管理总局公告《剧毒化学品名录》中的剧毒化学品。

为了便于理解剧毒化学品毒性判定，在此介绍一些医学试验的知识。医学实验，首先要有实验的动物。实验动物是指专门培育供实验用的动物，主要指作为医学、药学、生物学、兽医学等的科研、教学、医疗、鉴定、诊断、生物制品制造等需要为目的驯养、繁殖、育成的动物。例如小鼠和大鼠是首先按实验要求，严格进行培育的实验动物，其次如兔、地鼠类、豚鼠、其他啮齿类、鹌鹑等也已实验动物化。

大鼠是野生褐家鼠的变种，18 世纪后期开始人工饲养，其习性昼伏夜动，喜独居，胆小怕惊，喜啃咬，抗病力较强，敏感性强，遗传学较为一致，对实验条件反应较为近似，被誉为精密的生物研究工具，被广泛用于内分泌、药物、行为学、老年病学、肿瘤、感染性疾病、心血管疾病及中医药等方面的研究，并具有多个品种、品系，可供不同实验选用。

实验兔是实验动物中的一种，符合实验动物的规范与要求。实验兔具有较高的敏感性、较好的重复性和反应的一致性等特点。

一、剧毒化学品的参数

在化学品的毒性判定时，要使用毒理学中常用的一些参数。有关参数如下。

1. 半数致死量(LD_{50})和经口 LD_{50}、经皮 LD_{50}

1)半数致死量(LD_{50})

半数致死量用 LD_{50}表示，又称“致死中量”，是指能杀死一半试验总体之有害物质、有毒物质或游离辐射的剂量。具体讲，LD_{50}是指能使一群试验动物(小白鼠、家兔等)的死亡率达到 50% 时的每千克体重的毒害品用量。如某物质对人的致死情况与白鼠相同，则体重为 W(kg)的某人的 50% 致死的毒害品摄入量为 $LD_{50} \times W$。LD_{50}是描述有毒物质或辐射毒性的常用指标之一。

毒害品摄入的途径有口服、皮肤接触和呼吸三种。对口服和皮肤接触都用半数致死量(致死中量)来表示。所以致死中量又分为：经口 LD_{50}(口服 LD_{50})和经皮 LD_{50}(皮试 LD_{50})。

2）经口 LD_{50}

急性经口毒性（经口 LD_{50}）是指经口腔基于一次剂量或在24h内给予多次剂量的受试物品后短时间内产生的有害作用。经口 LD_{50}（经口半数致死量）是从统计学上预测，当经口腔给予受试物品后引起50%受试动物死亡的剂量。

3）经皮 LD_{50}

急性经皮毒性（经皮 LD_{50}）是指一次经皮肤涂抹受试物品后短时间内对动物产生的有害作用。经皮半数致死量是从统计学上预测，当一次经皮肤涂抹受试物品后引起50%受试动物死亡的剂量。

必须说明的是同一种毒害品的经口 LD_{50}、经皮 LD_{50} 这两个指标值是不同的，须经试验而定。

2. 吸入 LC_{50}

经呼吸途径中毒，就不能用致死中量来量度，而用半数致死浓度来表示。在动物急性毒性试验中，使受试动物半数死亡的毒物浓度"半数致死浓度"，用 LC_{50} 表示。LC_{50} 表示空气中毒物对哺乳动物的急性毒性，一般是指受试动物吸入毒物2h或4h后的试验结果，可不注明吸入时间，但有时也可写明时间参数。例如 LC_{50} 是指引起动物半数死亡的浓度和吸入时间的乘积，时间一般用分钟表示。具体讲，LC_{50} 是指一群试验动物与气体毒害品呼吸接触一定时间后有50%死亡的该毒害品在空气中的浓度。对气体毒害品通常用ppm表示，1ppm表示该毒物在空气中浓度为一百万分之一（10^{-6}）；粉尘毒害品用每立方米空间含有某毒害品的毫克数表示（mg/m^3）。

一般剧毒化学品毒性判定界限：大鼠试验，经口 $LD_{50} \leqslant 50mg/kg$，经皮 $LD_{50} \leqslant 200mg/kg$，吸入 $LC_{50} \leqslant 500ppm$（气体）或2.0mg/L（蒸气）或0.5mg/L（尘、雾），经皮 LD_{50} 的试验数据，可参考兔的试验数据。

二、剧毒化学品的特性

1. 毒性物质的物理形态

毒性物质的形态可能是固体，也可能是液体或气体。尤以气体、蒸气、雾、烟、粉尘等形态活跃于生产环境的毒性物质会污染空气，且易经呼吸道进入人体，还可能污染皮肤，经皮肤吸收进入人体。

（1）气体。指在常温、常压下呈气态的物质。如氯气、氰化氢、硫化氢、氨气等。因其在流通过程中一般是经降温、加压盛装于耐压容器中，这样将这类物质称为有毒气体并列为第2类危险货物（即第2.3项毒性气体）内，其毒性大小、危险程度的量度标准参照本类毒性物质的量度标准。

（2）蒸气。指有毒固体升华、有毒液体蒸发或挥发时形成的有毒蒸气，当然也包括列入其他类别的固体或液体的蒸气。凡是沸点低、蒸气压大的物质，如有机溶剂，都容易形成蒸气，散发到空气中造成危害。

(3)雾。指混悬在空气中的液滴。如硝酸、盐酸、硫酸等在空气中散发出来的酸雾,也具有相当的毒性。

(4)烟。指飘浮于空气中的固体微粒,其直径小于0.1μm。有机物加热或燃烧时可以产生烟,例如农药熏蒸剂燃烧时所产生的烟。

(5)粉尘。指能较长时间飘浮于空气中的固体微粒,其粒子直径为0.1~10μm。

上述形态的物质不仅本类物质所具有,在其他几类物质中也普遍存在。毒性物质通常是指常温、常压下呈液态或固态的物质。

2.人畜中毒的途径

毒性物质对人畜发生作用的先决条件是侵入体内。人畜中毒的途径是呼吸道、皮肤和消化道。在运输中,毒性物质主要经呼吸道和皮肤进入人体内,经消化道进入的较少。

(1)呼吸道。整个呼吸道都能吸收毒性物质,尤以肺泡的吸收能力最大。肺泡面积很大,肺泡壁很薄,有丰富的微血管,所以肺泡对毒性物质的吸收极其迅速。有毒气体和蒸气,5μm以下的尘埃能直接到达肺泡,进入血液循环而分布全身,可在未经肝脏转化之前就起作用。呼吸道吸收毒性物质的速度,取决于空气中毒性物质的浓度、毒性物质的理化性质、毒性物质在水中的溶解度和肺通气量、心血输出量等因素。而肺通气量和心血输出量又与劳动强度、气温等有关。

(2)皮肤。有许多毒性物质能通过皮肤吸收,吸收后不经过肝脏即直接进入血液循环。毒性物质经皮肤吸收的途径大致有三条:通过表皮屏障;通过毛囊;极少数可通过汗腺。由于表皮角质层下的表皮细胞膜富有固醇磷酯,故对非脂溶性物质具有屏障作用。表皮与真皮连接处的基膜也有类似作用。脂溶性物质虽能透过此屏障,但除非该物质同时又有一定的水溶性,否则不易被血液吸收。但当皮肤损伤或患有皮肤病时,其屏障作用被破坏,此时原来不会经过皮肤被吸收的毒性物质能大量被吸收。毒性物质经皮肤吸收的数量和速度,除与毒性物质本身的脂溶性、水溶性和浓度等有关外,还与皮肤的温度升高、出汗增多、创伤部位等有关。

(3)消化道。毒性物质经消化道进入体内,一般都是在运输装卸作业后,被毒性物质污染的手未彻底清洗就进食、吸烟或将食物、饮料带到作业场所被污染而误食。另外,一些进入呼吸道的粉尘状毒性物质也可随唾液咽下而进入消化道。毒性物质经消化道吸收主要是在小肠。但某些无机盐(如氰化物)及脂溶性毒性物质,可经口腔黏膜吸收。经消化道吸收的毒性物质一般先经过肝脏,在肝脏转化后,才进入血液循环,故其毒性较小。

3.毒性物质的化学特性是毒性大小的决定因素

无机毒性物质中,含有汞(Hg)、铅(Pb)、钡(Ba)、氰根(CN^-)等的物质一般均属于毒性物质。

凡带有氰根(CN^-)的化合物,能在人体内释放出游离氰根,即可抑制细胞色素氧化酶,毒性较大。如氰化钠溶于水后即释出游离氰根,属剧毒品。而氰化银不溶于水,在水中几乎不释出游离氰根,因此其毒性比氰化钠小。硫氰酸钠在水中不释出游离氰根,而以硫氰酸根存在，毒性又小得多。

有机毒性物质中，含有磷（P）、氯（Cl）、汞（Hg）、氰基（—CN）、铅（Pb）、硝基（$—NO_3$）、氨基（$—NH_2$）多数属于毒性物质。如苯胺、硝基苯等进入人体后，形成高铁血红蛋白，使血液失去运输氧气的功能，最后造成人体组织缺氧。卤化烃随着卤原子增多，其毒性增大。如一氯甲烷、二氯甲烷、三氯甲烷、四氯甲烷，随着氯元素的增加，毒性依次增强。绝大多数有机磷农药和磷酸脂类及硫化磷酸脂类进入人体后对人体有害，如磷酸三甲苯脂和二硫化焦磷酸四乙脂等。

4. 毒性物质的物理特性对毒性大小的影响

就毒性物质本身而言，其化学组成和结构是毒性大小的决定因素。但毒性物质的物理特性也可影响毒性作用的大小。影响毒物的因素主要有：元素的化学组成和结构；毒物在水中的溶解度；毒物的颗粒大小；毒物的溶解性质；沸点的高低等。

（1）毒性物质在水中的溶解度越大，其毒性也越大。如：氯化钡能溶于水，毒性较大。硫酸钡不溶于水，人吞服基本无毒。三氧化二砷的溶解度比三硫化二砷大3万倍，故前者的毒性大。

（2）毒性物质的颗粒越小，越易引起中毒。因为颗粒越小，越易进入呼吸道而被吸收。将氰化钠制成颗粒状进行运输或储存，就是为降低其毒性。

（3）脂溶性毒性物质易透过皮肤溶于脂肪进入血液引起中毒。如苯胺、硝基苯一类毒性物质很容易通过皮肤引起中毒。

（4）毒性物质沸点越低，越易引起中毒。毒性物质沸点越低，就越易挥发成蒸气，增加毒性物质在空气中的浓度，而引起吸入中毒。同理，气温越高，毒性物质的挥发性越大，同时还会增加毒性物质的溶解度和加剧人体呼吸的次数，从而增加毒性物质进入人体的可能性。

影响毒物作用的因素有很多，包括机体的功能状态、年龄、性别和妊娠、毒物进入机体的途径、毒物的浓度（剂量）和作用的时间、毒物的化学结构和理化性质以及毒物的联合作用等。

5. 毒性的量度

毒性物质虽对人有毒害作用，但如果进入体内的毒性物质剂量不足，则不会中毒。表示毒性物质的摄入量与效应的关系称为毒性。通常认为：动物致死所需某毒性物质的摄入量（或浓度）越小，则表示该毒性物质的毒性越大。对某毒性物质的毒性测定，是用动物进行的。毒性的计量单位是mg/kg，即把某毒性物质使某动物死亡的最小量与该动物的体重相比，得到每千克的动物摄入某毒性物质的毫克数。

常用的毒性指标还有以下五个：

（1）最高容许浓度，又称极限阈值，用符号 TLV 表示。TLV 是指在该浓度下健康成人长期经受也不致引起急性或慢性危害的浓度。所谓最高，是指生产场所空气中含有该毒性物质的浓度的极限，在多处多次的采样测定时，每次测定都不得超过此上限，而不是平均值不超过此限值。其度量单位同 LC_{50}。

（2）绝对致死量，用符号 LD_{100} 表示。指使实验动物全部死亡的毒性物质的最小用量。

(3)最低致死量,用符号 LDL_0 表示。指在已发生的中毒死亡的病历报告中的最小摄入量。在 LD_{50} 时,死亡率已达50%,那么死亡率是1%、0.1%、0.01%的毒性物质用量,即可能致死的用量是多少呢？这是根据有死亡记录的最小量而定的,而不是根据实验。单位不用毫克/千克(mg/kg),而直接用质量(mg)单位。

(4)最小中毒量,用符号 TDL_0 表示。指能引起染毒动物出现中毒症状的最小用量。

(5)最小中毒浓度,用符号 TCL_0 表示。指能引起染毒动物出现中毒症状的最小浓度。

三、剧毒化学品目录

在实际运用中,剧毒化学品是以国家安全生产监督总局会同国务院公安、环境保护、卫生、质检、交通部门确定并公布❶的《剧毒化学品目录》为准。以下简要介绍《剧毒化学品目录》。

根据《危险化学品安全管理条例》(国务院令第344号)的规定,国家安全生产监督管理局、公安部、国家环境保护总局、卫生部、国家质量监督检验检疫总局、铁道部、交通部和中国民用航空总局于2003年6月24日联合发布公告,公布了《剧毒化学品目录》(2002年版),其中共公布了335种剧毒化学品。

《剧毒化学品目录》(2002年版)的结构,见表2-1-1。

《剧毒化学品目录》(2002年版)结构 表2-1-1

序号	中文名称		英文名称		分子式	CAS号	UN号	受限范围
	化学名	别名	化学名(英文)	别名(英文)				
1	氰	氰气	Cyanogen	Dicyanogen; Dicyan	C_2N_2	460-19-5	1026	
2	氰化钠	山奈	Sodium cyanide	Cyanogran	NaCN	143-33-9	1689	
3	氰化钾	山奈钾	Potassium cyanide	Hydrocyanic acid, potassium salt	KCN	151-50-8	1680	
4	氰化钙		Calcium cyanide	Calcyanide	$Ca(CN)_2$	592-01-8	1575	
5	氰化银钾	银氰化钾	Potassium silver cyanide	Potassium cyanoargenate	$KAg(CN)_2$	506-61-6	1588	
6	氰化镉		Cadium cyanide		$Cd(CN)_2$	542-83-6	2570	
7	氰化汞	氰化高汞;二氰化汞	Mercuric cyanide	Mercury dicyanide; Dicyanomercury	$Hg(CN)_2$	592-04-1	1636	
8	氰化金钾	亚金氰化钾	Gold potassium cyanide	Potassium aurous cyanide	$KAu(CN)_2$	13967-50-5	1588	
9	氰化碘	碘化氰	Cyanogen iodide	Iodine cyanide	ICN	506-78-5	3290	

《剧毒化学品目录》(2002年版)中各栏目含义如下。

(1)"序号"是指本目录录入剧毒化学品的顺序。

(2)"中文名称"和"英文名称"是指剧毒化学品的中文和英文名称。其中:"化学名"是按照化学品命名方法给予的名称;"别名"是指除"化学品"以外的习惯称谓或俗名。

❶《危险化学品安全管理条例》(国务院令第344号,自2002年3月15日起实施)。说明,自《危险化学品安全管理条例》(国务院令第591号,自2011年12月1日起实施)实施之日起,344号令废止。

“＊”表示该剧毒化学品含量来源于国家标准《危险货物品名表》(GB 12268—1990)。

“※”表示该剧毒化学品含量来源于中国疾病预防控制中心职业卫生与中毒控制所检验报告。

(3)“分子式”是指该剧毒化学品的元素组成。

(4)“CAS 号”是指美国化学文摘社为一种化学物质指定的唯一索引编号。

(5)“UN 号”是指联合国危险货物运输专家委员会在《关于危险货物运输的建议书》中对危险货物指定的编号。在目录中标注 2 个 UN 号是指该剧毒化学品两种不同形态危险货物指定的编号。

(6)“受限范围”是指该剧毒化学品受到中国政府的限制范围。

“Ⅰ”表示国家明令禁止使用的剧毒化学品。

“Ⅱ”表示国家明令禁止使用的农药。

“Ⅲ”表示在蔬菜、果树、茶叶和中草药材上不得使用的农药。

2003 年 12 月 30 日,国务院 8 部委联合下发了《关于印发〈剧毒化学品目录(2002 年版)补充和修正表〉的通知》(安监管危化字〔2003〕196 号),对《剧毒化学品目录》(2002 年版)进行了补充和修正,补充了 2002 版中的 7 个缺项(自然序号)、修改了 5 个序号的内容,但剧毒化学品的总数未变,仍为 335 种。

到目前为止,我国共宣布了 335 种剧毒化学品。剧毒化学品的标志符号为黑色、底色为白色,如图 2-1-1。

四、常见运输的剧毒化学品

在实际生活和道路运输工作中,常见的典型剧毒化学品如下。

1. 三氧化二砷[白砒、砒霜、亚砷(酸)酐;UN1561、CN61007;分子式为 As_2O_3]

在我国,砒霜用于中药,它也是最古老的毒物之一(实物见图 2-1-2)。砒霜的毒性很强,进入人体后能破坏某些细胞呼吸酶,使组织细胞不能获得氧气而死亡;还能强烈刺激胃肠黏膜,使黏膜溃烂、出血;也可破坏血管,发生出血,破坏肝脏,严重的会因呼吸和循环衰竭而死。如一次服用大量砷,可引起重度循环衰竭、血压下降、脉搏快弱、呼吸浅表、中枢神经麻痹。其症状为头晕、头疼,肌肉疼痛性痉挛,迅速不省人事,继而呼吸麻痹,1h 内可死亡。三氧化二砷中毒量为 0.005 ~0.05g,致死量为 0.1 ~0.2g。

图 2-1-1　剧毒化学品标志

图 2-1-2　三氧化二砷样品

2. 液氯(氯、氯气;UN1017、CN23002;化学符号为 Cl)

氯单质为黄绿色气体。在常温和 6 个大气压下,人们可以将氯液化为一种黄绿色的液体,称为"液氯"。氯的产量是工业发展的一个重要标志。氯主要用于化学工业尤其是有机合成工业上,用于生产塑料、合成橡胶、染料及其他化学制品或中间体,还用于漂白剂、消毒剂、合成药物等。氯气具有毒性,如果空气中含有万分之一的氯气,就会严重影响人的健康;当每升大气中含有 2.5mg 氯气时,可在几分钟内使人死亡。氯气可以作为一种廉价的消毒剂,一般自来水及游泳池常采用它来消毒。

氯气密度是空气密度的 2.5 倍。氯气中混合体积分数为 5% 以上的氢气时遇强光可能会有爆炸的危险。

3. 氰化钾(山奈钾;UN1680、CN61001;化学符号为 KCN)

白色圆球形硬块,粒状或结晶性粉末,剧毒(实物见图 2-1-3)。在湿空气中潮解并放出微量的氰化氢气体。易溶于水,微溶于醇,水溶液呈强碱性,并很快水解。密度为 1.857g/cm^3,沸点为 1497℃,熔点为 563℃。接触皮肤的伤口或吸入微量粉末即可中毒死亡。

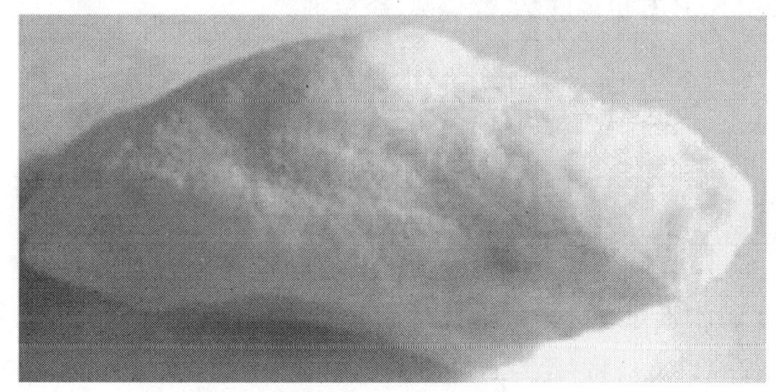

图 2-1-3 氰化钾样品

4. 黄磷(白磷;UN2447、CN42001;化学符号为 P)

白色或浅黄色半透明性固体,样品如图 2-1-4 所示。质软,冷时性脆,见光色变深。暴露空气中在暗处产生绿色磷光和白色烟雾。在湿空气中约 40℃着火,在干燥空气中则稍高。白磷能直接与卤素、硫、金属等起作用,与硝酸生成磷酸,与氢氧化钠或氢氧化钾生成磷化氢及次磷酸钠。应避免与氯酸钾、高锰酸钾、过氧化物及其他氧化物接触。1g 溶于 300000 份水、400mL 无水乙醇、102mL 无水乙醚、40mL 氯仿、35mL 苯、0.8mL 二硫化碳、80mL 橄榄油、60mL 松节油、约 100mL 杏仁油。相对密度为 1.83(α 型)、1.88(β 型)。熔点 44.1℃(β 型)。

图 2-1-4 黄磷样品

黄磷有剧毒。人的中毒剂量为 15mg,致死量为 50mg。误服白磷后很快产生严重的胃肠道刺激腐蚀症状。大量摄入可因全身出血、呕血、便血和循环系统衰竭而死。若病人暂时得以存活，也可由于肝、肾、心血管功能不全而慢慢死去。皮肤被磷灼伤面积达7%以上时，可引起严重的急性溶血性贫血，以致死于急性肾功能衰竭。长期吸入磷蒸气，可导致气管炎、肺炎及严重的骨骼损害。

黄磷对健康危害是，急性吸入中毒表现有呼吸道刺激症状、头痛、头晕、全身无力、呕吐、心动过缓、上腹疼痛、黄疸、肝肿大。重症出现急性肝坏死、中毒性肺水肿等。口服中毒出现口腔糜烂、急性胃肠炎，甚至发生食道、胃穿孔。数天后出现肝、肾损害。重者发生肝、肾功能衰竭等。本品可致皮肤灼伤，磷经灼伤皮肤吸收引起中毒，重者发生中毒性肝病、肾损害、急性溶血等，以致死亡。

黄磷的包装方法：小开口钢桶（黄磷顶面须用厚度为15cm以上的水层覆盖）；装入盛水的玻璃瓶、塑料瓶或金属容器（用塑料瓶时必须再装入金属容器内）。物品必须完全浸没在水中，严封后再装入坚固木箱。

在工业上用黄磷制备高纯度的磷酸。利用白磷易燃产生烟（P_4O_{10}）和雾（P_4O_{10}与水蒸气形成H_3PO_4等雾状物质），在军事上常用来制烟幕弹、燃烧弹。还可用白磷制造赤磷（红磷）、三硫化四磷（P_4S_3）、有机磷酸酯、燃烧弹、杀鼠剂等。

第二节　剧毒化学品的分类和特性

一、剧毒化学品的分类

为了更好地了解剧毒化学品，根据《化学品分类、警示标签和警示性说明安全规范　急性毒性》（GB 20592—2006），将“急性毒性”定义为“经口或经皮肤摄入物质的单次剂量或在24h内给予多次剂量，或者4h的吸入接触发生的急性有害影响”。其剧毒化学品分类以化学品的急性经口、经皮肤和吸入毒性划分为五类危害。即按其经口、经皮肤（大致）LD_{50}、吸入LC_{50}值的大小进行危害性的基本分类，见表2-1-2。

急性毒性危险类别 LD_{50}/LC_{50} 值　　表2-1-2

暴露方式	类别1	类别2	类别3	类别4	类别5
经口（mg/kg体重）	5	50	300	2000	5000
经皮肤（mg/kg体重）	50	200	1000	2000	
气体（体积分数，10^{-6}）	100	500	2500	5000	
蒸气（mg/L）	0.5	2.0	10	20	
粉尘和烟雾（mg/L）	0.05	0.5	1.0	5	

这样由表2-1-2可知，急性毒性危险类别中的类别1、类别2属于剧毒化学品。在GB 20592—2006中，还规定了急性毒性类别1～5中的物质和混合物的特定标签要素，见表2-1-3。

另外，剧毒化学品还根据不同需要和分类方法进行分类，主要有：

(1)按照物质类别可分为:无机剧毒化学品、有机剧毒化学品。

(2)按照化学组成可分为:氰化物、砷化物、汞化物、磷化物、生物碱和其他类等。

(3)按不同用途可分为:工业品、试剂、医药品和农药等。

急性毒性标签要素

表 2-1-3

类别		类别 1	类别 2	类别 3	类别 4	类别 5
符号		骷髅和交叉骨	骷髅和交叉骨	骷髅和交叉骨	惊叹号	无符号使用
标记字符		危险	危险	危险	警告	警告
危险性说明	经口	如吞入致死	如吞入致死	如吞入有毒	如吞入有害	如吞入可有害
	经皮肤	触及皮肤致死	触及皮肤致死	触及皮肤有毒	触及皮肤有害	触及皮肤可有害
	吸入	吸入致死	如吸入致死	如吸入有毒	如吸入有害	如吸入可有害

二、剧毒化学品主要危害特性

从实际情况来看,剧毒化学品的主要危险特性有以下几点,从业人员在运输、装卸过程中应引起足够的注意:

(1)具有剧烈的毒害性,少量进入机体即可造成中毒或死亡。

(2)相当多的剧毒化学品具有隐蔽性,即多为白色粉状、块状固体或无色液体,易与食盐、糖、面粉等混淆,不易识别。

(3)许多剧毒化学品还具有易燃、爆炸、腐蚀等特性,如液氯、四氧化锇、三氟化硼等。

(4)一些剧毒化学品与其他物质混合时反应剧烈,甚至可产生爆炸。如氰化物与硝酸盐、亚硝酸盐等混合时反应就相当剧烈,可以引起爆炸。

(5)一些剧毒化学品能与其他物质作用产生剧毒气体,如氰化物与酸接触生成剧毒氰化氢气体,磷化铝与水或水蒸气作用生成易燃、剧毒的磷化氢气体。

思考题

1. 何为剧毒化学品?如何确定剧毒化学品?

2. 化学品的毒性判定时常用哪些参数?

3. 剧毒化学品主要特性是什么?

4. 剧毒化学品毒害人体的途径有哪些?

5. 常见的剧毒化学品有哪些?

第二章　剧毒化学品的包装知识

剧毒化学品的包装是运输安全的重要环节之一。在《危险货物道路运输从业人员培训教材(基础篇)》中,介绍了根据危险货物的危险程度,将包装划分为三个类别:Ⅰ类包装是具有高度危险性的物质;Ⅱ类包装是具有中等危险性的物质;Ⅲ类包装是具有轻度危险性的物质。在一般情况下,剧毒化学品都会使用Ⅰ类包装。

第一节　剧毒化学品包装的基本要求

一、《危险化学品安全管理条例》中对包装的有关规定

在《危险化学品安全管理条例》中,对危险化学品的包装有以下要求:

在第十七条规定:危险化学品的包装应当符合法律、行政法规、规章的规定以及国家标准、行业标准的要求。危险化学品包装物、容器的材质以及危险化学品包装的型式、规格、方法和单件质量(重量),应当与所包装的危险化学品的性质和用途相适应。

在第十八条规定:生产列入国家实行生产许可证制度的工业产品目录的危险化学品包装物、容器的企业,应当依照《中华人民共和国工业产品生产许可证管理条例》的规定,取得工业产品生产许可证;其生产的危险化学品包装物、容器经国务院质量监督检验检疫部门认定的检验机构检验合格,方可出厂销售。

另外,对重复使用的危险化学品包装物、容器,使用单位在重复使用前应当进行检查;发现存在安全隐患的,应当维修或者更换。使用单位应当对检查情况作出记录,记录的保存期限不得少于2年。

二、危险货物运输包装基本要求

(1)运输包装应结构合理,并具有足够强度,防护性能好。材质、型式、规格、方法和内装货物质量应与所装危险货物的性质和用途相适应,便于装卸、运输和储存。

(2)运输包装应品质良好,其构造和封闭形式应能承受正常运输条件下的各种作业风险,不应因温度、湿度或压力的变化而发生任何渗(撒)漏,包装表面应清洁,不允许黏附有害的危险物质。

(3)运输包装与内装物直接接触部分,必要时应有内涂层或进行防护处理,包装材质不得与内装物发生化学反应而形成危险产物或导致削弱包装强度。

(4)内容器应予固定。如属易碎性的应使用与内装物性质相适应的衬垫材料或吸附材

料衬垫妥实。

(5)盛装液体的容器,应能经受在正常运输条件下产生的内部压力。灌装时必须留有足够的膨胀余量(预留容积),除另有规定外,并应保证在温度55℃时,内装液体不致完全充满容器。

(6)包装封口应根据内装物性质采用严密封口、液密封口或气密封口。

(7)盛装需浸湿或加有稳定剂的物质时,其容器封闭形式应能有效地保证内装液体(水、溶剂和稳定剂)的百分比,在储运期间保持在规定的范围以内。

(8)有降压装置的包装,其排气孔设计和安装应能防止内装物泄漏和外界杂质进入,排出的气体量不得造成危险和污染环境。

(9)复合包装的内容器和外包装应紧密贴合,外包装不得有擦伤内容器的凸出物。

(10)无论是新型包装、重复使用的包装,还是修理过的包装均应符合危险货物运输包装性能试验的要求。

三、常见剧毒化学品包装举例

(1)三氧化二砷(白砒;UN1561、CN61007;包装类别:Ⅱ),其包装如图2-2-1所示。

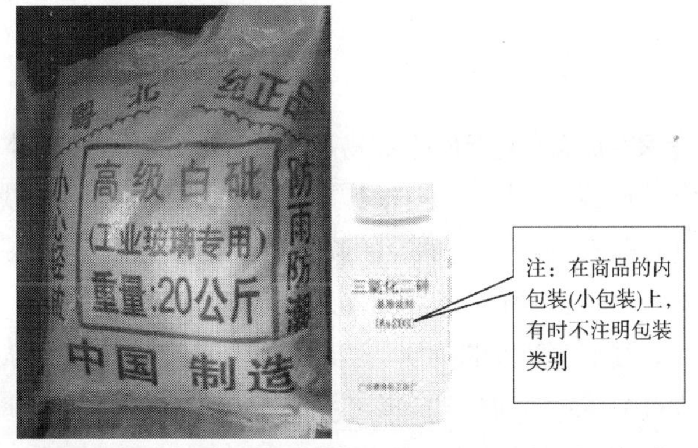

图2-2-1 三氧化二砷包装

(2)液氯(氯、氯气;UN1017、CN23002;包装类别:无规定),其包装如图2-2-2所示。

图2-2-2 液氯包装

用1000kg、500kg的气瓶包装，液氯气瓶应按《气瓶安全监察规程》的规定进行外部涂色、书写字样和检验钢印标记；或采用罐体容积不超过10m³的罐车运输。

(3)氰化钾，固态(山奈钾；UN1680、CN61001；包装类别：Ⅰ)，其包装如图2-2-3所示。

(4)TDI(甲苯二异氰酸酯；UN2078、CN6111；包装类别：Ⅱ)，其包装如图2-2-4所示。

图2-2-3　氰化钾包装

图2-2-4　TDI包装

第二节　剧毒化学品包装的分类和标志

一、包装分类

联合国危险货物专家委员会《关于危险货物运输的建议书　规章范本》中，将危险货物6.1项 毒性物质(包括农药)的包装类别划分为：按其在运输中的毒性危险程度划入三个包装类别：

(1)Ⅰ类包装：具有非常剧烈毒性危险的物质及制剂。

(2)Ⅱ类包装：具有严重毒性危险的物质及制剂。

(3)Ⅲ类包装：具有较低毒性危险的物质及制剂。

毒性物质(包括农药)包装类别的具体参数指标见表2-2-1。

口服摄入、皮肤接触和吸入粉尘和烟雾确定分类的标准　　表2-2-1

包装类别	口服毒性 LD_{50}(mg/kg)	皮肤接触毒性 LD_{50}(mg/kg)	吸入粉尘和烟雾毒性 LD_{50}(mg/L)
Ⅰ	≤5.0	≤50	≤0.2
Ⅱ	>5.0和≤50	>50和≤200	>0.2和≤2.0
Ⅲ①	>50和≤300	>200和≤1000	>2.0和≤4.0

注：符合第8类标准、并且吸入粉尘和烟雾毒性(LD_{50})属于Ⅰ类包装的物质，只有在口服摄入或皮肤接触毒性至少是Ⅰ类或Ⅱ类包装时才被认可划入6.1项。

①催泪性毒气物质，即使其毒性数据相当于Ⅲ包装的数值，也必须划入Ⅱ类包装。

二、包装标志

按《危险货物包装标志》(GB 190—2009)，剧毒化学品包装标志，符号为黑色，底色为白色。与剧毒化学品标志相同，如图2-1-1所示。

第三节 剧毒化学品的安全技术说明书和安全标签

在《危险化学品安全管理条例》中,关于《化学品安全技术说明书》和《化学品安全标签》的要求有以下几点:

(1)危险化学品生产企业应当提供与其生产的危险化学品相符的《化学品安全技术说明书》,并在危险化学品包装(包括外包装件)上粘贴或者拴挂与包装内危险化学品相符的《化学品安全标签》。《化学品安全技术说明书》和《化学品安全标签》所载明的内容应当符合国家标准的要求。危险化学品生产企业发现其生产的危险化学品有新的危险特性的,应当立即公告,并及时修订其《化学品安全技术说明书》和《化学品安全标签》。

(2)危险化学品经营企业不得向未经许可从事危险化学品生产、经营活动的企业采购危险化学品,不得经营没有《化学品安全技术说明书》或者《化学品安全标签》的危险化学品。

针对上述两条,《危险化学品安全管理条例》制定了处罚条款。对有违反上述行为的,由安全生产监督管理部门责令改正,可以处5万元以下的罚款;拒不改正的,处5万元以上10万元以下的罚款;情节严重的,责令停产停业整顿。

应该注意,一是《化学品安全技术说明书》和《化学品安全标签》所载明的内容应当符合国家标准的要求。国家标准是《化学品安全标签编写规定》(GB 15258)和《化学品安全技术说明书编写规定》(GB 16483)。实际就是《化学品安全技术说明书》和《化学品安全标签》是根据国家标准《化学品安全标签编写规定》(GB 15258)和《化学品安全技术说明书编写规定》(GB 16483)而制定的;二是危险化学品生产企业应当提供《化学品安全技术说明书》,并在危险化学品包装(包括外包装件)上粘贴或者拴挂《化学品安全标签》;三是《化学品安全技术说明书》和《化学品安全标签》所载明的内容,为用户(包括经营商、托运人、承运人、使用者)提供了所需的全部信息。

针对不同种类的剧毒化学品,其《化学品安全技术说明书》和《化学品安全标签》也有所不同。在实际工作中,可针对不同的剧毒化学品进行查阅。

一、《化学品安全技术说明书》

关于《化学品安全技术说明书》,以下以氰化钾的《化学品安全技术说明书》为例,介绍其主要内容。

第一部分,化学品及企业标示。主要介绍化学品名称和化学品生产企业基本情况。危险货物道路运输从业人员要注意化学品生产企业的应急电话及国家有关单位的应急电话。

第二部分,成分/组成信息。介绍化学品的成分和组成信息,其中使用了“CAS No.[1]”。

第三部分,危险性概述。主要介绍剧毒化学品的侵入途径、健康危害、环境危害、燃爆危险等内容。

[1] CAS No.是指美国化学文摘社为一种化学物质指定的唯一索引编号。

第四部分，急救措施。主要介绍急救、治疗的建议。其中，主要有：吸入、皮肤接触、眼接触、吞咽后，内科医生的须知等内容。

第五部分，防护措施。主要介绍危险特性、有害燃烧产物、灭火方法及灭火剂、注意事项等内容。

第六部分，泄漏应急处理。主要介绍人员预防措施、对环境保护采取的预防措施、消除方法等。

第七部分，操作处置与储存。主要介绍操作、储存、存储材料等要求。

第八部分，接触控制/个体防护。在防护措施中，要求穿戴适当的防护服，戴防护手套，眼/脸部要采取适当的保护措施。这部分主要涉及直接接触剧毒化学品的装卸管理人员和装卸人员。驾驶和押运人员在清点货物时，也要注意防护。

第九部分，理化特性。主要介绍化学品的形态、颜色、气味等。

第十部分，稳定性和反应活性。

第十一部分，毒理学资料。

第十二部分，生态学资料。

第十三部分，废弃处置。

第十四部分，运输信息。该部分信息，对剧毒化学品道路运输尤为重要。如，道路运输固体氰化钾时，为保证运输安全，要保持车况良好。并在装好氰化钾行车前，要认真检查货物捆绑是否结实，行车途中要经常停车检查货物是否松绑、雨淋等状况，发现问题及时解决，停车住宿必须在有人24h值班巡查的正规停车场，卸完货物后要认真及时清洗车辆，以防止氰化钾泄漏、污染、丢失、被盗及中毒。禁止搭载无关人员，禁止配装其他货物，不乱停、乱放，更不能在人口稠密区及闹市区停放，每车必须配备1～2名押运人员。

第十五部分，法规信息。

第十六部分，其他信息。

关于《化学品安全技术说明书》的详细内容及表述，参见《氰化钾（UN：1680）的〈化学品安全技术说明书〉》（参见本篇附件1）。

二、《化学品安全标签》式样

以下以氰化钾的《化学品安全标签》（表2-2-2）为例，介绍其主要内容。

三、《道路运输危险货物安全卡》

为了强化从业人员的业务培训知识、提高从业人员应急能力，《危规》第三十九条要求“驾驶人员或者押运人员应当按照《汽车运输危险货物规则》（JT 617）的要求，随车携带《道路运输危险货物安全卡》”。在此强调，《道路运输危险货物安全卡》是依据产品的《化学品安全技术说明书》和《化学品安全标签》编写、制作的，其内容主要是对道路运输的要求。主要内容有：危险化学品的危险性、储运要求、泄漏处理、急救、灭火方法、防护措施等。以下是氰化钾的《道路运输危险货物安全卡》（表2-2-3）。

氰化钾的《化学品安全标签》式样 表2-2-2

 分析级 AR 纯度:≥98% 净重: 批号: 生产日期:	Potassium cyanide 氰化钾 KCN 别名:山奈钾 危险 剧毒、对环境有害 **安全措施** 皮肤接触:立即脱去污染的衣着,用流动清水冲洗,然后用5%硫代硫酸钠溶液清洗,就医。 口入:立即给予亚硝酸异戊酯吸入剂抢救。 **灭火** 发生着火消防救护人员须佩戴防毒面具,在上风向扑救,不得用酸碱灭火器,可以使用干粉、消防砂。 请向企业索取安全技术说明书	剧毒品 6
单位名称:	UN No. 1680	危货类别 6.1
地址:	应急电话:	

《道路运输危险货物安全卡》 表2-2-3

	氰化钾 Potassium cyanide KCN [白色块状或颗粒]	UN No. 1680 CN No. 61001

危 险 性	泄 漏 处 理
不燃。 受高热或与酸接触会产生剧毒的氰化物气体。 与硝酸盐、亚硝酸盐、氯酸盐反应剧烈,有发生爆炸的危险。 遇酸或露置空气中能吸收水分和二氧化碳分解出剧毒的氰化氢气体。 **储 运 要 求** 包装方法: Ⅰ类,用玻璃箱外木箱内衬垫料,或铁桶装。 储运条件: 储存于阴凉干燥、通风良好的库房。远离火种、热源。包装密封。应与氧化剂、酸类、食用化学品隔离储运。搬运时要轻装轻卸,防止包装及容器损坏。应严格执行极毒物品"五双"管理制度。	应急人员戴自给式呼吸器,穿防毒服。用洁净的铲子收集于干燥、洁净、有盖的容器中。大量泄漏:用塑料布、帆布覆盖。 **急 救** 吸入:迅速脱离现场至空气新鲜处;保持呼吸道通畅;呼吸困难时输氧;呼吸心跳停止时,立即进行人工呼吸(勿用口对口)和胸外心脏按压术;给吸入亚硝酸异戊酯;就医。 皮肤或眼睛接触:用大量流动清水冲洗至少15min;就医。 食入:饮足量温水,催吐;用1∶5000高锰酸钾或5%硫代硫酸钠溶液洗胃;就医。 **灭 火 方 法** 干粉、砂土。禁用二氧化碳和酸碱灭火剂。
防护措施: 可能接触毒物时,必须佩戴过滤式呼吸器。紧急事态抢救或撤离时,建议佩戴自给式呼吸器。穿连衣式胶布防毒衣。戴橡胶手套。工作现场禁止吸烟、进食和饮水。工作完毕,彻底清洗。车间应配备急救设备及药品。作业人员应学会自救互救。	

思　考　题

1. 剧毒化学品包装的基本要求有哪些？

2. 剧毒化学品的标志是什么？

3. 剧毒化学品《化学品安全技术说明书》的作用是什么？剧毒化学品《化学品安全技术说明书》包括哪些主要内容？

4. 剧毒化学品《化学品安全标签》的作用是什么？剧毒化学品《化学品安全标签》包括哪些主要内容？

5. 为何要随车携带《道路运输危险货物安全卡》？

6. 托运人对剧毒化学品包装物的责任是什么？

7. 承运人应如何查验剧毒化学品品包装物？

第三章 剧毒化学品道路运输管理

由于剧毒化学品的危害极大,只要极少量就能给人或生物以极大伤害,一旦使用和管理不善,就会给社会带来危险,从而危及公众健康和公共安全。为此,世界各国都对剧毒化学品进行了严格的管理。我国对剧毒化学品在储运、销售、购买、运输、安全检查等方面均有特殊规定,还特别施行了有关许可制度以加强管理。

第一节 概 述

根据《危险化学品安全管理条例》的要求,简要介绍一些涉及剧毒化学品安全管理的基本常识。

一、剧毒化学品的生产和储存安全

生产和储存剧毒化学品一般应注意以下几点:

(1)危险化学品生产企业进行生产前,应当依照国务院《安全生产许可证条例》的规定,取得危险化学品安全生产许可证。生产列入国家实行生产许可证制度的工业产品目录的危险化学品的企业,应当依照《中华人民共和国工业产品生产许可证管理条例》的规定,取得工业产品生产许可证。

(2)生产、储存剧毒化学品的单位,应当如实记录其生产、储存的剧毒化学品、易制爆危险化学品的数量、流向,并采取必要的安全防范措施,防止剧毒化学品丢失或者被盗;发现剧毒化学品丢失或者被盗的,应当立即向当地公安机关报告。

(3)生产、储存剧毒化学品、易制爆危险化学品的单位,应当设置治安保卫机构,配备专职治安保卫人员。

(4)剧毒化学品以及储存数量构成重大危险源的其他危险化学品,应当在专用仓库内单独存放,并实行双人收发、双人保管制度。

(5)对剧毒化学品以及储存数量构成重大危险源的其他危险化学品,储存单位应当将其储存数量、储存地点以及管理人员的情况,报所在地县级人民政府安全生产监督管理部门(在港区内储存的,报港口行政管理部门)和公安机关备案。

(6)储存剧毒化学品的专用仓库,应当按照国家有关规定设置相应的技术防范设施。

二、经营安全

(1)从事剧毒化学品经营的企业,应当向所在地设区的市级人民政府安全生产监督管理部门提出申请，从事其他危险化学品经营的企业，应当向所在地县级人民政府安全生产监督管理部门提出申请（有储存设施的，应当向所在地设区的市级人民政府安全生产监督管理部门提出申请）。

(2)依法取得危险化学品安全生产许可证、危险化学品安全使用许可证、危险化学品经营许可证的企业，凭相应的许可证件购买剧毒化学品。

其他单位购买剧毒化学品的，应当向所在地县级人民政府公安机关申请取得剧毒化学品购买许可证；个人不得购买剧毒化学品（属于剧毒化学品的农药除外）和易制爆危险化学品。

(3)申请取得剧毒化学品购买许可证，申请人应当向所在地县级人民政府公安机关提交下列材料：

①营业执照或者法人证书（登记证书）的复印件。

②拟购买的剧毒化学品品种、数量的说明。

③购买剧毒化学品用途的说明。

④经办人的身份证明。

(4)禁止向个人销售剧毒化学品（属于剧毒化学品的农药除外）。

(5)危险化学品生产企业、经营企业销售剧毒化学品，应当如实记录购买单位的名称、地址、经办人的姓名、身份证号码以及所购买的剧毒化学品、易制爆危险化学品的品种、数量、用途。销售记录以及经办人的身份证明复印件、相关许可证件复印件或者证明文件的保存期限不得少于1年。

(6)剧毒化学品、易制爆危险化学品的销售企业、购买单位应当在销售、购买后5日内，将所销售、购买的剧毒化学品、易制爆危险化学品的品种、数量以及流向信息报所在地县级人民政府公安机关备案，并输入计算机系统。

三、有关处罚

有下列情形之一的，由公安机关责令改正，可以处1万元以下的罚款；拒不改正的，处1万元以上5万元以下的罚款：

(1)生产、储存、使用剧毒化学品的单位不如实记录生产、储存、使用的剧毒化学品、易制爆危险化学品的数量、流向的。

(2)生产、储存、使用剧毒化学品的单位发现剧毒化学品丢失或者被盗，不立即向公安机关报告的。

(3)储存剧毒化学品的单位未将剧毒化学品的储存数量、储存地点以及管理人员的情况报所在地县级人民政府公安机关备案的。

(4)危险化学品生产企业、经营企业不如实记录剧毒化学品购买单位的名称、地址、经办人的姓名、身份证号码以及所购买的剧毒化学品的品种、数量、用途，或者保存销售记录和相关材料的时间少于1年的。

(5)剧毒化学品的销售企业、购买单位未在规定的时限内将所销售、购买的剧毒化学品的品种、数量以及流向信息报所在地县级人民政府公安机关备案的。

(6)使用剧毒化学品的单位依照本条例规定转让其购买的剧毒化学品、易制爆危险化学品,未将有关情况向所在地县级人民政府公安机关报告的。

第二节 剧毒化学品道路运输法规

一、法律法规有关规定

《中华人民共和国道路交通安全法》中规定,机动车载运爆炸物品、易燃易爆化学物品以及剧毒、放射性等危险物品,应当经公安机关批准后,按指定的时间、路线、速度行驶,悬挂警示标志并采取必要的安全措施。《中华人民共和国道路交通安全法实施条例》(国务院令第405号)第二十二条规定"机动车驾驶人初次申领机动车驾驶证后的12个月为实习期。机动车驾驶人在实习期内不得驾驶载有爆炸物品、易燃易爆化学物品、剧毒或者放射性等危险物品的机动车"。

在国务院《公路安全保护条例》的第四十二条中要求,载运易燃、易爆、剧毒、放射性等危险物品的车辆,应当符合国家有关安全管理规定,并避免通过特大型公路桥梁或者特长公路隧道;确需通过特大型公路桥梁或者特长公路隧道的,负责审批易燃、易爆、剧毒、放射性等危险物品运输许可的机关应当提前将行驶时间、路线通知特大型公路桥梁或者特长公路隧道的管理单位,并对在特大型公路桥梁或者特长公路隧道行驶的车辆进行现场监管。

《危险化学品安全管理条例》(国务院令第591号)对剧毒化学品运输环节作出的规定主要有以下几点:

(1)通过道路运输剧毒化学品的,托运人应当向运输始发地或者目的地县级人民政府公安机关申请剧毒化学品道路运输通行证。

(2)运输危险化学品途中因住宿或者发生影响正常运输的情况,需要较长时间停车的,驾驶人员、押运人员应当采取相应的安全防范措施;运输剧毒化学品或者易制爆危险化学品的,还应当向当地公安机关报告。

(3)剧毒化学品、易制爆危险化学品在道路运输途中丢失、被盗、被抢或者出现流散、泄漏等情况的,驾驶人员、押运人员应当立即采取相应的警示措施和安全措施,并向当地公安机关报告。公安机关接到报告后,应当根据实际情况立即向安全生产监督管理部门、环境保护主管部门、卫生主管部门通报。有关部门应当采取必要的应急处置措施。

申请剧毒化学品道路运输通行证,托运人应当向县级人民政府公安机关提交下列材料:

(1)拟运输的剧毒化学品品种、数量的说明。

(2)运输始发地、目的地、运输时间和运输路线的说明。

(3)承运人取得危险货物道路运输许可、运输车辆取得营运证以及驾驶人员、押运人员取得上岗资格的证明文件。

(4)本条例第三十八条第一款、第二款规定的购买剧毒化学品的相关许可证件，或者海关出具的进出口证明文件(即，凭《剧毒化学品购买许可证》购买的要求)。

有下列情形之一的，由公安机关责令改正，处1万元以上5万元以下的罚款；构成违反治安管理行为的，依法给予治安管理处罚：

(1)运输剧毒化学品或者易制爆危险化学品途中需要较长时间停车，驾驶人员、押运人员不向当地公安机关报告的。

(2)剧毒化学品、易制爆危险化学品在道路运输途中丢失、被盗、被抢或者发生流散、泄漏等情况，驾驶人员、押运人员不采取必要的警示措施和安全措施，或者不向当地公安机关报告的。

二、《道路危险货物运输管理规定》有关规定

《道路危险货物运输管理规定》(交通运输部令2013年第2号)除一般通用要求外，对剧毒化学品运输企业、人员、车辆资质条件等也分别作出了要求。

1. 对企业的相关要求

(1)运输剧毒化学品的，自有专用车辆(挂车除外)10辆以上。

(2)运输剧毒化学品的，应当配备罐式、厢式专用车辆或者压力容器等专用容器。

(3)运输剧毒化学品的专用车辆以及罐式专用车辆，数量为20辆(含)以下的，停车场地面积不低于车辆正投影面积的1.5倍，数量为20辆以上的，超过部分每辆车的停车场地面积不低于车辆正投影面积。

(4)申请从事剧毒化学品道路运输经营的企业或单位，向市级道路运输管理机构提交的《道路危险货物运输申请表》，在填写申请运输的危险货物(物品)范围时应当标注“剧毒”。

(5)运输剧毒化学品的企业和单位，应当配备专用停车区域，并设立明显的警示标牌。

(6)运输剧毒化学品的企业和单位，应当遵守有关部门关于运输剧毒化学品道路运输车辆在重大节假日通行高速公路的相关规定。

(7)申请从事剧毒化学品道路运输经营的企业向市级道路运输管理机构提出申请时，提交的拟投入专用车辆、设备承诺书，还应当包括运输剧毒化学品专用车辆核定载质量等有关情况。

(8)道路运输管理机构向符合许可条件的被许可人出具的《道路危险货物运输行政许可决定书》，在运输危险货物栏内标注有“剧毒”。

2. 对人员的相关要求

(1)从事剧毒化学品道路运输的驾驶人员、装卸管理人员、押运人员，应当经考试合格，取得注明为“剧毒化学品运输”类别的从业资格证。

(2)运输剧毒化学品在运输途中需要较长时间停车的，驾驶人员或者押运人员应当向当地公安机关报告。

3. 对车辆的相关要求

(1)运输剧毒化学品的罐式专用车辆的罐体容积不得超过 $10m^3$,但符合国家有关标准的罐式集装箱除外。

(2)运输剧毒化学品的非罐式专用车辆,核定载质量不得超过10t,但符合国家有关标准的集装箱运输专用车辆除外。

(3)运输剧毒化学品专用车辆及罐式专用车辆(含罐式挂车)应当到具备危险货物道路运输车辆维修资质的企业进行维修。

(4)道路运输管理机构向符合许可条件的专用车辆配发的《道路运输证》经营范围栏内标注有“剧毒”。

三、公安部关于运输剧毒化学品的相关规定

公安部根据《危险化学品安全管理条例》(国务院令第344号)中的要求,“通过公路运输剧毒化学品的,托运人应当向目的地的县级人民政府公安部门申请办理剧毒化学品公路运输通行证。办理剧毒化学品公路运输通行证,托运人应当向公安部门提交有关危险化学品的品名、数量、运输始发地和目的地、运输路线、运输单位、驾驶人员、押运人员、经营单位和购买单位资质情况的材料”,制定了《剧毒化学品购买和公路运输许可证件管理办法》(公安部令2005年第77号,以下简称公安部77号令)、《关于贯彻执行〈剧毒化学品购买和公路运输许可证件管理办法〉有关问题的通知》(公通字〔2005〕38号)。

在公安部77号令中,首先规定“除个人购买农药、灭鼠药、灭虫药以外,在中华人民共和国境内购买和通过公路运输剧毒化学品的,应当遵守本办法。该办法所称剧毒化学品,按照国务院安全生产监督管理部门会同国务院公安、环保、卫生、质检、交通部门确定并公布的剧毒化学品目录执行”,明确了剧毒化学品界定的办法;其次规定了国家对购买和通过公路运输剧毒化学品行为实行许可管理制度。购买和通过公路运输剧毒化学品,应当依照本办法申请取得《剧毒化学品购买凭证》、《剧毒化学品准购证》和《剧毒化学品公路运输通行证》。未取得上述许可证件,任何单位和个人不得购买、通过公路运输剧毒化学品。

任何单位或者个人不得伪造、变造、买卖、出借或者以其他方式转让《剧毒化学品购买凭证》、《剧毒化学品准购证》和《剧毒化学品公路运输通行证》,不得使用作废的上述许可证件,进一步强调了国家对通过公路运输剧毒化学品实行许可管理制度。

在《危险化学品安全管理条例》(国务院令第591号)较原《危险化学品安全管理条例》(国务院令第344号),对于道路运输剧毒化学品的相关要求并没有发生原则性变化,主要是将《剧毒化学品购买凭证》、《剧毒化学品准购证》合并为《剧毒化学品购买许可证》;将“通过公路运输剧毒化学品的,托运人应当向目的地的县级人民政府公安部门申请办理剧毒化学品公路运输通行证”,修改为“通过道路运输剧毒化学品的,托运人应当向运输始发地或者目的地县级人民政府公安机关申请剧毒化学品道路运输通行证”。

四、关于“易制毒化学品”道路运输

易制毒化学品是指国家规定管制的可用于制造毒品的前体、原料和化学助剂等物质。无论是大麻、可卡因等植物天然毒品还是冰毒、摇头丸等合成化学毒品的加工都离不开易制毒化学品，从某种意义上说，没有易制毒化学品就没有毒品。2008 年 3 月开始施行的《中华人民共和国禁毒法》第 21 条规定，国家对易制毒化学品的生产、经营、购买、运输实行许可制度。鉴于有些“易制毒化学品”属于“危险化学品”，其道路运输不仅要遵守《易制毒化学品管理条例》，还要遵守《危险化学品安全管理条例》。为了拓展从业人员的知识，在此专题介绍《易制毒化学品管理条例》。

2005 年 8 月 26 日，国务院颁布了《易制毒化学品管理条例》（国务院令第 445 号，自 2005 年 11 月 1 日起实施）规定：“国家对易制毒化学品的生产、经营、购买、运输和进口、出口实行分类管理和许可制度。易制毒化学品分为三类。第一类是可以用于制毒的主要原料，第二类、第三类是可以用于制毒的化学配剂。易制毒化学品的具体分类和品种，由本条例附表列示。易制毒化学品的分类和品种需要调整的，由国务院公安部门会同国务院食品药品监督管理部门、安全生产监督管理部门、商务主管部门、卫生主管部门和海关总署提出方案，报国务院批准。”“跨设区的市级行政区域（直辖市为跨市界）或者在国务院公安部门确定的禁毒形势严峻的重点地区跨县级行政区域运输第一类易制毒化学品的，由运出地的设区的市级人民政府公安机关审批；运输第二类易制毒化学品的，由运出地的县级人民政府公安机关审批。经审批取得易制毒化学品运输许可证后，方可运输。运输第三类易制毒化学品的，应当在运输前向运出地的县级人民政府公安机关备案。公安机关应当于收到备案材料的当日发给备案证明。”

易制毒化学品的分类和品种目录

第一类

1.	1－苯基－2－丙酮
2.	3，4－亚甲基二氧苯基－2－丙酮
3.	胡椒醛
4.	黄樟素
5.	黄樟油
6.	异黄樟素
7.	N－乙酰邻氨基苯酸
8.	邻氨基苯甲酸
9.	麦角酸*
10.	麦角胺*
11.	麦角新碱*
12.	麻黄素、伪麻黄素、消旋麻黄素、去甲麻黄素、甲基麻黄素、麻黄浸膏、麻黄浸膏粉等麻黄素类物质*

第二类

1.	苯乙酸
2.	醋酸酐
3.	三氯甲烷
4.	乙醚
5.	哌啶

第三类

1.	甲苯
2.	丙酮
3.	甲基乙基酮
4.	高锰酸钾
5.	硫酸
6.	盐酸

说明：

一、第一类、第二类所列物质可能存在的盐类，也纳入管制。

二、带有*标记的品种为第一类中的药品类易制毒化学品，第一类中的药品类易制毒化学品包括原料药及其单方制剂。

图 2-3-1　易制毒化学品的分类和品种目录

《易制毒化学品的分类和品种目录》列明了 23 种易制毒化学品，并分为 3 类。具体品名如图 2-3-1 所示。

为加强易制毒化学品管理，规范购销和运输易制毒化学品行为，防止易制毒化学品被用于制造毒品，维护经济和社会秩序，公安部依据《易制毒化学品管理条例》制定了《易制毒化学品购销和运输管理办法》（公安部令第 87 号，自 2006 年 10 月 1 日起实施）。

（1）《易制毒化学品管理条例》涉及有关道路运输的要求有：

①国家对易制毒化学品的运输实行分类管理和许可制度，禁止走私或者非法运输易制毒化学品。

②易制毒化学品的生产、经营、购买、运输和进口、出口,除应当遵守条例的规定外,属于药品和危险化学品的,还应当遵守法律、其他行政法规对药品和危险化学品的有关规定。

③运输易制毒化学品的单位,应当建立单位内部易制毒化学品管理制度。

④跨设区的市级行政区域(直辖市为跨市界)或者在国务院公安部门确定的禁毒形势严峻的重点地区跨县级行政区域运输第一类易制毒化学品的,由运出地的设区的市级人民政府公安机关审批;运输第二类易制毒化学品的,由运出地的县级人民政府公安机关审批。经审批取得易制毒化学品运输许可证后,方可运输。运输第三类易制毒化学品的,应当在运输前向运出地的县级人民政府公安机关备案。公安机关应当于收到备案材料的当日发给备案证明。

⑤申请易制毒化学品运输许可,应当提交易制毒化学品的购销合同,货主是企业的,应当提交营业执照;货主是其他组织的,应当提交登记证书(成立批准文件);货主是个人的,应当提交其个人身份证明。经办人还应当提交本人的身份证明。

⑥对许可运输第一类易制毒化学品的,发给一次有效的运输许可证。对许可运输第二类易制毒化学品的,发给 3 个月有效的运输许可证;6 个月内运输安全状况良好的,发给 12 个月有效的运输许可证。易制毒化学品运输许可证应当载明拟运输的易制毒化学品的品种、数量、运入地、货主及收货人、承运人情况以及运输许可证种类。

⑦接受货主委托运输的,承运人应当查验货主提供的运输许可证或者备案证明,并查验所运货物与运输许可证或者备案证明载明的易制毒化学品品种等情况是否相符;不相符的,不得承运。运输易制毒化学品,运输人员应当自启运起全程携带运输许可证或者备案证明。公安机关应当在易制毒化学品的运输过程中进行检查,运输易制毒化学品,应当遵守国家有关货物运输的规定。

⑧未经许可或者备案擅自生产、经营、购买、运输易制毒化学品,伪造申请材料骗取易制毒化学品生产、经营、购买或者运输许可证,使用他人的或者伪造、变造、失效的许可证生产、经营、购买、运输易制毒化学品的,由公安机关没收非法生产、经营、购买或者运输的易制毒化学品、用于非法生产易制毒化学品的原料以及非法生产、经营、购买或者运输易制毒化学品的设备、工具,处非法生产、经营、购买或者运输的易制毒化学品货值 10 倍以上 20 倍以下的罚款,货值的 20 倍不足 1 万元的,按 1 万元罚款;有违法所得的,没收违法所得;有营业执照的,由工商行政管理部门吊销营业执照;构成犯罪的,依法追究刑事责任。

⑨运输的易制毒化学品与易制毒化学品运输许可证或者备案证明载明的品种、数量、运入地、货主及收货人、承运人等情况不符,运输许可证种类不当,或者运输人员未全程携带运输许可证或者备案证明的,由公安机关责令停运整改,处 5000 元以上 5 万元以下的罚款;有危险物品运输资质的,运输主管部门可以依法吊销其运输资质。

(2)《易制毒化学品购销和运输管理办法》细化了相关规定,涉及有关道路运输的要求有:

①公安部是全国易制毒化学品运输管理和监督检查的主管部门,县级以上地方人民政

府公安机关负责本辖区内易制毒化学品运输管理和监督检查工作。

②运输易制毒化学品时，运输车辆应当在明显部位粘贴易制毒化学品标识；属于危险化学品的，应当由有危险化学品运输资质的单位运输；应当凭证运输的，运输人员应当自启运起全程携带运输许可证或者备案证明。承运单位应当派人押运或者采取其他有效措施，防止易制毒化学品丢失、被盗、被抢。运输易制毒化学品时，还应当遵守国家有关货物运输的规定。

(3)关于易制毒化学品中属于"危险化学品"的运输。

①在《易制毒化学品的分类和品种目录》中有些属于危险化学品，如甲苯（甲基苯UN1294）、丙酮（UN1090）、高锰酸钾（UN1490）、硫酸（UN1830）、盐酸（氢氯酸UN1789）等。

②这些易制毒化学品中属于危险化学品的，根据《易制毒化学品管理条例》第五条"易制毒化学品的生产、经营、购买、运输和进口、出口，除应当遵守本条例的规定外，属于药品和危险化学品的，还应当遵守法律、其他行政法规对药品和危险化学品的有关规定"的要求，运输不仅要遵守《易制毒化学品管理条例》的要求，也要遵守《中华人民共和国道路运输条例》和《道路危险货物运输管理规定》。

第三节　剧毒化学品道路运输托运人责任和承运人责任

一、承运人责任

剧毒化学品道路运输托运人的主要责任是办理《剧毒化学品公路运输通行证》。在公安部第77号令中，有关办理通行证的主要内容有：

(1)托运人应当向目的地的县级人民政府公安部门申请办理剧毒化学品公路运输通行证。并提交承运单位从事危险货物道路运输的经营（运输）许可证（复印件）、机动车行驶证、运输车辆从事危险货物道路运输的道路运输证；驾驶人员的机动车驾驶证，驾驶人员、押运人员的身份证件以及从事危险货物道路运输的上岗资格证；运输企业对每辆运输车辆制作的运输路线图和运行时间表，每辆车拟运输的载质量。

(2)通过公路运输剧毒化学品的，应当按照《剧毒化学品公路运输通行证》（样式见图2-3-2）载明的运输车辆、驾驶人员、押运人员、装载数量、有效期限、指定的路线、时间和速度运输，禁止超载、超速行驶；押运人员应当随车携带《剧毒化学品公路运输通行证》，以备查验。运输车辆行驶速度在不超过限速标志的前提下，在高速公路上不低于每小时70km、不高于每小时90km，在其他道路上不超过每小时60km[1]。剧毒化学品运达目的地后，收货单位应当在《剧毒化学品公路运输通行证》上签注接收情况，并在收到货物后的7日内将《剧毒化学品公路运输通行证》送目的地县级人民政府公安机关治安管理部门备案存查。

[1]《剧毒化学品购买和公路运输许可证件管理办法》第十八条。

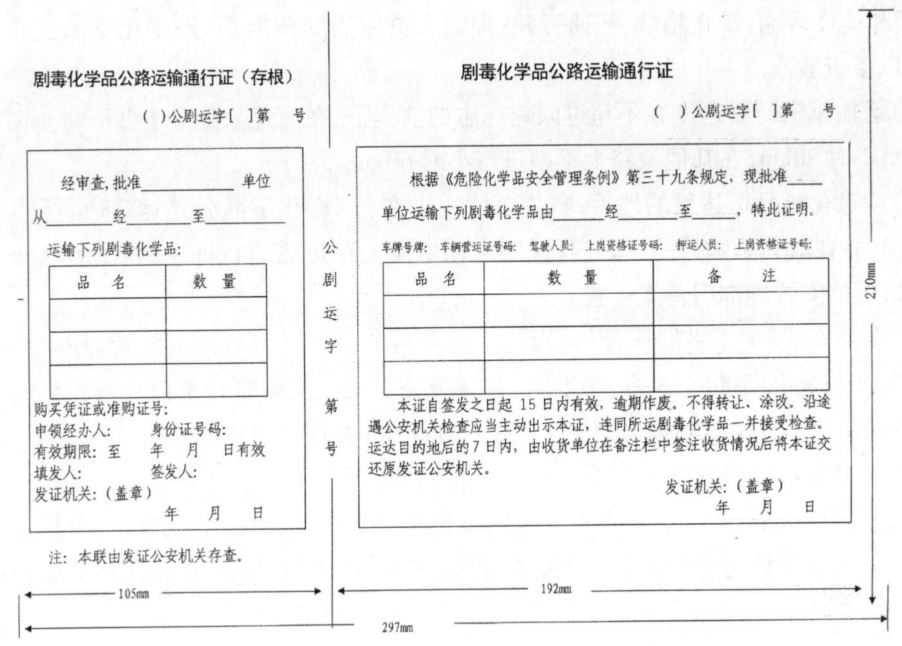

剧毒化学品公路运输通行证（存根）

（ ）公剧运字［ ］第　号

经审查，批准＿＿＿＿＿单位

从＿＿＿＿经＿＿＿＿至＿＿＿＿

运输下列剧毒化学品：

品　名	数　量

购买凭证或准购证号：

申领经办人：　　身份证号码：

有效期限：至　　年　　月　　日有效

填发人：　　签发人：

发证机关：（盖章）

年　　月　　日

注：本联由发证公安机关存查。

公剧运字　第　号

剧毒化学品公路运输通行证

（ ）公剧运字［ ］第　号

根据《危险化学品安全管理条例》第三十九条规定，现批准＿＿＿单位运输下列剧毒化学品由＿＿＿＿经＿＿＿＿至＿＿＿，特此证明。

车牌号牌：　车辆营运证号码：　驾驶人员：　上岗资格证号码：　押运人员：　上岗资格证号码：

品　名	数　量	备　注

本证自签发之日起 15 日内有效，逾期作废。不得转让、涂改。沿途遇公安机关检查应当主动出示本证，连同所运剧毒化学品一并接受检查。运达目的地后的7日内，由收货单位在备注栏中签注收货情况后将本证交还原发证公安机关。

发证机关：（盖章）

年　　月　　日

公路运输剧毒化学品注意事项

根据《危险化学品安全管理条例》的规定，通过公路运输剧毒化学品的，应当遵守剧毒化学品运输安全管理规定，按照公安机关批准的品名、数量、运输车辆、驾驶人员、押运人员和路线运输，并随车携带《剧毒化学品公路运输通行证》以备查验；不得超装、超载，不得进入危险化学品运输车辆禁止通行区域。确需进入的，应当按事先商请当地公安交通管理部门指定的行车时间和路线行驶。发生被盗、被抢丢失、流散、泄漏时，必须立即报告当地公安机关，并采取一切可能的警示措施。运输途中停留住宿的，应当报告当地公安机关。

图 2-3-2　《剧毒化学品公路运输通行证》式样

(3)运输剧毒化学品的车辆必须设置安装剧毒化学品道路运输专用标识和安全标示牌。安全标示牌应当标明剧毒化学品品名、种类、罐体容积、载质量、施救方法、运输企业联系电话❶。

二、承运人责任

(1)依据《剧毒化学品购买和公路运输许可证件管理办法》，通过公路运输剧毒化学品的，应当遵守《中华人民共和国道路交通安全法》、《危险化学品安全管理条例》等法律、法规对剧毒化学品运输安全的管理规定，悬挂警示标志，采取必要的安全措施，并按照《剧毒化学品公路运输通行证》载明的运输车辆、驾驶人员、押运人员、装载数量、有效期限、指定的路

❶此条虽然是对运输企业的要求，但承运人也有义务进行检查，使用合格车辆。

线、时间和速度运输，禁止超载、超速行驶；押运人员应当随车携带《剧毒化学品公路运输通行证》，以备查验。

(2)运输车辆行驶速度在不超过限速标志的前提下，在高速公路上不低于每小时70km、不高于每小时90km，在其他道路上不超过每小时60km。

(3)剧毒化学品运达目的地后，收货单位应当在《剧毒化学品公路运输通行证》上签注接收情况，并在收到货物后的7日内将《剧毒化学品公路运输通行证》送目的地县级人民政府公安机关治安管理部门备案存查。

(4)在公安部《关于贯彻执行〈剧毒化学品购买和公路运输许可证件管理办法〉有关问题的通知》(公通字〔2005〕38号)中要求，各县级公安机关交通管理部门要监督运输企业按照《道路运输危险货物车辆标志》GB 13392—2005)和本通知发布的样式，于2005年8月1日前为剧毒化学品车辆安装专用标识和安全标示牌，否则不予办理公路运输许可证件。据此，运输剧毒化学品的车辆必须设置安装剧毒化学品道路运输专用标识和安全标示牌。安全标示牌应当标明剧毒化学品品名、种类、罐体容积、载质量、施救方法以及运输企业联系电话[1]。

思考题

1. 涉及剧毒化学品道路运输的主要法规和内容有哪些？
2.《道路危险货物运输管理规定》涉及剧毒化学品道路运输的主要内容有哪些？
3. 公安部第77号令关于办理《剧毒化学品公路运输通行证》的主要要求有哪些？
4. 剧毒化学品道路运输托运人的主要责任是什么？
5. 剧毒化学品道路运输承运人的主要责任是什么？

[1]鉴于2006年颁布了《道路运输爆炸品和剧毒化学品车辆安全技术条件》(GB 20300—2006)，故其安全标示牌的要求应根据GB 20300—2006的有关要求进行调整。

第四章 剧毒化学品道路运输要求

第一节 剧毒化学品道路运输车辆要求

《道路运输爆炸品和剧毒化学品车辆安全技术条件》(GB 20300—2006)规定了道路运输爆炸品、剧毒化学品道路运输的严格安全技术要求。其主要内容参见第一篇第四章第一节中的相关内容。以下简要介绍有关剧毒化学品罐车的有关内容。

一、罐体有效容积

一般所说的罐体容积,是在常温下罐体装满水时所容纳水的体积。

二、罐体防护要求

运输危险品的罐体及罐体上的管路及管路附件不得超出车辆的侧面及后下部防护装置,罐体后封头及罐体后封头上的管路和管路附件与后下部防护装置的纵向距离不得小于150mm。对于罐体的其他要求和罐车的标志等,参见第一篇第四章第一节中的相关内容。

三、关于罐体紧急切断装置

在《道路运输液体危险货物罐式车辆 第一部分:金属常压罐体技术要求》(GB 18564.1—2006)中,要求常压容器罐车的罐体安全附件,必须安装紧急切断装置。安装紧急切断装置,对运输剧毒化学品车辆尤为重要。

(一)国家标准 GB 18564.1—2006 对安装紧急切断装置提出的要求

(1)紧急切断装置一般应由装紧急切断装置阀、运程控制系统,以及易熔塞自动切断装置组成,紧急切断装置应动作灵活、性能可靠、便于检修。

(2)紧急切断阀的设置应尽可能靠近罐体的根部,不应兼作它用,在非装卸时紧急切断阀应处于闭合状态。

(3)紧急切断阀应能防止任何因冲击或意外动作所致的无意识的打开。为防止在外部配件(管路、外侧切断装置)损坏的情况下罐体泄漏,内部截止阀应设计成剪式结构。

(4)运程控制系统的关闭操作装置应装在人员易于到达的位置。

(5)当环境温度达到规定值时,易熔塞自动切断装置应能自动关闭紧急切断阀。

(二)紧急切断装置的工作原理

紧急切断装置主要有内置阀和海底阀两种形式,按工作方式有气动式和手动式之分。

紧急切断装置安装于罐车储罐底部，当罐车底部管路受强烈碰撞时，将自动断裂，使储罐和车底管路分离，成为独立封闭的罐体，从而防止罐内液体外泄，大大提高运输的安全性。

（1）海底阀：按阀体材料可分为铝合金和316L不锈钢两种；其结构分为罐体内侧部分和罐体外侧部分，内侧部分有一个高强度弹簧，顶住阀体内侧的阀瓣，阀门在不工作的情况下，阀瓣始终处于闭合状态，远程操控手柄或气控开关，当弹簧受到一定外力（或气压）时，收紧弹簧，阀瓣打开，完成卸料过程；外侧部分只起到连接管路的作用。此类海底阀都带有一个紧急切断槽，在剧烈撞击情况下，能将阀体外侧部分和内侧部分快速切断分开，来保护阀体内侧部分不损坏。海底阀主要适用于黏度较低的介质。海底阀的结构如图2-4-1a）所示、实物如图2-4-1b）所示，实际安装情况如图2-4-1c）所示。

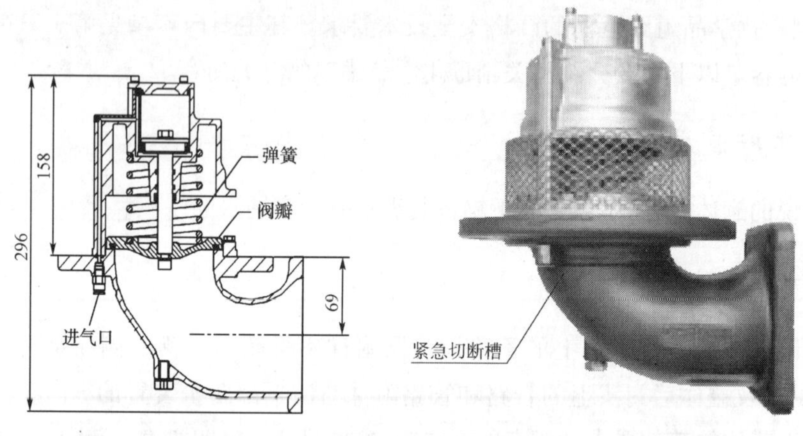

a）气动式海底阀结构　　b）气动式海底阀实物

c）安装在罐体上的气动式海底阀

图2-4-1　气动式海底阀

（2）内置阀：工作方式为手动形式，其阀体材质外主体部分为碳钢材质，内部与液体接触部分为304不锈钢材质。通过螺纹丝杆的配合，实现阀瓣的上下提升，操作时人必须到罐体顶部操作，较为不方便。内置阀主要适用于黏度较高的介质。带有远程手控操作的内置阀的结构，如图2-4-2a）所示；带手控操作的内置阀结构，如图2-4-2b）所示。

所有安全内置阀门都应该具备紧急切断功能，设置应尽可能靠近罐体的根部，不应兼作它用，在非装卸时，都应处于闭合状态；应能防止任何因冲击或意外动作所致的无意识的打开；远程控制系统的在关闭操作装置都应装在人易于到达的位置。

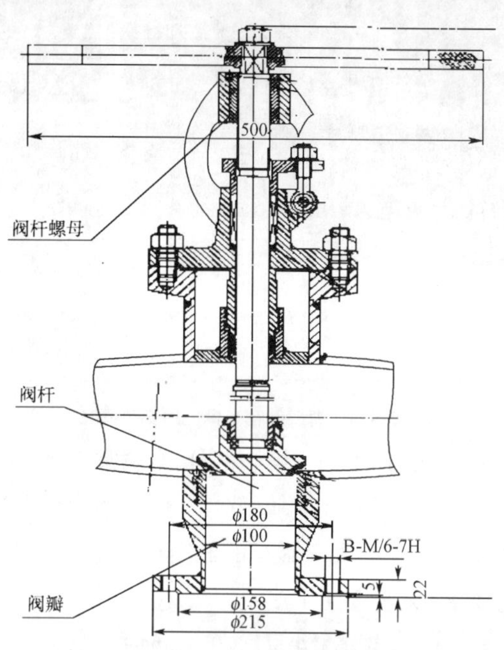

a）带有远程手控操作的内置阀

b）手控操作的内置阀结构

图2-4-2　内置阀

紧急切断阀摆动杠杆软钢索接头处装有易熔合金连接件，在装卸作业或行驶过程中如发生火灾事故、环境温度骤升，当温度达到75℃ ±5℃时，易熔合金连接件自行熔化，使软钢索与紧急切断阀开，阀门自动关闭，避免险情扩大。

海底阀在车辆上的安装情况如图2-4-3所示。

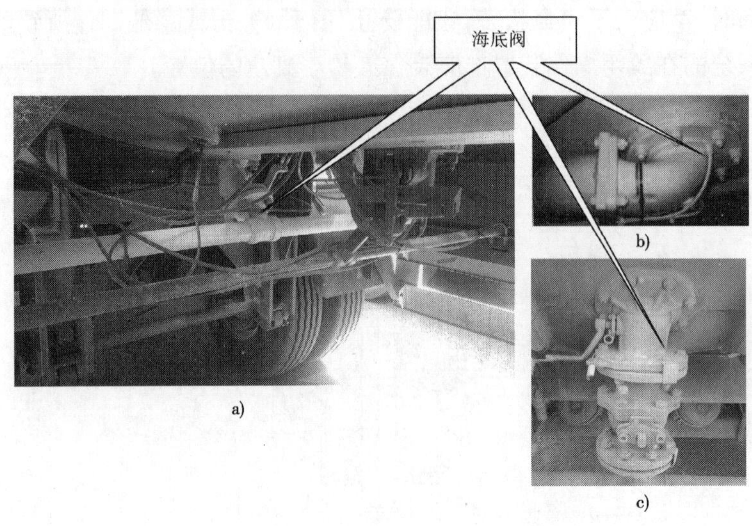

图2-4-3　海底阀在车辆上的安装情况

在《道路运输液体危险货物罐式车辆　第一部分:金属常压罐体技术要求》(GB 18564.1—2006)中,还规定:

(1)罐体允许最大充装质量应不大于罐车的额定载质量。

(2)关于最小壁厚的要求,见表2-4-1。

罐体最小厚度(单位:mm)　　表2-4-1

材　质	罐体最小厚度	
	罐体直径≤1800	罐体直径>1800
奥氏体不锈钢	≥2.5	≥3
其他钢材	≥3	≥4
铝合金	≥4	≥5
标准钢材料	≥5	≥6
99.60%纯铝	≥6	≥8

第二节　剧毒化学品道路运输驾驶人员基本要求

一、基本要求

1. 文化程度

由于剧毒化学品道路运输特殊性,如在运输、装卸作业中操作不当,就极易发生中毒以及燃烧、爆炸等严重事故,造成大量人员伤亡、环境破坏、财产损失,因此要求从事剧毒化学品道路运输的驾驶人员,不仅要掌握驾驶车辆的技能,还应该具备一定的文化程度,以便能更全面和深入地了解所装运剧毒化学品的理化性质、危害特性、包装物或者容器使用的基本要求和发生意外事故时的处置措施。

2. 驾驶年龄

为保证剧毒化学品道路运输安全，降低事故，要求从事剧毒化学品道路运输的驾驶人员，取得相应机动车驾驶证，年龄不超过60周岁；取得经营性道路旅客运输或者货物运输驾驶人员从业资格2年以上，有3年内或5万km以上无重大以上交通责任事故的经历。

3. 身体条件

由于剧毒化学品的危害性大，要求从事剧毒化学品道路运输的驾驶人员要身体健康，无妨碍驾驶的疾病。同时，综合心理素质较好。一般主要妨碍驾驶的疾病有：心血管系统疾病、神经系统疾病、精神障碍、生理缺陷等。

4. 资格要求

从事剧毒化学品道路运输的驾驶人员，首先需经所在地设区的市级人民政府交通运输主管部门考试合格，取得危险货物道路运输从业资格证；并在此基础上，参加剧毒化学品道路运输的专门考试，经考试合格，取得注明为“剧毒化学品运输”的从业资格证，方可上岗从业。

5. 专业技能

除了具备较好的驾驶技能外，从事剧毒化学品道路运输的驾驶人员必须接受其所属企业或单位安排的有关安全生产法规、安全知识、专业技术、职业卫生防护和应急救援知识等方面的培训，了解所运剧毒化学品的理化性质、危害特征、包装容器的使用特性和发生意外事件或运输事故时的应急措施，还需接受其所属企业或单位安排的有关运输安全生产和基本应急知识等方面的考核；考核不合格的，不得从事相关工作。

在运输过程中，驾驶人员应当随车携带《道路运输危险货物安全卡》，了解所运输的剧毒化学品的性质、危害特性、包装物或者容器使用的基本要求，以及发生突发事故时的处置措施，并严格执行《汽车运输危险货物规则》(JT 617)、《汽车运输、装卸危险货物作业规程》(JT 618)等标准，不得违章作业。

二、岗位职责

(1)严格遵守《道路危险货物运输管理规定》等有关危险货物道路运输，特别是剧毒化学品道路运输的法律、法规和规章，严格执行《道路运输危险货物车辆标志》(GB 13392)、《汽车危险货物运输规则》(JT 617)、《汽车运输、装卸危险货物作业规程》(JT 618)等国家标准、行业标准中关于危险货物道路运输以及剧毒化学品道路运输的规定。

(2)执行公司安全运输的各项规章制度和操作规程。

(3)车辆(罐体)日常维护与清理。

(4)出车前、行车中、回场后车辆(罐体)检查。

(5)检查随车携带相关证件、运输文件是否齐全有效，如《道路运输危险货物安全卡》、《剧毒化学品公路运输通行证》等。

(6)车辆安全防护设施、设备及消防、劳动防护、捆扎等器材是否齐全良好有效，及时发现、排除车辆安全隐患，保持车辆技术状况良好。

（7）观察交通状况，严格遵守道路交通安全法律法规，安全驾驶；按照有关安全运输规定、行车路线、行车时间行车、停车，确保行车和运输安全，防止发生交通事故；除押运人员外，车辆不得搭载无关人员和其他物品。

（8）参加安全教育与培训活动，学习安全技术知识与技能，掌握危险货物道路运输以及剧毒化学品道路运输安全技术、技能与应急处理办法，了解所运输剧毒化学品的物理和化学特性。

（9）妥善保管并能正确使用各种劳动保护、防护用品和消防器材。

（10）发生运输事故时，及时报警、报告本单位，实施应急处置，维护好现场。

三、工作要求

1. 运输前的准备工作

（1）运输剧毒化学品的专用车辆应选用符合《道路运输爆炸品和剧毒化学品车辆安全技术条件》的罐式车辆或者货厢为整体封闭结构的厢式货车，罐式专用车辆的罐体容积不得超过 $10m^3$，但符合国家有关标准的罐式集装箱除外；厢式车辆的核定载质量不得超过10t，但符合国家有关标准的集装箱运输专用车辆除外。总质量大于2000kg的剧毒化学品运输车辆的发动机应为压燃式，车辆发动机燃料系统应符合《机动车运行安全技术条件》（GB 7258）的规定，车辆排气装置应具备熄灭排气火花的功能。

（2）装车前应检查运输剧毒化学品车辆的车厢或集装箱，车厢或集装箱底板应平坦完好，铺设阻燃导静电胶板。将货厢或集装箱清扫干净，罐体清洗干净，排除异物。运输液氯等氧化性较强的剧毒化学品，应认真检查货厢是否清洁，必须保证货厢内无油脂及含油脂的残留物，如油棉纱团等。

（3）检查运输剧毒化学品的车辆配备的消防器材，发现问题应立即更换或修理。驾驶室内应配备一个干粉灭火器，在车辆两边应配备与所装载介质性能相适应的灭火器各一个。

（4）根据所装货物及包装情况，备好防散失用具等应急处置器材。

（5）检查随车携带相关证件、运输文件是否齐全有效，特别是查验《剧毒化学品公路运输通行证》是否携带及有效性。

（6）驾驶人员应根据所装运剧毒化学品的毒性、状态、包装情况，配备防护用品（如工作服、手套、防毒口罩、护目镜或者轻型防护服、毒面具等）及防散失、防雨等工属具。运输大型气瓶（如液氯等），车上必须配备防止气瓶滚动的紧固装置，如插桩、垫木、紧绳器等。

（7）进入装卸作业区应禁止随身携带火种，关闭随身携带的手机等通信工具和电子设备（一般情况下，要提前交到门卫保管），严禁吸烟，穿着不产生静电的工作服和不带铁钉的工作鞋。

（8）在装卸作业时应按照指定位置停车，熄灭发动机，实施驻车制动，装设好导静电拖地带。

(9)进入作业区,驾驶人员应根据不同剧毒化学品的危险特性,穿戴好相应的防护服装、手套、防毒口罩、防毒面具和护目镜等。

(10)进入作业现场对刚开启的仓库、集装箱、封闭式车厢要先通风排气,驱除积聚的有毒气体。

(11)在运输作业现场,人尽量站立在上风处,不能在低洼处久留,不能在货物上坐卧、休息,作业过程中不能进食、吸烟、饮水。工作前后严禁饮酒。

(12)剧毒化学品与其他危险货物混装应符合《汽车危险货物运输规则》(JT 617)附录D《危险货物配装表》有关危险货物间配装规定。一般来说,无机剧毒化学品不得与酸性腐蚀品、易感染性物品配装;有机剧毒化学品不得与爆炸品、助燃气体、氧化剂、有机过氧化物及酸性腐蚀物品配装;剧毒化学品严禁与食用、药用的危险货物同车配装。

2. 运输过程中的要求

为了保证剧毒化学品的运输安全,在运输过程中应按以下要求进行:

(1)应将车厢门锁牢后方可运行车辆,不准敞开车门行驶。

(2)汽车运输剧毒化学品时,其运输时间、路线应事先报请当地公安部门批准,按公安部门指定的时间、路线限速行驶,不得擅自改变行驶路线,以利于加强运行安全管理。车上无押运人员不得单独行驶,押运人员必须熟悉所装剧毒化学品的性能和作业注意事项等。车上严禁搭乘无关人员和危及安全的其他物资。

(3)行车中驾驶人员必须集中精力,严格遵守交通法规和操作规程,同时注意观察,保持行车平稳。

(4)行车途中应严格控制车速,尽量避免紧急制动,车辆转弯前应减速,保持车辆平稳运行,以防止因紧急制动、急转弯等造成装载货物摩擦、振动、坍塌、坠落,引发泄漏、火灾或车辆侧翻事故。

(5)运输途中不得随意停车,更不得在人口聚集地、交叉路口、火源附近停车。运输过程中需要停车住宿或遇有无法正常运输的情况时,应向当地公安部门报告将车停放在有利于安全防护的地方,停车时要始终有人看守。

(6)夏季高温季节,应按照作业地规定的作业时间运输。若必须运输时,车上应有有效的遮阳设施,封闭式货厢应保持车厢通风良好。

(7)中途停车时,停车点应远离热源、火种场所和人口密集区;临时停靠或途中住宿过夜,车辆应有专人看管;途中住宿过夜,应向当地公安部门报告。

(8)运输途中应每隔一定时间停车检查车上货物情况,发现包装破漏要及时处理,防止漏出物损坏其他包装,酿成重大事故。

(9)车辆重载若发生故障,在维修时应严格控制明火作业,驾驶人员不得离开车辆,要随时注意周围环境是否安全,发现问题应及时采取措施。

(10)运输途中发生燃烧、爆炸、污染、中毒或者被盗、丢失、流散、泄漏等事故,驾驶人员应会同押运人员立即根据应急预案和《道路运输危险货物安全卡》的要求采取应急处置措施，并向事故发生地公安部门、交通运输主管部门和本运输企业或者单位报告。

第三节　剧毒化学品道路运输押运人员基本要求

剧毒化学品道路运输押运人员是剧毒化学品道路运输安全的重要保障者，明确自身的职责有利于履行自身的责任。

一、基本要求

1. 文化程度

由于剧毒化学品道路运输的特殊性，若在运输、装卸作业中操作不当，就极易发生中毒以及燃烧等严重事故，造成大量人员伤亡、环境破坏、财产损失。因此，要求从事剧毒化学品运输押运人员应具备初中以上的文化程度，以便能更全面和深入地了解所装运剧毒化学品的理化性质、危害特性、包装物或者容器的使用要求和发生意外事故时的处置措施。

2. 身体条件

由于剧毒化学品的危害性大，要求从事剧毒化学品运输的押运人员身体健康，无妨碍押运工作的疾病，同时，综合心理素质合格。一般主要妨碍押运的疾病有：心血管系统疾病、神经系统疾病、精神障碍等。

3. 资格要求

剧毒化学品道路运输的押运人员，首先需经所在地设区的市级人民政府交通运输主管部门考试合格，取得危险货物道路运输从业资格证；并在此基础上，参加剧毒化学品运输的专门考试，经考试合格，取得注明为“剧毒化学品运输”的从业资格证，方可上岗从业。

4. 专业技能

从事剧毒化学品道路运输的押运人员必须接受其所属企业或单位安排的有关安全生产法规、安全知识、作业规程、职业卫生防护和应急救援知识等方面的培训，了解所运剧毒化学品的物理化学性质、包装容器的使用特性、岗位危害因素和发生意外事件或运输事故时的应急措施，还需接受其所属企业或单位安排的有关运输安全生产知识等方面的考核；考核不合格的，不得从事相关工作。

二、岗位职责

（1）严格遵守《道路危险货物运输管理规定》等有关危险货物道路运输法规，特别是剧毒化学品道路运输的法律、法规和规章，严格执行《道路运输危险货物车辆标志》（GB 13392）、《汽车危险货物运输规则》（JT 617）、《汽车运输、装卸危险货物作业规程》（JT 618）等国家标准和行业标准关于危险货物道路运输以及剧毒化学品道路运输的规定。

（2）执行公司安全运输的各项规章制度和安全生产作业规程。

（3）协助驾驶人员开展出车前、行车中、回场后车辆（罐体）技术检查。

(4)检查随车携带相关证件、运输文件是否齐全有效,如《道路运输危险货物安全卡》、《剧毒化学品公路运输通行证》等。

(5)车辆安全防护设施、设备及消防、劳动防护、捆扎等器材是否良好有效,做好车辆日常维护工作,及时发现、排除车辆安全隐患,保持车辆技术状况良好。

(6)监督驾驶人员严格遵守道路交通安全法律法规安全驾驶;督促驾驶人员按照公安部门核定行车路线、行车时间、运行速度和停车点运行。

(7)参加企业安全教育与培训活动,学习押运知识与技能,掌握危险货物道路运输以及剧毒化学品道路运输安全技术、技能与应急处理办法,了解所运输剧毒化学品的物理和化学特性。

(8)妥善保管并能正确使用各种劳动保护、防护用品和消防器材。

(9)发生运输事故时,按照企业剧毒化学品运输应急预案及时报警、报告本单位,实施应急处置,维护好现场。

三、工作要求

1. 出车前的要求

(1)押运人员接受任务后,应立即到调度室办理相关手续, 验证票据,询问核实公安部门出具《剧毒化学品公路运输通行证》所载明的购买单位的名称、地址和购买人员的姓名、身份证号码及所购剧毒化学品的品名、数量、用途、承运人、收货单位等信息,熟悉运输始发地和目的地、运输路线、运输单位、驾驶人员、押运人员、有效期限、经停地点,包装材料和包装方式;运输剧毒化学品的特性、出现险情的应急处置方法。

(2)办好手续后,应立即到票据管理部门对票据进行签章并打印收货收条。

(3)签章后,立即将留调度室备案的提货单返回调度室,并再次确认相关注意事项。核查车辆的有关证件、标志应齐全有效、技术状况良好。根据所运剧毒化学品特性,随车携带防潮、降温、防火、防毒等工具和应急处理设备、劳动防护用品。

(4)确认无误后,应立即将办好的手续拿到安全生产部门进行数据输入,输入完毕,应与操作人员对单位管理卡和产品出库卡的数据进行确认,并做好标识便于区分。

(5)办完手续立即(到押运班)进行安全教育登记,接受安全教育。

(6)押运人员应认识到押运安全教育的重要性,认真思考执行押运任务途中的安全预想。

(7)押运人员必须主动、认真接受出车前安全教育,对照安全教育内容逐一检查自己,签字应字迹工整,条理清晰。

(8)接受完安全教育后,应立即到企业办理相关手续,联系驾驶人员查看车辆状况。并整理好个人物质准备出车。

(9)车辆的车厢底板应平坦完好、栏板牢固,车厢或罐体内不得有与所装剧毒化学品性质相抵触的残留物。

2. 装载时的要求

(1)押运人员与运输车辆到剧毒化学品库房装产品，押运人员应与库管员进行沟通，落实装载库区及车辆停靠点。

(2)装载剧毒化学品时，应与库管员核对剧毒化学品的品名、数量、包装标志、化学品安全技术说明书和化学品安全标签，核查剧毒化学品包装。

(3)督促按照剧毒化学品操作规程有序堆码、捆扎，押运人员必须确保运输的剧毒化学品品种、数量无误，质量可靠。

(4)监督装载的剧毒化学品不超高、不超载、不混装(同载车除外)，而且捆扎牢固(图2-4-4)、盖严实，当木箱包装产品和纸箱包装产品同车运输时，要督促采取可靠措施，防止纸箱被木箱磨烂、压烂或被捆扎绳勒坏的现象。

图2-4-4　液氯气瓶的捆扎

(5)装剧毒化学品时确认剧毒化学品的品名、数量无误，包装容器完好。

(6)装完剧毒化学品出库前检查车辆配备器材完整好用并签字确认。

(7)剧毒化学品装载完成后，押运人员应严格按照操作规程办理交接手续，不得擅自离岗、脱岗，不得擅自离开所押运货物，应使货物随时处于押运人员的监管之下，监督装卸作业全过程的安全工作，不得干与装卸无关的事，严禁脱岗，以防止危险货物被盗、丢失等事故的发生。

3. 运输过程的要求

(1)运送剧毒化学品时，发车前，押运人员必须对其装车情况进行检查确认，并签字认可，锁好车厢门，保管好钥匙。

(2)运输途中，押运人员应督促驾驶人员按照规定的运输路线、经停地点和运行速度安全运行，并做好翔实押运记录。途中需要改变运输路线、经停地点必须报请公安部门批准。

(3)途中认真观察周围情况，每隔2h要停车检查，严防剧毒化学品丢失、被盗和发生其他情况。行车途中发现捆扎松动或脱绳、断绳等现象应重新捆扎，安全可靠后再继续行驶。途中停车及装卸剧毒化学品时，押运人员应坚守押运岗位。

(4)剧毒化学品途中发生被盗、丢失、流散、泄漏等情况时，押运人员必须立即向当地公安部门报告，并与驾驶人员协同配合，采取一切可能的警示措施。

(5)车辆驾驶室内如安装了监视器，押运人员要负责时时监控。

(6)中途如有卸货，要重新对产品堆码情况进行必要的调整，重新清数和捆扎，确定可靠无误后方能继续行驶。

4. 到达卸货的要求

(1)货物运达卸货地点后，应与收货人核对，确认到货时间、剧毒化学品的品名、数量等信息,双人双签办理交接手续。因故不能及时卸货,应当按照操作规程要求将车辆停放在安全位置,设立警示标志,在待卸期间,应会同驾驶人员负责看管货物。卸货时,应督促装卸人员按照操作规程安全有序地卸载剧毒化学品。押运人员进出货物装卸场所时应自觉遵守各项安全管理制度。

(2)到达目的地后确认剧毒化学品安全并顺利交接,要检查车辆是否被污染,办完各种手续及时以短消息形式联系单位,报告产品安全到达。

(3)到达装卸点若遇有其他车辆从事装卸作业时,押运人员应督促驾驶人员将车靠在安全地带,远离水源和人畜,并设立标志。

(4)货物到达目的地以后要协调收货单位在《剧毒化学品运输证》上签证物品到达情况。返回后将《剧毒化学品运输证》、收货单等及时交有关部门。剧毒化学品交接工作实行双人收发制度。

5. 任务完成回场的要求

安全返回后应及时归队报到,汇报工作情况,交接相关手续,车辆被污染的,应及时安排到指定地点洗车。

第四节 剧毒化学品道路运输装卸管理人员基本要求

剧毒化学品道路运输的装卸管理人员,首先需经所在地设区的市级人民政府交通运输主管部门考试合格,取得危险货物道路运输从业资格证;并在此基础上,参加剧毒化学品运输的专门考试,经考试合格,取得注明为"剧毒化学品运输"的从业资格证,方可上岗从业。

由于剧毒化学品的危害极大,因此剧毒化学品装卸工作需要注意如下事项。

一、装卸作业前的工作

(1)运输车辆应使用厢型货车、集装箱运输车辆或使用压力容器,必须配置符合《道路运输危险货物车辆标志》要求的车辆;且符合《道路运输爆炸品和剧毒化学品车辆安全技术条件》。

(2)除有特殊包装要求的剧毒品化学品必须采用化工物品专业罐车运输外,剧毒化学品均应采用厢型或罐式货车运输,罐式专用车辆罐体容积不得大于 $10m^3$,非罐式专用车辆最大载质量不得超过 10t。

(3)剧毒化学品装卸作业场所应备有一定数量的应急解毒药品。

(4)对刚开启的剧毒化学品仓库、集装厢、全闭式车厢要先通风,使可能积聚的有毒气体排除。进行装车作业前,应认真检查包件,发现包装破损、渗漏,不得装运。

(5)装卸操作人员必须了解所装卸剧毒化学品的性质、危害特性和发生意外时的应急措施;必须接受有关法律、法规、规章和安全知识、专业技术、职业卫生防护和应急救援知识的培训,并经考核合格,方可上岗作业。装卸操作人员应根据所装卸剧毒化学品的毒性、状态及包装，携带好相应的劳动防护用品（如工作服、手套、防毒口罩或面具）、防散失、防雨、捆扎等工具。

二、装卸作业中的要求

（1）所有操作或接触剧毒化学品的装卸人员必须佩戴符合要求的劳动防护用品和器具，劳动防护用品和器具应专人保管，定期检修，保持完好。

（2）装卸人员严禁直接接触剧毒化学品，作业中不得饮食，不得用手擦嘴、脸、眼睛。每天作业完毕，必须及时用肥皂（或专用洗涤剂）洗净面部、手部，用清水漱口，防护用具应及时清洗，集中存放。

（3）正确穿戴劳动防护用品，工作结束后必须更换工作服，并进行清洗后方可离开作业场所。

（4）应当根据剧毒化学品的种类、特性，在罐区、作业场所设置相应的监测、防火、灭火、防爆、泄压、降温、防毒、防雷、防静电、防渗漏、防护围堤或者隔离操作、密闭操作等安全设施设备，并按照国家标准和国家有关规定进行维护，保证符合安全运行要求。

（5）作业现场设置通信、报警装置，并保证在任何情况下处于正常适用状态。

（6）要严格检查剧毒化学品装卸物包装容器是否符合规定，包装必须完好，否则拒绝装卸。装卸要平稳，轻拿轻放，严禁肩扛、背负、冲撞、摔碰，以防止包装破损和中毒，严禁架空堆放。

（7）液氯不得与液氨配装。

三、装卸事故的应急措施

（1）若发生泄漏，根据操作规程的技术要求，确定采取的紧急处理措施。

（2）若发生中毒，根据中毒严重程度进行现场急救或直接送往医院医治。一般情况下，采取以下措施：

①皮肤接触：应立即脱去受污染衣服，用流动的清水冲洗或用5%硫代硫酸钠水溶液对受污染皮肤浸泡至少20min，有条件的可以进行温水淋浴。安排专人监护，一旦出现中毒症状，立即就医进行药物治疗。

②眼睛接触：应立即提起眼睑，用大量的流动清水或生理盐水冲洗至少15min，感到眼睛不适或有中毒症的应立即就医。

③吸入：由呼吸道吸入氰化钾或氯化汞，应迅速脱离现场到空气新鲜的地方，保持呼吸通畅。如呼吸困难采取供氧措施；如呼吸停止，做人工呼吸（勿用口对口）和胸外心脏按压术，给吸入亚硝酸异戊酯；就医。

（3）若发生火灾，尽力保护好包装容器并迅速将其转移到安全的地方，防止容器破损造成剧毒化学品泄漏，同时用干粉灭火器或沙土灭火。禁用酸碱性或四氯化碳灭火器，消防人员进入火场前，应佩戴好防毒面具。

(4)若产生大量有毒气体,可能对装卸区内外职工群众安全构成威胁时,必须在应急指挥部统一指挥下,对与事故应急救援无关的人员进行紧急疏散,可能威胁居民安全时,指挥部应立即和地方有关部门联系,引导居民迅速撤离到安全地点。

第五节 常运剧毒化学品

一、氰化物

含氰基(—CN)的化合物叫氰化物。氰化物主要有氰化钾(UN1680,CN61001,KCN)、氰化钠(UN1689,CN61001,NaCN)、氰化汞[UN1636,CN61001,$Hg(CN)_2$]等。

大多数氰化物属剧毒物质,在体内能迅速离解出氰根(CN^-),而起毒性作用,50~100mg就可使人致死。例如氰化钠,俗称山萘或七步倒,人仅服1~3mg走不出七步路即会死亡。

氰化物虽有较大毒性,但易被分解为低毒或无毒的物质。如氰化钾与水作用会逐渐被分解成甲酸钾和氨。遇 H_2O_2 分解很快,故小量的含氰毒物可用 H_2O_2 作解毒剂:

$$H_2O + KCN + H_2O_2 = KHCO_3 + NH_3$$

氰化物遇酸或酸性腐蚀物品时会放出HCN。

下面以氰化钾(UN1680,CN61001;化学式为KCN)为例进行介绍。

氰化钾是白色圆球形硬块,粒状或结晶性粉末,剧毒。接触皮肤的伤口或吸入微量粉末即可中毒死亡。

1. 氰化钾的危险特性

氰化钾受高热或与酸接触会产生剧毒的氰化物气体。与硝酸盐、亚硝酸盐、氯酸盐反应剧烈,有发生爆炸的危险。遇酸或露置空气中能吸收水分和二氧化碳分解出剧毒的氰化氢气体。水溶液为碱性腐蚀液体。具有刺激性。

2. 氰化钾的用途

用于提炼金、银等贵重金属和淬火、电镀,及制分析试剂、医药、杀虫剂等。

3. 氰化钾的运输方法

运输氰化钾前应先检查包装容器是否完整、密封,运输过程中要确保容器不泄漏、不倒塌、不坠落、不损坏。严禁与酸类、氧化剂、食品及食品添加剂混运。运输车辆应配备泄漏应急处理设备。运输途中应防暴晒、雨淋,防高温。道路运输时要按规定路线行驶,勿在居民区和人口稠密区停留。

4. 氰化钾的健康危害及防护救治

氰化钾对健康的危害是:抑制呼吸酶,造成细胞内窒息。吸入、口服或经皮肤吸收均可引起急性中毒。口服50~100mg即可引起猝死。

非骤死者临床分为4期:

(1)前驱期有黏膜刺激、呼吸加深加快、乏力、头痛;口服有舌尖、口腔发麻等。

(2)呼吸困难期有呼吸困难、血压升高、皮肤黏膜呈鲜红色等。

(3)惊厥期出现抽搐、昏迷、呼吸衰竭。

(4)麻痹期全身肌肉松弛,呼吸心跳停止而死亡。

操作氰化钾时的防护。应穿连衣式胶布防毒衣,戴橡胶手套。可能接触毒物时,必须佩戴头罩型电动送风过滤式防尘呼吸器。可能接触其粉尘时,应该佩戴隔离式呼吸器。

氰化钾中毒时的救治。皮肤接触:立即脱去污染的衣着,用流动清水或5%硫代硫酸钠溶液彻底冲洗至少20min;就医。眼睛接触:立即提起眼睑,用大量流动清水或生理盐水彻底冲洗至少15min;就医。吸入:迅速脱离现场至空气新鲜处,保持呼吸道通畅;如呼吸困难,给输氧;呼吸心跳停止时,立即进行人工呼吸(勿用口对口)和胸外心脏按压术;给吸入亚硝酸异戊酯;就医。食入:饮足量温水,催吐;用1:5000高锰酸钾或5%硫代硫酸钠溶液洗胃;给吸入亚硝酸异戊酯;就医。

5. 氰化钾的事故处置

氰化钾泄漏时,应隔离泄漏污染区,限制出入。建议应急处理人员戴防尘面具(全面罩),穿防毒服,不要直接接触泄漏物。小量泄漏:用洁净的铲子收集于干燥、洁净、有盖的容器中;也可以用次氯酸盐溶液冲洗,洗液稀释后放入废水系统。大量泄漏:用塑料布、帆布覆盖,然后收集回收或运至废物处理场所处置。

发生火灾时应尽量抢救商品,防止包装破损,引起环境污染。消防人员须佩戴防毒面具、穿全身消防服,在上风向灭火。可用干粉、砂土灭火,禁止用二氧化碳和酸碱灭火剂灭火。

二、砷(UN1558;CN61006)

1. 砷的化合物

因为砷易氧化,表面几乎都生成了剧毒砷的氧化物,所以砷也列为剧毒化学品。砷在自然界主要是以化合物存在,如硫化砷(雄黄),化学式为AsS;三硫化二砷(雌黄),化学式为As_2S_3等。

砷主要有三价和五价两种化合物。五价的砷毒性较弱,三价的砷毒性极强。砷的三价氧化物[三氧化二砷(As_2O_3)]又称亚砷酐。不纯的砷俗称砒霜,或白砒,有剧毒。

砷为非金属,故其氧化物为酸性氧化物。有两种氧化物:61007三氧化二砷(As_2O_3)和61010五氧化二砷(As_2O_5)。其对应的酸为亚砷酸(H_3AsO_3)和偏亚砷酸($HAsO_2$)及砷酸(H_3AsO_4),皆为弱酸。其对应的盐则为亚砷酸盐和偏亚砷酸盐及砷酸盐。亚砷酸钠($NaAsO_2$)及砷酸钾(K_3AsO_4)等皆为剧毒化学品。其他砷化物也大都具有毒性。

砷与氢的化合物叫砷化氢,是气体(UN2188、CN23006),极毒,当砷化氢分子中的氢原子被有机化合物中的烃基取代后得到的有机砷化合物则称为胂。胂类化合物也大都具有毒性。

一般,砷的可溶性化合物都具有毒性。砷及其化合物可用作药物和杀虫剂等。

2. 亚砷酸钠

亚砷酸钠对鼻及喉黏膜有刺激性,可致鼻黏膜溃疡。高浓度反复接触可引起神经损害,表现为四肢麻木、无力；尚可引起恶心 、腹痛和头痛。严重者可致死。在有酸或酸雾存在时，可产生溶血性毒物砷化氢。皮肤接触可引起烧灼感、刺痒和色素改变。

亚砷酸钠泄漏后，隔离泄漏污染区，限制出入。建议应急处理人员戴自给正压式呼吸器，穿防毒服。不要直接接触泄漏物。小量泄漏：避免扬尘，用洁净的铲子收集于干燥、洁净、有盖的容器中。大量泄漏：用塑料布、帆布覆盖，减少飞散。然后收集、回收或运至废物处理场所处置。

(1) 亚砷酸钠的防护措施。呼吸系统防护：可能接触其粉尘时，应该佩戴自吸过滤式防尘口罩。必要时，佩戴空气呼吸器。眼睛防护：戴化学安全防护眼镜。身体防护：穿连衣式胶布防毒衣。手防护：戴橡胶手套。其他：工作现场禁止进食和饮水。工作毕，彻底清洗。单独存放被毒物污染的衣服，洗后备用。实行就业前和定期的体检。

(2) 亚砷酸钠的急救措施。皮肤接触：脱去被污染的衣着，用肥皂水和清水彻底冲洗皮肤；就医。眼睛接触：提起眼睑，用流动清水或生理盐水冲洗；就医。吸入：迅速脱离现场至空气新鲜处，保持呼吸道通畅。如呼吸困难，给输氧。如呼吸停止，立即进行人工呼吸；就医。食入：催吐，洗胃，给饮牛奶或蛋清；就医。亚砷酸钠的灭火方法：消防人员必须穿戴全身专用防护服。灭火剂：干粉、水、砂土。

三、氯(UN1017；CN23002)

一般可燃物大都能在氯气中燃烧，一般易燃气体或蒸气也都能与氯气形成爆炸性混合物。氯气能与许多化学品如乙炔、松节油、乙醚、氨、燃料气、烃类、氢气、金属粉末等猛烈反应发生爆炸或生成爆炸性物质。它几乎对金属和非金属都有腐蚀作用。具有刺激性。氯气具有毒性，如果空气中含有万分之一的氯气，就会严重影响人的健康；当每升大气中含有2.5mg氯气时，可在几分钟内使人死亡。

氯气主要用于污水处理消毒、漂白、制造氯化合物、盐酸、聚氯乙烯等。

氯气通常采用钢瓶运输。钢瓶运输时必须戴好钢瓶上的安全帽。钢瓶一般平放，并应将瓶口朝同一方向，不可交叉；高度不得超过车辆的防护栏板，并用三角木垫卡牢，防止滚动。严禁与易燃物或可燃物、醇类、食用化学品等混装混运。夏季应早晚运输，防止日光暴晒。道路运输时要按规定路线行驶，禁止在居民区和人口稠密区停留。

氯气对眼、呼吸道有强烈刺激作用。急性中毒：轻度者有流泪、咳嗽、咳少量痰、胸闷，出现气管炎和支气管炎的表现；中度中毒发生支气管肺炎或间质性肺水肿，病人除有上述症状的加重外，出现呼吸困难、轻度紫绀等；重者发生肺水肿、昏迷和休克，可出现气胸、纵隔气肿等并发症。吸入极高浓度的氯气，可引起迷走神经反射性心跳骤停或喉头痉挛而发生“电击样”死亡。皮肤接触液氯或高浓度氯，在暴露部位可有灼伤或急性皮炎。

氯气中毒的救治。皮肤接触：立即脱去污染的衣着，用大量流动清水冲洗；就医。眼睛接触：提起眼睑，用流动清水或生理盐水冲洗；就医。吸入：迅速脱离现场至空气新鲜处，保持呼吸道通常，吸氧。呼吸心跳停止时，立即进行人工呼吸和胸外心脏按压术；就医。

液氯泄漏，要迅速撤离泄漏污染区人员至上风处，并立即进行隔离，小泄漏时隔离150m，大泄漏时隔离450m，严格限制出入。建议应急处理人员戴自给正压式呼吸器，穿防毒服。尽可能切断泄漏源。合理通风，加速扩散。喷雾状水稀释、溶解。构筑围堤或挖坑收容产生的大量废水。如有可能，用管道将泄漏物导至还原剂（酸式硫酸钠或酸式碳酸钠）溶液。也可以将漏气钢瓶浸入石灰乳液中。漏气容器要妥善处理，修复、检验后再用。

发生火灾时，消防人员必须佩戴过滤式防毒面具（全面罩）或隔离式呼吸器、穿全身防火防毒服，在上风向灭火。切断气源。喷水冷却容器，可能的话将容器从火场移至空旷处。可用雾状水、泡沫、干粉灭火。

为了便于从业人员较全面地了解剧毒化学品的特征和应急处置办法，将常见的53种剧毒化学品特征及应急处置方法作为附件供大家参考（见本篇附件2）。值得注意的是，由本篇附件2可知，危险货物的第2类、第3类、第4类、第5类、第6类、第8类中均有剧毒化学品。如，第2类中的UN1320、CN41010，2，4-二硝基苯酚；第3类中的UN2404、CN32160，丙腈；第4类中的UN2447、CN42001，黄磷；第5类中的UN3086、CN51520，重铬酸钠；第8类中的UN1751、CN81603，氯乙酸。但剧毒化学品主要集中在第6类中。

思　考　题

1. 剧毒化学品道路运输车辆应符合哪些国家标准？
2. 剧毒化学品道路运输车辆的结构有哪些要求？
3. 剧毒化学品道路运输车辆的载质量要求如何？剧毒化学品道路运输车辆的厢体有哪些基本要求？
4. 剧毒化学品道路运输车辆的灭火器配备有哪些要求？
5. 剧毒化学品道路运输车辆的标志有哪些要求？
6. 剧毒化学品道路运输车辆的随车文件有哪些？
7. 剧毒化学品道路运输驾驶人员、押运人员、装卸管理人员应取得什么类型从业资格，方可上岗从业？
8. 剧毒化学品道路运输驾驶人员、押运人员、装卸管理人员应具备哪些基本专业技能？
9. 简述剧毒化学品道路运输驾驶人员、押运人员、装卸管理人员的岗位职责。
10. 简述剧毒化学品道路运输驾驶人员运输作业前的准备工作。
11. 简述剧毒化学品道路运输驾驶人员、押运人员运输过程中应遵守的安全要求。

第五章 剧毒化学品道路运输事故应急预案

《中华人民共和国安全生产法》第十七条规定:“生产经营单位的主要负责人,负有组织制定并实施本单位的生产安全事故应急预案。”在国务院《危险化学品安全管理条例》第七十条中要求“危险化学品单位应当制定本单位事故应急救援预案,配备应急救援人员和必要的应急救援器材、设备,并定期组织演练。”由于“应急预案”是企业根据所运剧毒化学品而制定的,执行主体是企业;但由于“预案”中涉及的许多内容都是剧毒化学品道路运输从业人员应知应会的知识,故本章针对企业和从业人员介绍相关内容。

第一节 应急预案的基本内容

一、应急预案的概念

参见第一篇第五章中的相关内容。

二、应急预案概述

参见第一篇第五章中的相关内容。

三、事故报警

参见第一篇第五章中的相关内容。

四、应急保障

参见第一篇第五章中的相关内容。

五、应急培训与演习

参见第一篇第五章中的相关内容。

第二节 应急预案的应用

一、企业应急预案的使用

剧毒化学品道路运输企业应急预案的预案内容、文本格式与要求按照本章第一节“应急预案的基本内容”进行编制。

企业应根据本企业所运输剧毒化学品的特点和要求，以及事故的分级情况，制定企业的分级响应方案。

剧毒化学品道路运输企业要做好事故应急组织机构的人员安排，每名成员要明确并牢固掌握自己的职责，以保证应急工作高效、顺利完成，尽量减少事故造成的损失。

企业应做好充分的人力、财力、物资等方面应急保障工作。

企业应制定应急培训与演习的实施细节要求，并定期开展应急培训与演习，确保一旦发生事故，企业可以以最快的速度进行处理。

二、剧毒化学品道路运输事故潜在危害的应急对策

剧毒化学品种类繁多，《剧毒化学品目录》(2002年版)收录了共335种剧毒物质。这些物质除具有非常剧烈的毒性外，还具有其他不同性质。有的具有易燃易爆性、有的具有强氧化性、有的对水敏感等。剧毒化学品道路运输事故一旦发生，根据承运物质的不同特性，应采取不同的应急措施。

(一)易燃有毒气体——极度危害

举例：甲硫醇、硫化氢、氰化氢等。

1. 潜在危害

1)健康影响

有毒，极度危害；吸入或皮肤吸收可致命；接触该类气体或液化气可引起烧伤、严重损伤和(或)冻伤；燃烧后可产生刺激性、腐蚀性和/或有毒气体；灭火用水可能造成污染。

2)火灾或爆炸

遇空气可以形成爆炸性混合气，易燃烧；加热、遇火花或明火可以着火。

液化气产生的蒸气密度一般比空气密度大，该蒸气可沿地面扩散；蒸气扩散遇火源可引起复燃；泄漏物可燃烧导致着火或爆炸。

燃烧中的气瓶可通过泄压装置释放该气体；加热盛有该类物质的容器有爆炸的危险；破裂的气瓶会可能向前冲。

2. 公众安全

(1)泄漏区四周至少立即隔离100m。储罐或罐车着火，应从四周隔离1600m，也可考虑立即向四周撤离1600m。

(2)撤离无关人员，可停留在上风向。

(3)许多气体的密度比空气密度大，沿地面扩散，聚集在地势较低洼或封闭的地区(储罐)。不要进入地势低洼的地区。进入封闭空间之前应先通风换气。

3. 应急措施

1)火灾

除非泄漏能够停止，否则不要对燃烧的泄漏气体进行灭火。

小火:可用干式灭火剂、二氧化碳、水或通用泡沫灭火剂灭火。

大火:用水喷、喷水雾或通用泡沫灭火剂灭火;在确保安全的前提下,把盛有该类物质的容器运离火灾现场;破损的气瓶只能由专家进行处理。

2)泄漏

(1)消除所有点火源(在泄漏区附近,严禁吸烟、闪光、火花或任何其他形式明火)。

(2)所有用于处理产品的设备必须接地。

(3)在未着火的泄漏区,需要穿全封闭式蒸气防护服处理泄漏物。

(4)不要接触或穿越泄漏物。在确保安全的前提下,阻止泄漏。

(5)用喷雾水减少蒸气或改变蒸气云的流向,防止用水直接接触泄漏物。

(6)如有可能,打开泄漏容器的阀门放出气体,从而避免液体直接排出。

(7)防止泄漏物进入排水沟、下水道、地下室或气体封闭空间。

(8)隔离泄漏区域,直至泄漏气体散尽。

(9)可以考虑点燃泄漏气体,以消除有毒气体的毒性。

3)急救

(1)将患者移至新鲜空气处。

(2)如果患者吸入或食入该类物质,请不要施行口对口人工呼吸;如果需要人工呼吸,要戴单向阀袖珍式面罩或其他适合的医用呼吸器进行。

(3)如果出现呼吸困难要进行吸氧。

(4)若皮肤或眼睛不慎接触泄漏物,须立即用自来水冲洗至少20min。

(5)若不慎接触液化气,应用温水融化冰冻部位。

(6)若皮肤不慎烧伤,立即用冷水尽可能长时间冷却被感染的皮肤,不要立即脱掉附着在皮肤上的衣物。

(7)注意患者保暖和安静。

(8)直接接触或吸入泄漏物质有可能出现迟发性反应。

(9)确保医护人员知道事故中涉及的有关物质,并能采取自我防护措施。

(二)易燃有毒气体

举例:氰、乙硼烷等。

参见“本节二、(一)易燃有毒气体——极度危害”的内容。

(三)易燃液体——有毒

举例:液态有机磷农药、液态硫醇、液态含砷农药、丙烯醛等。

1.潜在危害

1)健康影响

有毒,吸入、吞服或通过皮肤吸收可致命;吸入或接触该类物质可刺激或灼伤皮肤和眼睛;燃烧时可产生刺激性、腐蚀性和/或有毒气体;吸入蒸气可以引起突发性头晕或窒息;灭火用水和稀释用水的排放,可导致污染。

2）火灾或爆炸

高度易燃，加热、火花或明火易点燃该类物质。

蒸气遇空气形成爆炸性混合物；蒸气扩散遇火源可引起复燃；绝大多数该类物质的蒸气密度比空气密度大，该类蒸气一般沿地面扩散，聚集在地势较低洼或封闭的地区（储罐）。

印有"P"字样的物质，在加热或燃烧时可形成爆炸性聚合物；遗撒到下水道的泄漏物，有燃烧或爆炸的危险；加热盛有该类物质的容器有爆炸的危险；该类物质中许多液态密度比水的密度小。

2. 公众安全

（1）泄漏区四周至少立即隔离50m。储罐或罐车着火，应从四周隔离800m，也可考虑立即向四周撤离800m。

（2）撤离无关人员，可停留在上风向。

（3）不得进入地势低洼的地区。进入封闭空间之前应先进行通风。

3. 应急措施

1）火灾

所有这些物质的燃点都很低，灭火时用水可能不起作用。

小火：可用干式灭火剂、二氧化碳、水或抗溶性泡沫灭火剂灭火。

大火：用水幕、水雾或抗溶性泡沫灭火剂灭火；在确保安全的前提下，把盛有该类物质的容器运离火灾现场；筑堤收容消防用水以备处理，不得随意排放；不要直接用流水喷射扑救。

储罐、货车或拖车着火：灭火时要与火源尽可能保持远距离或者用遥控水枪或水炮；使用大量水淋洒冷却容器，直到火完全熄灭；如果盛有该类物质的安全阀发出声响或容器变色，应迅速撤离；切记远离被大火吞没的容器；对于燃烧剧烈的大火，使用遥控水枪或水炮；如果没有该类设备，应撤离燃烧现场，让其自行燃烧。

2）泄漏

（1）消除所有点火源（在泄漏区附近，严禁吸烟、闪光、火花或任何其他形式明火）。

（2）所有用于处理产品的设备必须接地。

（3）在未着火的泄漏区，需要穿全封闭式蒸气防护服处理泄漏物。

（4）不要接触或穿越泄漏物。在确保安全的前提下，阻止泄漏。

（5）防止泄漏物进入排水沟、下水道、地下室或其他封闭区域。

（6）用泡沫抑制蒸气的产生。

（7）小泄漏。

①泄漏物可以用干土、砂子或其他不燃物质吸收或覆盖，然后转移至容器中待处理。

②用清洁、防爆的器具收集被吸收的泄漏物。

（8）大泄漏。

①在泄漏液体周围筑堤，待进一步处理。

②水可以降低蒸气的产生，但不能防止该类物质在封闭的空间燃烧。

3)急救

(1)将患者移至新鲜空气处。

(2)如果患者吸入或食入该类物质,请不要施行口对口人工呼吸;如果需要人工呼吸,要戴单向阀袖珍式面罩或其他适合的医用呼吸器进行。

(3)如果出现呼吸困难要进行吸氧。

(4)若皮肤或眼睛不慎接触泄漏物,须立即用自来水冲洗至少20min。

(5)用肥皂水清洗被污染的皮肤。

(6)若皮肤不慎烧伤,立即用冷水尽可能长时间冷却被感染的皮肤,不要立即脱掉附着在皮肤上的衣物。

(7)注意患者保暖和安静。

(8)吸入、吞服或皮肤接触该类物质,可发生迟发性反应。

(9)确保医护人员知道事故中涉及的有关物质,并能采取自我防护措施。

4.常见剧毒品——丙烯醛

1)健康危害及防护救治

(1)健康危害。吸入蒸气损害呼吸道,出现咽喉炎、胸部压迫感、支气管炎;大量吸入可致肺炎、肺水肿,还可出现休克、肾炎及心力衰竭,可致死。液体及蒸气损害眼睛;皮肤接触可致灼伤。口服引起口腔及胃刺激或灼伤。

(2)防护。操作时应穿防静电工作服,戴橡胶耐油手套。可能接触其蒸气时,必须佩戴自吸过滤式防毒面具(全面罩)。

(3)救治。

①皮肤接触:立即脱去污染的衣着,用大量流动清水冲洗至少15min;就医。

②眼睛接触:立即提起眼睑,用流动清水或生理盐水彻底冲洗至少15min;就医。

③吸入:迅速脱离现场至空气新鲜处,保持呼吸道通畅。如呼吸困难,给输氧;如呼吸停止,立即进行人工呼吸;就医。

④食入:用水漱口,给饮牛奶或蛋清;就医。

2)事故处置

(1)泄漏。应迅速撤离泄漏污染区人员至安全区,并立即进行隔离,小泄漏时隔离150m,大泄漏时隔离300m,严格限制出入;切断火源;建议应急处理人员戴自给正压式呼吸器,穿防静电工作服;不要直接接触泄漏物;尽可能切断泄漏源;防止流入下水道、排洪沟等限制性空间。小量泄漏:用活性炭或其他惰性材料吸收;或用大量水冲洗,洗水稀释后放入废水系统。大量泄漏:构筑围堤或挖坑收容;用泡沫覆盖,降低蒸气灾害;喷雾状水冷却和稀释蒸气、保护现场人员、把泄漏物稀释成不燃物;用防爆泵转移至槽车或专用收集器内,回收或运至废物处理场所处置。

(2)火灾。消防人员须戴好防毒面具,在安全距离以外,在上风向灭火。可用抗溶性泡沫、二氧化碳、干粉、砂土灭火,用水灭火无效。

(四)有毒物质——不可燃

举例:六氯环戊二烯、甲基碘等。

1. 潜在危害

1)健康影响

高度毒性,吸入、吞服或通过皮肤吸收可致命;避免皮肤直接接触;接触或吸入可发生迟发性反应;燃烧可产生刺激性、腐蚀性和/或有毒气体;灭火和稀释用水可能造成污染。

2)火灾或爆炸

不可燃物。但是对其加热可分解生成腐蚀性和/或有毒的烟气。

加热盛有该类物质的容器可发生爆炸;泄漏可污染排水沟。

2. 公众安全

(1)该类液体泄漏后立即向泄漏区四周至少隔离50m;该类固体泄漏后立即向泄漏区四周至少隔离25m;储罐或罐车着火,应从四周隔离800m,也可考虑立即向四周撤离800m。

(2)撤离无关人员,可停留在上风向。

(3)不要进入地势低洼的地区。

3. 应急措施

1)火灾

小火:可用干式灭火剂、二氧化碳或水灭火。

大火:用水幕、水雾或通用泡沫灭火剂灭火;在确保安全的前提下,把盛有该类物质的容器运离火灾现场;筑堤围住灭火用水,以后再做处理,防止该类物质的四处散逸;使用水幕或水雾灭火,不要用流水直接喷射扑救。

储罐、货车或拖车着火:灭火时要与火源尽可能保持远距离或者用遥控水枪或水炮;不要让水流进容器内部;使用大量水淋洒冷却容器,直到火完全熄灭;如果盛有该类物质的安全阀发出声响或容器变色,应迅速撤离;切记远离被大火吞没的容器;对于燃烧剧烈的大火,使用遥控水枪或水炮;如果没有该类设备,应撤离燃烧现场,让其自行燃烧。

2)泄漏

(1)除非穿着合适的防护服,否则不要直接接触含泄漏物的破损容器或泄漏物质。

(2)在确保安全的前提下,阻止泄漏。

(3)防止泄漏物进入排水沟、下水道、地下室或气体封闭空间。

(4)用塑料薄膜覆盖泄漏物,防止其扩散。

(5)泄漏物可以用干土、砂子或其他不燃物质吸收或覆盖,然后转移至容器中待处理。

(6)禁止让水流入容器内部。

3)急救

(1)将患者移至新鲜空气处。

(2)如果患者吸入或食入该类物质,请不要施行口对口人工呼吸;如果需要人工呼吸,要戴单向阀袖珍式面罩或其他适合的医用呼吸器进行。

(3)如果出现呼吸困难要进行吸氧。

(4)脱去并隔离受污染的衣服和鞋。

(5)若皮肤或眼睛不慎接触泄漏物,须立即用自来水冲洗至少20min。

(6)若皮肤少量接触,要防止污染物的扩散。

(7)注意患者保暖和安静。

(8)吸入、吞服或皮肤接触该类物质,可发生迟发性反应。

(9)确保医护人员知道事故中涉及的有关物质,并能采取自我防护措施。

4.常见剧毒品——氟乙酸钠

1)健康危害及防护救治

(1)健康危害。多为误服或口服自杀,也可经呼吸道或皮肤侵入。口服经一定时间潜伏期(一般为30~120min,也有更长者),出现流涎、恶心、呕吐、上腹痛、视物不清、恐惧感、低血压、心律紊乱、肌痉挛、抽搐、昏迷。可致死,对人致死量为2~10mg/kg。

(2)防护。操作时应该穿胶布防毒衣,戴橡胶手套。可能接触其粉尘时,必须佩戴防尘面具(全面罩)。紧急事态抢救或撤离时,应该佩戴空气呼吸器。

(3)救治。皮肤接触:立即脱去污染的衣着,用大量流动清水冲洗;就医。眼睛接触:提起眼睑,用流动清水或生理盐水冲洗;就医。吸入:迅速脱离现场至空气新鲜处;保持呼吸道通畅;如呼吸困难,给输氧;如呼吸停止,立即进行人工呼吸;就医。

(4)食入。饮足量温水,催吐。洗胃,给服牛奶和蛋清保护胃黏膜;就医。特殊解毒剂:甘油—醋酸酯、乙酰胺(解氟灵)。

2)事故处置

隔离泄漏污染区,限制出入。切断火源。建议应急处理人员戴防尘口罩,穿防毒服。不要直接接触泄漏物。小量泄漏:小心扫起,收集于密闭容器中。大量泄漏:收集回收或运至废物处理场所处置。

消防人员须戴好防毒面具,在安全距离以外,在上风向灭火。可用雾状水、泡沫、干粉、二氧化碳、砂土灭火。

(五)有毒/腐蚀性物质——易燃/对水敏感

举例:氯甲酸甲酯、氯乙酸、二乙基硫代磷酰氯等。

1.潜在危害

1)健康影响

有毒:食入、吞服或接触(皮肤、眼睛)该类物质及其蒸气或粉尘都可导致严重烧伤、损伤甚至死亡。

遇水或湿气可放出有毒、腐蚀性/易燃气体;遇水可产生大量热,可增大空气中烟雾的浓度;燃烧可产生刺激性、腐蚀性/有毒的气体;灭火或稀释用水能产生腐蚀性/有毒物质,排放后会引起污染。

氯乙酸有强烈的刺激和催泪效果。

2)火灾或爆炸

加热、闪光或明火易燃烧;该物质的蒸气遇空气形成爆炸性混合物;蒸气扩散遇火源可引起复燃。

绝大多数该类物质的蒸气密度比空气密度大,该类蒸气一般沿地面扩散,聚集在地势较低洼或封闭的地区(储罐)。

该类物质遇水会发生反应(某些为剧烈反应),释放出易燃、有毒/腐蚀性气体,并泄漏。

该类物质接触金属后可放出易燃的氢气。

加热或被水污染后,盛有该类物质的容器有爆炸的危险。

2. 公众安全

(1)液体泄漏后立即向泄漏区四周至少隔离50m;该类固体泄漏后立即向泄漏区四周至少隔离25m;储罐或罐车着火,应从四周隔离800m,也可考虑立即向四周撤离800m。

(2)无关人员,可停留在上风向。

(3)进入地势低洼的地区。

3. 应急措施

1)火灾

大多数泡沫可与该类物质反应,释放腐蚀/有毒气体。

小火:可用二氧化碳、干式灭火剂、干砂子或抗溶性泡沫灭火器灭火。

大火:用水幕、水雾或抗溶性泡沫灭火剂灭火。使用水幕或水雾灭火,不要用流水直接喷射扑救。

在确保安全的前提下,把盛有该类物质的容器运离火灾现场。

储罐、货车或拖车着火:灭火时要与火源尽可能保持远距离或者用遥控水枪或水炮,不要让水流进容器内部;使用大量水淋洒冷却容器,直到火完全熄灭;如果盛有该类物质的安全阀发出声响或容器变色,应迅速撤离。切记远离被大火吞没的容器。

2)泄漏

除非穿着合适的防护服,否则不要直接接触含泄漏物的破损容器或泄漏物质。

在确保安全的前提下,阻止泄漏。防止泄漏物进入排水沟、下水道、地下室或封闭区。

清除危险区内所有可燃物质(泄漏区附近,严禁吸烟、闪光、火花或任何其他形式的明火)。所有用来处理该类物质的装置必须接地。

不要让水接触泄漏物或进入盛有该类物质的容器内部。

可用泡沫来抑制蒸气的生成。用水减少蒸气的生成或改变蒸气云的流向,避免让水直接接触泄漏物。

针对小泄漏,可用干泥土、干砂子或其他不燃物质覆盖泄漏物,然后覆盖塑料薄膜尽量减少扩散或雨淋。然后用清洁、防爆的器具收集泄漏物,将其放入未密封的塑料容器中,待后续处理。

3)急救

(1)将患者移至新鲜空气处。

(2)如果患者吸入或食入该类物质,请不要施行口对口人工呼吸;如果需要人工呼吸,要戴单向阀袖珍式面罩或其他适合的医用呼吸器进行。

(3)如果出现呼吸困难要进行吸氧。

(4)脱去并隔离受污染的衣服和鞋。

(5)若皮肤或眼睛不慎接触泄漏物,须立即用自来水冲洗至少20min。

(6)若皮肤少量接触,要防止污染物扩散到其他部位。

(7)注意患者保暖和安静。

(8)吸入、吞服或皮肤接触该类物质,可发生迟发性反应。

(9)确保医护人员知道事故中涉及的有关物质,并能采取自我防护措施。

4.常用剧毒品——2-巯基乙醇

1)健康危害及防护救治

(1)健康危害:中毒表现有紫绀、呕吐、振颤、头痛、惊厥、昏迷,甚至死亡。对眼、皮肤有强烈刺激性。可引起角膜混浊。

(2)防护:操作时穿防毒物渗透工作服,戴化学安全防护眼镜及乳胶手套。空气中浓度较高时,应该佩戴过滤式防毒面具(半面罩)。紧急事态抢救或逃生时,建议佩戴空气呼吸器。

(3)皮肤接触救治:立即脱去污染的衣着,用大量流动清水冲洗;就医。

(4)眼睛接触救治:立即提起眼睑,用大量流动清水或生理盐水彻底冲洗至少15min;就医。

(5)吸入救治:迅速脱离现场至空气新鲜处;保持呼吸道通畅;如呼吸困难,给输氧;如呼吸停止,立即进行人工呼吸;就医。

(6)食入救治:饮足量温水,催吐;就医。

2)事故处置

(1)泄漏。迅速撤离泄漏污染区人员至安全区,并进行隔离,严格限制出入。切断火源。建议应急处理人员戴自给式呼吸器,穿防毒服。不要直接接触泄漏物。尽可能切断泄漏源。防止流入下水道、排洪沟等限制性空间。小量泄漏:用活性炭或其他惰性材料吸收。大量泄漏:构筑围堤或挖坑收容。用泵转移至槽车或专用收集器内,回收或运至废物处理场所处置。

(2)火灾。消防人员须佩戴防毒面具、穿全身消防服,在上风向灭火。尽可能将容器从火场移至空旷处。喷水保持火场容器冷却,直至灭火结束。处在火场中的容器若已变色或从安全泄压装置中产生声音,必须马上撤离。用水喷射逸出液体,使其稀释成不燃性混合物,并用雾状水保护消防人员。可用水、雾状水、抗溶性泡沫、干粉、二氧化碳、砂土灭火。

(六)有毒/腐蚀性物质——不燃/对水敏感

举例:氯甲酸氯甲酯、三氯化砷、氰化钾、氰化钙等。

1. 潜在危害

1)健康影响

有毒:食入、吸入或接触(皮肤、眼睛)该类物质及其蒸气或粉尘都可导致严重烧伤、损伤甚至死亡。

遇水或湿气可放出有毒、腐蚀性/易燃气体;遇水可产生大量热,可增大空气中烟雾的浓度;灭火或稀释用水能产生腐蚀性/有毒物质,排放后会引起污染。

燃烧可产生刺激性、腐蚀性/有毒的气体。

2)火灾或爆炸

该类物质自身不能燃烧,但是加热后可分解产生腐蚀性/有毒气雾。

该类物质可积聚于封闭区(罐车等)。

该物质可遇水发生反应(有些反应非常剧烈),释放出有毒/腐蚀性气体;该类物质遇水可放出大量热,可增加空气中气雾的浓度;加热或被水污染后,盛有该类物质的容器有爆炸的危险。

该类物质接触金属后可放出易燃的氢气。

2. 公众安全

(1)液体泄漏后立即向泄漏区四周至少隔离50m;该类固体泄漏后立即向泄漏区四周至少隔离25m;储罐或罐车着火,应从四周隔离800m,也可考虑立即向四周撤离800m。

(2)无关人员,可停留在上风向。

(3)进入地势低洼的地区。

3. 应急措施

1)火灾

大多数泡沫可与该类物质反应,释放腐蚀/有毒气体。

小火:可用二氧化碳(对氰类化合物灭火时除外)、干式灭火剂、干砂子或抗溶性泡沫灭火剂灭火。

大火:用水幕、水雾或抗溶性泡沫灭火剂灭火;在确保安全的前提下,把盛有该类物质的容器运离火灾现场。使用水幕或水雾灭火,不要用流水直接喷射灭火;要筑堤收容消防用水,待后续处理,防止泄漏物四处扩散。

储罐、货车或拖车着火:灭火时要与火源尽可能保持远距离或者用遥控水枪或水炮,不要让水流进容器内部。使用大量水淋洒冷却容器,直到火完全熄灭。如果盛有该类物质的安全阀发出声响或容器变色,应迅速撤离。切记远离被大火吞没的容器。

2)泄漏

除非穿着合适的防护服,否则不要直接接触含泄漏物的破损容器或泄漏物质;在确保安全的前提下,阻止泄漏。

防止泄漏物进入排水沟、下水道、地下室或封闭区；清除所有引火源（泄漏区附近，严禁吸烟、闪光、火花或任何其他形式的明火）；所有用来处理该类物质的装置必须接地；不要让水接触泄漏物或进入盛有该类物质的容器内部。

可用泡沫来抑制蒸气的生成；用水减少蒸气的生成或改变蒸气云的流向，避免让水直接接触泄漏物。

针对小泄漏，可以用干泥土、干砂子或其他不燃物质覆盖泄漏物，然后覆盖塑料薄膜，尽量减少扩散或淋雨。然后，用清洁、防爆的器具收集泄漏物，将其放入未密封的塑料容器中，待后续处理。

3）急救

（1）将患者移至新鲜空气处。

（2）如果患者吸入或食入该类物质，请不要施行口对口人工呼吸；如果需要人工呼吸，要戴单向阀袖珍式面罩或其他适合的医用呼吸器进行。

（3）如果出现呼吸困难要进行吸氧。

（4）脱去并隔离受污染的衣服和鞋。

（5）若皮肤或眼睛不慎接触泄漏物，须立即用自来水冲洗至少20min。

（6）若皮肤少量接触，要防止污染物扩散到其他部位。

（7）注意患者保暖和安静。

（8）吸入、吞服或皮肤接触该类物质，可发生迟发性反应。

（9）确保医护人员知道事故中涉及的有关物质，并能采取自我防护措施。

（七）氟——液体制冷剂

1. 潜在危害

1）健康影响

有毒，吸入可致命。蒸气具有强烈刺激性，接触气体或液化气可引起灼伤、严重受伤/冻伤。

液化气产生的蒸气密度比空气密度大，沿地面扩散。

2）火灾或爆炸

该物质不可燃，但是可助燃。该物质是强氧化性物质，可与许多物质（包括燃料）发生剧烈地或爆炸性反应。

该类物蒸气在室内、室外或下水道，可引起中毒和有爆炸性危险。

该类物质的容器加热时可发生爆炸；破裂的气瓶可能会向前冲。

2. 公众安全

（1）立即向泄漏区四周至少隔离100m。储罐或罐车着火，应从四周隔离1600m，也可考虑立即向四周撤离1600m。

（2）撤离无关人员，可停留在上风向。

（3）不要进入地势低洼的地区。

(4)穿着厂商特别推荐的化学防护服,这些防护服不能或仅能部分隔热。一般消防防护服只能在火灾场所提供有限的防护作用,在泄漏场所达不到防护效果。

(5)在处理液体制冷剂时,要始终穿隔热防护服。

3. 应急措施

1)火灾

小火:使用干式化学灭火剂、苏打粉、石灰和砂子灭火。

大火:使用水、气雾(大量)灭火。在确保安全的前提下,把盛有该类物质的容器运离火灾现场。不要让水流进容器内部。

储罐、货车或拖车着火:灭火时要与火源尽可能保持远距离或者用遥控水枪或水炮;不要用水直接喷向泄漏源和安全装置,以防结冰;使用大量水淋洒冷却容器,直到火完全熄灭。如果盛有该类物质的安全阀发出声响或容器变色,应迅速撤离。切记远离被大火吞没的容器。对于大火,要用遥控水枪或水炮灭火;如果没有这些设备,应立即撤离着火现场,任其自行熄灭。

2)泄漏

除非穿着合适的防护服,否则不要直接接触有危险的该类物质。在确保安全的前提下,阻止泄漏。不要接触或穿越泄漏物。

防止泄漏物进入排水沟、下水道、地下室或封闭区;撤离泄漏区内所有可燃物质(包括木头、纸张、油料等)。切勿让水直接接触泄漏物或泄漏源。

完好的喷水管可遥控火势的蔓延,控制好大火的周围,保持较高的温度,让其把泄漏物完全烧尽。用水减少蒸气的生成或改变蒸气云的流向,避免让水直接接触泄漏物。

如果可能,反转泄漏容器,逸出气体而避免液体排出;直到泄漏气体散尽,才可撤除隔离。对泄漏区进行通风。

3)急救

(1)将患者移至新鲜空气处。

(2)如果出现呼吸困难要进行吸氧。

(3)剥离冻结在皮肤上的衣服前要先化冻。

(4)脱去并隔离受污染的衣服和鞋。

(5)若皮肤或眼睛不慎接触泄漏物,须立即用自来水冲洗至少20min。

(6)注意患者保暖和安静。

(7)吸入、吞服或皮肤接触该类物质,可发生迟发性反应。

(8)确保医护人员知道事故中涉及的有关物质,并能采取自我防护措施。

三、常见剧毒化学品中毒与急救

(1)中毒(Poisoning)是生物体受到毒物作用而引起功能性或器质性改变后出现的疾病状态。因中毒致死者称为中毒死。中毒按其发生、发展过程分为急性中毒、亚急性中毒、慢性中毒。

急性中毒:一般指在24h内,生物体一次或多次摄入或接触毒物导致的中毒。

慢性中毒:一般指少量多次接触或摄入毒物在3个月以上导致的中毒。

亚急性中毒:介于以上两者之间的中毒。

(2)毒物对人体的危害主要为引起中毒,可分为如下临床类型:刺激、过敏、缺氧(窒息)、昏迷和麻醉、全身中毒、致癌、致畸、突变等。

(3)急性中毒现场抢救的总体原则:

①争分夺秒,越早越好;

②切断中毒源;

③尽快脱离中毒现场;

④在抢救同时,主要保护自己;

⑤保护现场,搜集证据;

⑥根据不同中毒类型,设置警戒区,迅速疏散人群;

⑦向上级有关部门报告,求救110、120(急救中心)。

(4)常用特效解毒药有:

①解磷定、氯磷定、阿托品、山莨菪碱(654-2)用于有机磷中毒;

②硫代硫酸钠、亚硝酸钠液、4-DAMP静脉、亚硝酸异戊酯用于氰化物中毒;

③二巯基丙磺酸钠用于毒鼠强中毒;

④二巯基丙醇和二巯基丙磺酸钠用于砷化物、汞中毒;

⑤0.1%~0.2%硫酸铜液及液体石蜡口服用于磷化锌、磷化铅中毒;

⑥1%亚甲蓝(美蓝)用于亚硝酸盐中毒。

某一种剧毒化学品的特性可查阅其安全技术说明书和安全标签。常见剧毒化学品可查阅《常见的53种剧毒化学品特征及应急处置方法》(见本篇附件2)等。

四、剧毒化学品道路运输事故应急物资准备

参见第一篇第五章中的相关内容。

五、防护品简介

剧毒化学品道路运输从业人员,在实际工作中要加强自我防护意识,做好安全防护。其主要防护措施有:

(1)作业时应当严格执行作业规范,规范使用防护设备,佩戴防护用品。

(2)紧急状态下,应及时组织撤离或救援,并首先穿戴防护用品。

(3)押运过程中要防止直接接触。

(4)工作现场禁止进食和饮水。

以下介绍一些常用的防护品及其使用方法。

1.防毒面具

1)过滤式防毒面具

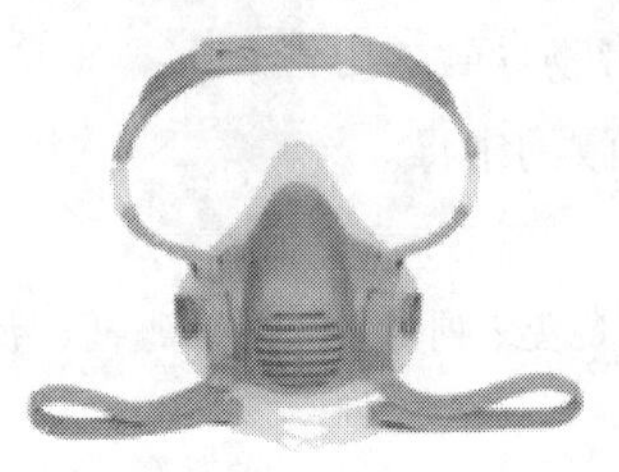

图 2-5-1 过滤式防毒面具

过滤式防毒面具(图 2-5-1)由面罩和滤毒罐(或过滤元件)组成。面罩包括罩体、眼窗、通话器、呼吸活门和头带(或头盔)等部件。滤毒罐用以净化有毒气体,内装滤毒层和吸附剂,也可将这两种材料混合制成过滤板,装配成过滤元件。较轻的(200g左右)滤毒罐或过滤元件可直接连在面罩上,较重的滤毒罐通过导气管与面罩连接。有效防护时间为70min。

(1)佩戴方法:

①将头带(或头盔)舒适地套在头的后上方。

②将下面的系带向后拉,一边拉一边将面罩盖住口鼻。

③将下面的系带拉到脖子后面,然后勾住。

④拉住系带的两端,调整松紧度。

⑤调整面具在脸部的位置,以达到最佳的佩戴效果。

⑥每次佩戴面具后,请按照如下方法进行面具的负压测试:将手掌盖住过滤盒或滤棉承接座的圆形开口,轻轻吸气。如果面具有轻微塌陷,同时面部和面具之间无漏气,即说明面具佩戴正确。如果有漏气现象,应调整面具在面部的佩戴位置或调整系带的松紧度,防止不密合。如果不能达到佩戴的密合性,请不要进入污染区域。

(2)适用范围:过滤式防毒面具(全面罩)适用于运送丙腈、丙炔醇、丙酮氰醇、丙烯腈、丙烯醛、乙烯基磷酸酯、氟乙酸钠、黄磷、二硫代磷酸酯、硫逐磷酸酯、甲基肼、磷化氢、磷化锌、氯甲酸甲酯、三氯化磷、砷化氢、四氧化锇、碳酰氯、无水肼、五氧化二钒、溴化汞、吡啶、氧化汞、硫代磷酸酯、乙酸亚铊、乙酰亚砷酸铜等剧毒化学品。

(3)注意事项:

①有毒环境有烟雾、灰尘时使用应注意,发现效能不佳时立即撤离。

②有毒环境的氧气占总体积的18%以下、毒气浓度占总体积的2%以上的地方,禁止使用过滤式防毒面具。

③每次使用后的防毒面具,必须用次氯酸钠溶液浸泡10h,并用清水洗干净,滤毒罐必须上盖下塞,保持密闭,储存于干燥通风处,防止受热受潮,滤毒罐有效期为2年,过期应更换。

2)隔绝式防毒面具(图 2-5-2)

隔绝式防毒面具由面具本身提供氧气,分储气式、储氧式和化学生氧式三种。隔绝式防毒面具主要在高浓度染毒空气(体积浓度大于1%时)中,或在缺氧的高空、水下或密闭舱室等特殊场合下使用。

佩戴方法与过滤式防毒面具相同。

(1)注意事项:

①佩戴防毒面具,首先要快速将头拔开,若不注意科学的全面罩佩戴方式,很容易造成全面罩的伤害。此外,空气呼吸器在

图 2-5-2 隔绝式防毒面具

人体背后,应调整整个肩带,让肩带、腰带可以保持整个身体的稳固。

②佩戴防毒面具还需要注意全面罩要放在自己的胸前,便于危机出现时,可随时佩戴。

③佩戴防毒面具的时候,应进行深呼吸,在进行屏气和呼气时,将全面罩系带收紧,使全面罩和人的额头、面部贴合良好并气密。在佩戴全面罩时,系带不要收得过紧,面部应感觉舒适,无明显的压痛。全面罩和人的额头、面部贴合良好并气密后,深吸一口气,供给阀的进气阀门应自动开启。

(2)适用范围:过滤式防毒面具(半面罩)适用于运送巯基乙醇、丙炔醇、碘甲烷、二异氰酸酯、氯甲酸乙酯、吡咯酮(未标明)、番木鳖碱等剧毒化学品。

2. 防护服(图 2-5-3)

防护服按防护功能分为健康型防护服,如防辐射服、隔热服及抗菌服等;安全型防护服,如阻燃服、阻燃防护服、电弧防护服、防静电服、防酸服等;为保持穿着者卫生的工作服,如防油服、防尘服及拒水服等。

1)穿着说明

(1)必须对防护服进行检视和气压检测,确定没有缺陷;必须按用途选择防护服。

(2)按照说明,在防护服的目视镜里面涂上防雾剂。

(3)内衣裤应穿在防护服里面,建议穿长袖和长裤。

(4)去掉可能损坏防护服的个人物品,如笔、证章、首饰等。

(5)把裤腿卷入长袜中,以便能方便地穿上防护服的裤腿和长筒胶靴。

图2 5 3 防护服

(6)如果使用一个自给式空气呼吸装置,检查并装上该设备,完成所有连接,根据制造厂要求进行调节,除非该呼吸装置要求,暂勿戴上面罩。

(7)如果使用呼吸管空气供应系统,检查并完成所有的连接和调试,除非该呼吸装置要求,暂勿戴上面罩。

(8)将两只脚放入外套靴里,拉下套靴上面的防溅罩。(注:工作靴应比通常所穿的靴大1~2号,这样,有足够的空间将防护服保护套的靴子放入套靴。)

(9)打开空气供应装置,戴上面罩,确定供气系统工作正常。

(10)站起后,若有内腰带应扎上内腰带。

(11)将手臂和头套入防护服里,拉上拉链,然后合上拉链覆盖。

(12)请助手检查确定拉链及拉链覆盖是否完全拉紧,面罩视野是否清晰,所有空气管路是否紧密接合,防护服是否处于最佳工作状态。

2)适用范围

(1)紧袖工作服适用于运送二硝基苯酚等剧毒化学品。

(2)安全型防毒防护服适用于运送巯基乙醇、甲硫基丙醛肟、吡咯酮、丙腈(连衣式)、丙炔醇、丙酮氰醇、丙烯腈（连衣式）、乙烯基磷酸酯、碘化汞（连衣式）、碘甲烷（透气型）、迭氮（化）钠（连衣式）、氟乙酸钠、黄磷、二硫代磷酸酯（连衣式）、二异氰酸酯（防毒物渗透）、硫逐磷酸酯（连衣式）、甲基肼（连衣式）、磷化氢（带面罩式）、磷化锌、氯（带面罩式）、氯化汞（连衣式）、氯甲酸甲酯（防毒物渗透）、氯甲酸乙酯（防毒物渗透）、马钱子碱（防毒物渗透）、氰化钾（连衣式）、氰化金钾、氰化钠（连衣式）、氰化氢（连衣式）氰化银钾、三氧化二砷（连衣式）、砷化氢（带面罩式）、四氧化锇、铊（连衣式）、碳酰氯、无水肼（连衣式）、五氧化二钒、五氧化二砷（连衣式）、硝酸汞（连衣式）、溴化汞、亚砷酸钠（连衣式）、吡啶、氧化汞、硫代磷酸酯、乙酸汞（防毒物渗透）、乙酸亚铊、乙酰亚砷酸铜、重铬酸钠（聚乙烯）等剧毒化学品。

（3）防静电防护服适用于运送丙烯醛等剧毒化学品。

（4）化学防护服适用于运送番木鳖碱等剧毒化学品。

3. 呼吸器（图2-5-4）

呼吸器按设计原理分为空气呼吸器和氧气呼吸器。按用途可分为工作型呼吸器和逃生型呼吸器。工作型呼吸器又可分为正压式空气呼吸器和正压式氧气呼吸器。逃生型呼吸器又可分为过滤式自救呼吸器和化学氧自救呼吸器。

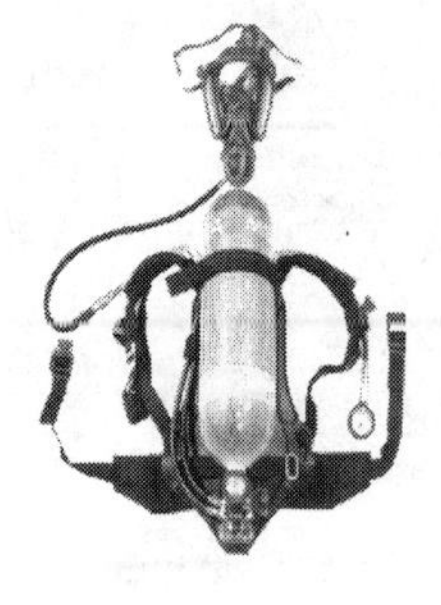

图2-5-4 呼吸器

1）佩戴及摘卸方法

（1）佩戴。

①将断开快速接头的空气呼吸器，瓶阀向下背在人体背部；不带快速接头的空气呼吸器，将全面罩和供气阀分离后，将其瓶阀向下背在人体背部；根据身高调节好调节带的长度，根据腰围调节好腰带的长度后，扣好腰带，此时人体肩部不应很明显地感到呼吸器的质量。将压力表调整到便于佩戴者观察的位置。

②将快速接头插好，供气阀和全面罩也要连接好；没有快速接头的空气呼吸器要将供气阀和全面罩连接好；把全面罩的脖带挂在人体脖子上。

③将瓶阀开关打开一圈以上，此时应该听到一声响亮的报警器报警声音，告知使用者瓶阀打开后气路已充满压缩空气；压力表的指针也应指示相应的气瓶储气压力。

④佩戴好全面罩深吸一口气，供气阀供气后观察压力表的指针，在大吸气量时是否回摆，如果回摆，说明瓶阀开关的开气量不够，应将瓶阀开关再打开一些，直至压力表指针不回落为止。佩戴全面罩时，要对称地贴近人的头部和面部拉紧全面罩系带，但不要将系带拉得太紧，以面部贴合良好又无压痛为佳。

（2）摘卸。

①松开全面罩系带，关闭供气阀阀门。

②从头上取下全面罩，将脖带挂在脖子上。

③关闭瓶阀开关。

④解开腰带卡子，为了便于从人体上取下呼吸器，扳动调节带卡子，调节带自动拉长。

⑤从人体上取下空气呼吸器，放在清洁无污染的地方。

2)适用范围

(1)逃生型呼吸器适用于运送巯基乙醇、吡咯酮、甲基肼等剧毒化学品。

(2)工作型呼吸器适用于运送乙烯基磷酸酯、氰化钠等剧毒化学品。

(3)空气呼吸器适用于运送甲硫基丙醛肟、丙腈、丙炔醇、丙酮氰醇、丙烯腈、碘化汞、迭氮(化)钠、氟乙酸钠、二硫代磷酸酯、二异氰酸酯、硫逐磷酸酯、甲基肼、磷化氢、磷化锌、氯、氯甲酸甲酯、氯甲酸乙酯、氰化银钾、三氧化二砷、砷化氢、四氧化锇、铊、碳酰氯、无水肼、五氧化二钒、五氧化二砷、溴化汞、亚砷酸钠、吡啶、氧化汞、硫代磷酸酯、乙酸汞、乙酸亚铊、乙酰亚砷酸铜、重铬酸钠等剧毒化学品。

(4)隔离式呼吸器适用于运送氯化汞、氯乙酸、氰化钾、氰化氢、三氯化磷、硝酸汞等剧毒化学品。

4. 护目镜(图2-5-5)

护目镜可以避免辐射光对眼睛造成伤害。这种眼镜分两大类:吸收式和反射式。

适用范围:安全护目镜适用于运送二硝基苯酚、巯基乙醇、吡咯酮、丙炔醇、碘甲烷、二异氰酸酯、磷化氢、氯化汞、氯甲酸甲酯、氯甲酸乙酯、马钱子碱、三氯化磷、硝酸汞、亚砷酸钠、乙酸汞等剧毒化学品。

图2-5-5 护目镜

5. 手套(图2-5-6)

防护手套的种类繁多,依据防护手套的特性,参考可能的接触机会,选用适当的手套,应考虑化学品的存在状态(气态、液体)浓度以确定该手套能抵御该浓度。

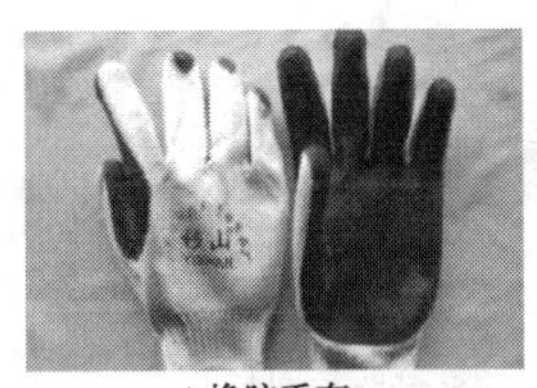

a)橡胶手套

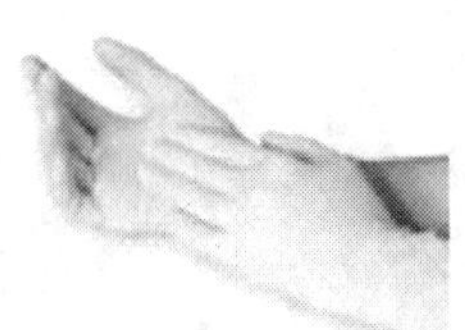

b)乳胶手套

c)橡胶耐油手套

图2-5-6 手套

适用范围:

(1)橡胶手套适用于运送二硝基苯酚、甲硫基丙醛肟、吡咯酮、乙烯基磷酸酯、碘化汞、迭氮(化)钠、氟乙酸钠、黄磷、二硫代磷酸酯、硫逐磷酸酯、磷化氢、磷化锌、氯、氯化汞、氯乙酸(耐酸碱)、马钱子碱、氰化钾、氰化金钾、氰化钠、氰化氢、氰化银钾、三氯化磷(耐酸碱)、三氧化二砷、砷化氢、四氧化锇、铊、五氧化二钒、五氧化二砷、硝酸汞、溴化汞、亚砷酸钠、吡啶、氧化汞、硫代磷酸酯、乙酸汞、乙酸亚铊、乙酰亚砷酸铜、重铬酸钠等剧毒化学品。橡胶手套在卸料、投料、检修、处理事故、操作时使用,用后每班用次氯酸钠溶液浸洗,洗清凉干备用。

(2)乳胶手套适用于运送巯基乙醇、碳酰氯等剧毒化学品。

(3)橡胶耐油手套适用于运送丙腈、丙炔醇、丙酮氰醇、丙烯腈、丙烯醛、二异氰酸酯、甲基肼、氯甲酸甲酯、氯甲酸乙酯、无水肼等剧毒化学品。

(4)防化学品手套适用于运送碘甲烷等剧毒化学品。

6. 口罩(图2-5-7)

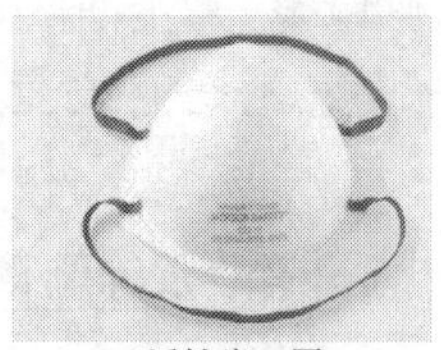

a) 活性炭口罩

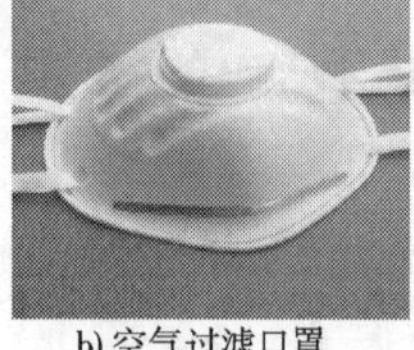

b) 空气过滤口罩

图2-5-7　口罩

在含有低浓度有害气体的环境,为防止或减少粉尘进入人体呼吸器官需戴口罩。口罩分为活性炭口罩和空气过滤口罩。

适用范围:空气过滤口罩适用于运送二硝基苯酚、氯化汞、马钱子碱、硝酸汞、亚砷酸钠、乙酸汞等剧毒化学品。

7. 防护用品的使用实例(图2-5-8～图2-5-11)

以下是一些企业在应急预案演练时的防护用品的使用情况。

a)

b)

图2-5-8　剧毒化学品泄漏现场,从业人员正在穿防护服、戴防毒面具

a)

b)

图2-5-9　穿好防护装备,准备施救

图 2-5-10　施救准备

a)

b)

c)

图 2-5-11　施救

六、案例分析

(一)氰化钠车辆泄漏事故

1. 事故概况

2000 年 10 月 24 日,肇事车辆运输的危险货物(品名:液体氰化钠❶)。核载吨位为 5t;实载 10.78t,超载 5.78t。

❶液体氰化钠(剧毒),具有窒息性,受热或接触酸产生剧毒气体,与硝酸盐等反应有爆炸危险。

10月24日，肇事货车途经正在整修的矿区公路金龙亭路段时，由于该段路面5m宽，又采取一半行车、靠山边一半新铺设混凝土路面，且未设置任何路障标志，通行路面狭窄，导致驾驶人员对路面状况估计不足，操作不当，压塌左路基后滑坠至路下17.8m深的山沟中，致槽罐脱离车厢，槽罐阀门断裂，酿成液体氰化钠泄漏事故，造成周边村民98人中毒、直接经济损失137万元的严重后果，所幸无人员伤亡。

2.事故分析

由于车辆超载行驶，加上整修路段未设置任何警戒标志，导致驾驶人员对路面状况估计不足，操作不当，酿成翻车事故。

3.事故发生后采取的措施

1）应急抢救经过

事故发生后驾驶人员及时向公安、环保等相关部门报告，并利用随车配备的应急设施构筑围堰，堵塞泄漏口，同时派人通知附近村民停止饮用水，为抢险施救和控制污染蔓延赢得了宝贵的时间。

2）事故发生后采取的措施

调运20t漂白粉到事故现场以及附近水源，做消毒处理，在山沟、稻田交界处筑起两道5m多高的坝体，形成总容量达1.25万m^3的蓄水池，控制污染源的扩大，环保人员24h在现场监测，并广泛宣传，做好消毒、防毒工作。

4.对事故责任的处理结果

该事故为由交通事故引发剧毒品泄漏环境污染事故。经当地交警部门确认，驾驶人员应负此次事故的全部责任，被上杭县法院以危险物品肇事罪判处有期徒刑2年。鉴于驾驶人员个人无承担此次事故经济赔偿的能力，经福建省龙岩市中级人民法院民事调解，肇事车辆投保的保险公司赔付80万元，托运方[1]附带经济赔偿80万元，合计160万元作为对此次事故的经济赔偿。

（二）液氯车辆泄漏事故

1.事故概况

2005年3月29日18时，肇事车辆运输的危险货物（品名：液氯[2]）。核载吨位为15t；实载40.44t，超载169.6%。

2005年3月29日，一辆装有40多t液氯的槽罐车由于轮胎爆裂、方向失控在京沪高速公路淮安段104km处与一辆货车相撞翻倒，槽罐车阀门连根撞断，液氯从阀孔喷涌而出，当即泄漏了10多t液氯。由于事发时当地风速很小，为0.4～0.8m/s，因此氯气不易扩散，地面浓度极高，到晚9时出现村民氯气中毒死亡情况，由于氯气浓度太高，周围500m内人已无法进入，部分重伤人员未能得到及时救治。近凌晨事故抢险人员用木塞将槽罐法兰孔堵住，

[1] 托运方违法托运。

[2] 基本性质：氯气有很旨的毒性，主要通过呼吸道侵入人体，损害上呼吸道黏膜，造成呼吸困难，发生剧烈的咳嗽，症状重时，会发生肺水肿，甚至死亡。氯气对人的眼睛和皮肤也有强烈的刺激作用。

但氯气仍有泄漏。30 日上午，槽罐车被移至临时筑成的注有氢氧化钠溶液的土水池内，由于池水较浅，槽罐车未能全部没入水中，特别是法兰孔离水面较近，氯气不能与碱充分反应，仍有少量逸入空气中。31 日下午，由于木塞脱落，大量氯气从法兰孔喷出，使得逸入空气中的氯气成倍增加，至晚 10 时，槽罐中的液氯才处理完毕。4 月 1 日上午，槽罐车运离事故现场，当日傍晚距事发地点 500m 以外的村民返回。4 月 2 日，对距事发地点 300m 以内的农田和农居喷洒食碱水。4 月 3 日全部村民返回。事故共造成 29 人死亡，456 名村民和抢救人员中毒住院治疗，门诊留治人员 1867 人，10500 多村民被迫疏散转移，大量家畜（家禽）、农作物死亡和损失，环境严重污染，已造成直接经济损失 1739.94 万元。京沪高速公路沭阳段（约 110km）交通中断 20 多 h。事故救援现场如图 2-5-12 所示。

a)

b)

图 2-5-12　事故救援现场

2. 事故分析

1）危险货物运输管理不到位

氯气属于剧毒危险品，对运输企业、驾驶人员、运输车辆等都有专门的规定和要求。此次事故存在的突出问题：一是超载，超载一倍多，这就无法保证车辆的安全运行，此次事故就是由于严重超载造成爆胎引起的。二是驾驶人员肇事后逃逸，没有及时报案，使事故的处理失去了宝贵的时间。

2）应急处理措施缺乏针对性

应对氯气的大量喷发，没有针对性的采用碱性物质喷洒，有效降低氯气的浓度，导致抢险工作延误，危及抢险人员生命安全。

由于经验不足，事故处理时间偏长。从事故发生到槽罐搬离现场，花了 3 天时间，在这段时间里，一直有氯气泄漏，事故抢险人员不能撤离，数万村民不能返回家园。

3. 事故性质认定

事故是由一起由于使用报废轮胎、严重超载（核载 15t，实载 40.44t，超载 169.6%）、事故后肇事人逃逸，由交通事故导致的液氯泄漏特大责任事故。

4. 处理情况

驾驶人员违反《中华人民共和国道路交通安全法》第 21 条、第 48 条第 1 款，《中华人民共和国道路运输条例》第 43 条、第 44 条规定，应负事故主要直接责任。触犯《中华人民共和国刑法》第 133、115 条，涉嫌交通肇事罪、以其他危险方法危害公共安全罪。

思　考　题

1. 发生剧毒化学品道路运输事故时，应该如何报告（报警）？
2. 事故报警的流程是什么？
3. 事故报警的内容有哪些？
4. 防毒面具、防护服的穿戴方法是什么？
5. 企业应如何编制应急预案？
6. 剧毒化学品道路运输事故应急预案编制依据的法律法规有哪些？
7. 极度危害的易燃有毒气体车辆着火时，疏散距离是多少？应采用哪种灭火方式？
8. 剧毒化学品的易燃液体发生泄漏时应如何处理？
9. 剧毒品化学品急性中毒现场救助的总体原则是什么？

附　件

附件 1　氰化钾(UN:1680)的《化学品安全技术说明书》

第一部分　化学品名称

化学品中文名称:氰化钾。
俗名或商品名:氰化钾、山奈钾。
化学品英文名称:POTASSIUM CYANIDE。
技术说明书编码:820。
CAS No.:151-50-8。
分子式:KCN。
分子量:65.11。

第二部分　成分/组成信息

化学品名称:氰化钾。
有害物成分:氰化钾。
含量:98%。
CAS No.:143-33-9。

第三部分　危险性概述

危险性类别:剧毒化学品(第 6.1 类剧毒品化学品)。
侵入途径:吸入、皮肤接触和吞咽后可产生剧毒。
健康危害:抑制呼吸酶,造成细胞内窒息。吸入、口服或经皮吸收均可引起急性中毒。口服 50～100mg 即可引起猝死。非骤死者临床分为 4 期:前驱期有黏膜刺激、呼吸加深加快、乏力、头痛;口服有舌尖、口腔发麻等;呼吸困难期有呼吸困难、血压升高、皮肤黏膜呈鲜红色等;惊厥期出现抽搐、昏迷、呼吸衰竭;麻痹期全身肌肉松弛,呼吸心跳停止而死亡。长期接触小量氰化物出现神经衰弱综合征、眼及上呼吸道刺激。可引起皮疹、皮肤溃疡。
环境危害:对水生生物有剧毒,可给水生环境带来长期的负面影响。
燃爆危险:无。

第四部分　急救措施

皮肤接触:立即脱去污染的衣着,用流动清水或5%硫代硫酸钠溶液彻底冲洗至少20min。就医。

眼睛接触:立即提起眼睑,用大量流动清水或生理盐水彻底冲洗至少15min。就医。

吸入:迅速脱离现场至空气新鲜处。保持呼吸道通畅。如呼吸困难,给输氧。呼吸心跳停止时,立即进行人工呼吸(勿用口对口)和胸外心脏按压术。给吸入亚硝酸异戊酯。就医。

食入:立即就医,不要促吐。用1∶5000高锰酸钾或5%硫代硫酸钠溶液洗胃。只有在病人完全清醒时,才可用水冲洗口腔。必要时先服用解毒剂。及早使用内窥镜检查食管和胃黏膜损伤情况。

第五部分　防护措施

危险特性:不燃。受高热或与酸接触会产生剧毒的氰化物气体。与硝酸盐、亚硝酸盐、氯酸盐反应剧烈,有发生爆炸的危险。遇酸或露置空气中能吸收水分和二氧化碳分解出剧毒的氰化氢气体。水溶液为碱性腐蚀液体。用于灭火的水不得进入排水系统、土壤或水流经过的地段。要确保用过的消防水有足够的存水设施。受到污染的灭火用水须按照当地有关部门的规定进行处理。灰烬应按规定进行处理。

有害燃烧产物:氰化氢、氧化氮。

灭火方法:本品不燃。发生火灾时应尽量抢救商品,防止包装破损,引起环境污染。消防人员须佩戴防毒面具、穿全身消防服,在上风向灭火。灭火剂:干粉、砂土。

灭火注意事项:出于安全考虑不能使用的灭火材料有水、泡沫、酸性灭火剂、酸性粉沫灭火剂,二氧化碳(CO_2)。(说明:本品不燃。周围出现火灾时,迅速将容器转移到安全场所。无法移动时,则对容器及周围进行洒水冷却。本品若被卷入火灾,须佩戴空气呼吸器以及其他的防护用品,并从上风口进行灭火。)

第六部分　泄漏应急处理

应急处理:隔离泄漏污染区,限制出入。建议应急处理人员戴防尘面具(全面罩),穿防毒服。不要直接接触泄漏物。小量泄漏:用洁净的铲子收集于干燥、洁净、有盖的容器中;也可以用次氯酸盐溶液冲洗,洗液稀释后放入废水系统。大量泄漏:用塑料布、帆布覆盖,然后收集回收或运至废物处理场所处置。

第七部分　操作处置与储存

操作注意事项：严加密闭，提供充分的局部排风和全面通风。操作尽可能机械化、自动化。操作人员必须经过专门培训，严格遵守操作规程。建议操作人员佩戴头罩型电动送风过滤式防尘呼吸器，穿连衣式胶布防毒衣，戴橡胶手套。避免产生粉尘。避免与氧化剂、酸类接触。搬运时要轻装轻卸，防止包装及容器损坏。配备泄漏应急处理设备。倒空的容器可能残留有害物。

储存注意事项：储存于阴凉、干燥、通风良好的库房。远离火种、热源。包装必须密封，切勿受潮。应与氧化剂、酸类、食用化学品分开存放，切忌混储。储区应备有合适的材料收容泄漏物。应严格执行极毒物品“五双”管理制度。

第八部分　接触控制/个体防护

职业接触限值：0.3mg/m^3。

监测方法：异菸酸钠－巴比妥酸钠分光光度法。

工程控制：严加密闭，提供充分的局部排风和全面通风。尽可能机械化、自动化。提供安全淋浴和洗眼设备。

呼吸系统防护：可能接触毒物时，必须佩戴头罩型电动送风过滤式防尘呼吸器。可能接触其粉尘时，应该佩戴隔离式呼吸器。

眼睛防护：呼吸系统防护中已作防护。

身体防护：穿连衣式胶布防毒衣。

手防护：戴橡胶手套。

其他防护：工作现场禁止吸烟、进食和饮水。工作完毕，彻底清洗。车间应配备急救设备及药品。单独存放被毒物污染的衣服，洗后备用。作业人员应学会自救互救。

第九部分　理 化 特 性

外观与性状：白色结晶或粉末，易潮解。

pH：11(0.1mol/L 水溶液)。

熔点：634.5℃。

沸点：1497℃。

闪点：不燃烧。

可燃性：不可燃。

相对密度：1.52(水密度为1)。

溶解性:易溶于水、乙醇、甘油,微溶于甲醇、氢氧化钠水溶液。

主要用途:用于提炼金、银等贵重金属和淬火、电镀,及制分析试剂、有机腈类、医药、杀虫剂等。

第十部分　稳定性和反应活性

禁配物:强氧化剂、酸。

避免接触条件:潮湿空气。

危险分解物:氰化氢(氢氰酸)。

第十一部分　毒理学资料

急性毒性:LD_{50}:5mg/kg(大鼠经口)。

刺激性:无资料。

致突变性:DNA 抑制:小鼠淋巴细胞 1mmol/L;细胞遗传分析:人淋巴细胞 70mg/L(24h);DNA 损伤:大鼠肝 300μmol/L。

第十二部分　生态学资料

生态毒理毒性:对鱼类毒性 LC_{50}:0.042mg/L(96h);对藻类的毒性 IC_{10}:0.03mg/L/8 天;对土壤中生存微生物的毒性 EC_{50}:11mg/L/96h;陆生植物毒性 EC_{50}:22.4mg/L。

生物降解性:无资料。

非生物降解性:无资料。

其他有害作用:该物质对环境可能有危害,对水体应给予特别注意。

第十三部分　废弃处置

废弃物性质:危险废物。

废弃处置方法:加入强碱性次氯酸盐,反应 24h 后,再用大量水冲入废水系统。

废弃注意事项:处置前应参阅国家和地方有关法规。

第十四部分　运输信息

危险货物编号:61001。

UN 编号:1680。

包装标志:剧毒品。

包装类别:Ⅰ类包装。

包装方法:装入塑料袋,袋口密封,再装入厚度不小于 0.75mm 的坚固钢桶中,桶盖严密卡紧,每桶净重 50kg;螺纹口玻璃瓶、铁盖压口玻璃瓶、塑料瓶或金属桶(罐)外普通木箱;但玻璃瓶外须加塑料袋。

运输注意事项:铁路运输时应严格按照原铁道部《危险货物运输规则》中的危险货物配装表进行配装。运输前应先检查包装容器是否完整、密封,运输过程中要确保容器不泄漏、不倒塌、不坠落、不损坏。严禁与酸类、氧化剂、食品及食品添加剂混运。运输时运输车辆应配备泄漏应急处理设备。运输途中应防暴晒、雨淋,防高温。公路运输时要按规定路线行驶,禁止在居民区和人口稠密区停留。

第十五部分　法规信息

法规信息:中华人民共和国安全生产法(2002 年 6 月 29 日第九届全国人大常委会第二十八次会议通过);中华人民共和国职业病防治法(2001 年 10 月 27 日第九届全国人大常委会第二十四次会议通过);中华人民共和国环境保护法(1989 年 12 月 26 日第七届全国人大常委会第十一次会议通过);常用危险化学品的分类及标志(GB 13690—1992);工作场所有害因素职业接触限值(GBZ 2. 1—2007);危险化学品名录;剧毒化学品目录;高度物品目录。

第十六部分　其他信息

填表时间:(略)

填表部门:(略)

数据审核单位:(略)

修改说明:(略)

附件2　常见的53种剧毒化学品特征及应急处置方法

第一种　2,4-二硝基苯酚

一、标识

【品名】 2,4-二硝基苯酚。

【别名】 二硝酚、1-羟基-2,4-二硝基苯。

【危险货物编号】 UN1320;CN41010 易燃固体。

【剧毒化学品目录编号】 138。

二、性状

【外观与形状】 淡黄色固体。

【毒性】 半数致死量:30mg/kg(大鼠经口);700mg/kg(豚鼠经皮)。

【燃烧性】 易燃。

【危险特性】 本品遇火种、高温、摩擦、振动或接触碱性物质、氧化剂均易引起爆炸。与重金属粉末能起化学反应生成金属盐,增加敏感度。粉尘在流动和搅拌时,会有静电积累。属爆炸品。

三、用途

用于有机合成、染料、炸药等。

四、运输方法

运输时包装要完整,装载应稳妥。运输过程中要确保容器不泄漏、不倒塌、不坠落、不损坏。车速要加以控制,避免颠簸、振荡。不得与酸、碱、盐类、氧化剂、易燃可燃物、自燃物品、金属粉末等危险物品及钢铁材料器具混装。运输途中应防暴晒、雨淋,防高温。公路运输时要按规定路线行驶,中途停留时应严格选择停放地点,远离高压电源、火源和高温场所,要与其他车辆隔离并留有专人看管,禁止在居民区和人口稠密区停留。

五、健康危害及防护救治

【健康危害】 本品直接作用于能量代谢过程,可使细胞氧化过程增强,磷酰化过程抑制。急性中毒:职业中毒主要经皮肤吸收和呼吸道吸入所致,尤以皮肤吸收中毒多见。表现为皮肤潮红、口渴、大汗、烦躁不安、全身无力、胸闷、心率和呼吸加快、体温升高(可达40℃以上)、抽搐、肌肉强直,以致昏迷。最后可因血压下降、肺及脑水肿而死亡。成人口服致死量为1~3g。口服轻者除有上述表现外,恶心、呕吐、腹痛等化道症状明显,重者可有肝功能异常和肾损害。实验室检查,可见代谢性酸中毒和尿氨基酚排泄量增高。

【防护】 操作时应穿紧袖工作服,长筒胶鞋,戴安全防护眼镜及橡胶手套。可能接触其粉尘时,必须佩戴自吸过滤式防尘口罩。

【救治】

皮肤接触:立即脱去污染的衣着,用肥皂水和大量流动清水彻底冲洗污染的皮肤;就医。

眼睛接触:提起眼睑,用流动清水或生理盐水冲洗;就医。

吸入:迅速脱离现场至空气新鲜处;保持呼吸道通畅;如呼吸困难,给输氧;就医。

食入:饮足量温水,催吐;用清水或2%碳酸氢钠溶液洗胃;导泻;就医。

六、事故处置

【泄漏】 隔离泄漏污染区,限制出入。切断火源。建议应急处理人员戴防尘面具(全面罩),穿防毒服。不要直接接触泄漏物。小量泄漏:避免扬尘,用洁净的铲子收集于干燥、洁净、有盖的容器中;也可以用大量水冲洗,洗水稀释后放入废水系统。大量泄漏:用水润湿,然后收集回收或运至废物处理场所处置。

【火灾】 遇大火,消防人员须在有防护掩蔽处操作。可用雾状水、泡沫、二氧化碳灭火。禁止用砂土压盖。

第二种 2-巯基乙醇

一、标识

【品名】 2-巯基乙醇。

【别名】 硫代乙二醇、2-羟基-1-乙硫醇。

【危险货物编号】 UN2966;CN61091 毒害品。

【剧毒化学品目录编号】 148。

二、性状

【外观与性状】 水白色易流动液体,具有少许硫醇气味。

【毒性】 半数致死量:244mg/kg(大鼠经口);190mg/kg(小鼠经口)。

【燃烧性】 可燃。

【危险特性】 本品遇高热、明火或与氧化剂接触,有引起燃烧的危险。受高热分解放出有毒的气体。

三、用途

用于合成树脂、燃料制造及用作杀霉菌剂、杀虫剂、增塑剂、水溶性还原剂等。

四、运输方法

运输前应先检查包装容器是否完整、密封,运输过程中要确保容器不泄漏、不倒塌、不坠落、不损坏。严禁与酸类、氧化剂、食品及食品添加剂混运。运输车辆应配备相应品种和数量的消防器材及泄漏应急处理设备。运输途中应防暴晒、雨淋,防高温。公路运输时要按规定路线行驶,勿在居民区和人口稠密区停留。

五、健康危害及防护救治

【健康危害】 中毒表现有紫绀、呕吐、振颤、头痛、惊厥、昏迷,甚至死亡。对眼、皮肤有强烈刺激性。可引起角膜混浊。

【防护】 操作时穿防毒物渗透工作服,戴化学安全防护眼镜及乳胶手套。空气中浓度较高时,应该佩戴过滤式防毒面具(半面罩)。紧急事态抢救或逃生时,建议佩戴空气呼吸器。

【救治】

皮肤接触:立即脱去污染的衣着,用大量流动清水冲洗;就医。

眼睛接触:立即提起眼睑,用大量流动清水或生理盐水彻底冲洗至少15min;就医。

吸入:迅速脱离现场至空气新鲜处;保持呼吸道通畅;如呼吸困难,给输氧;如呼吸停止,立即进行人工呼吸;就医。

食入:饮足量温水,催吐;就医。

六、事故处置

【泄漏】 迅速撤离泄漏污染区人员至安全区,并进行隔离,严格限制出入。切断火源。建议应急处理人员戴自给式呼吸器,穿防毒服。不要直接接触泄漏物。尽可能切断泄漏源。防止流入下水道、排洪沟等限制性空间。小量泄漏:用活性炭或其他惰性材料吸收。大量泄漏:构筑围堤或挖坑收容。用泵转移至槽车或专用收集器内,回收或运至废物处理场所处置。

【火灾】 消防人员须佩戴防毒面具、穿全身消防服,在上风向灭火。尽可能将容器从火场移至空旷处。喷水保持火场容器冷却,直至灭火结束。处在火场中的容器若已变色或从安全泄压装置中产生声音,必须马上撤离。用水喷射逸出液体,使其稀释成不燃性混合物,并用雾状水保护消防人员。可用雾状水、抗溶性泡沫、干粉、二氧化碳、砂土灭火。

第三种　O-(甲基氨基甲酰基)-2-甲基-2-甲硫基丙醛肟

一、标识

【品名】 O-(甲基氨基甲酰基)-2-甲基-2-甲硫基丙醛肟。

【别名】 铁灭克、涕灭威。

【危险货物编号】 UN2771;CN61133 毒害品。

【剧毒化学品目录编号】 270。

二、性状

【外观与性状】 有硫黄味的白色结晶。

【毒性】 半数致死量:46mg/kg(大鼠经口);5mg/kg(兔经皮)。

【燃烧性】 可燃。

【危险特性】 其粉体与空气可形成爆炸性混合物,当达到一定浓度时,遇火星会发生爆炸。受高热分解放出有毒的气体。

三、用途

用作农用杀虫剂。

四、运输方法

运输前应先检查包装容器是否完整、密封,运输过程中要确保容器不泄漏、不倒塌、不坠落、不损坏。严禁与酸类、氧化剂、食品及食品添加剂混运。运输车辆应配备相应品种和数量的消防器材及泄漏应急处理设备。运输途中应防暴晒、雨淋,防高温。公路运输时要按规定路线行驶,勿在居民区和人口稠密区停留。

五、健康危害及防护救治

【健康危害】 具有胆碱能神经过度兴奋的一系列表现。严重中毒时可出现肺水肿、脑水肿及呼吸衰竭。全血胆碱酯酶活性降低。

【防护】 操作时应穿胶布防毒衣,戴橡胶手套。可能接触其粉尘时,必须佩戴空气呼吸器。

【救治】 迅速脱离现场,彻底清除毒物。皮肤污染者应立即脱去污染衣物,用肥皂水反复清洗。口服中毒者应迅速催吐、反复彻底洗胃。洗胃液用清水或2% ~5%碳酸氢钠溶液。解毒剂用阿托品或氢溴酸东莨菪碱。不用肟类复能剂。

六、事故处置

【泄漏】 隔离泄漏污染区,限制出入。切断火源。建议应急处理人员戴防尘口罩,穿防毒服。不要直接接触泄漏物。小量泄漏:避免扬尘,小心扫起,收集于干燥、洁净、有盖的容器中。大量泄漏:收集回收或运至废物处理场所处置。

【火灾】 消防人员须戴好防毒面具,在安全距离以外,在上风向灭火。可用雾状水、泡沫、干粉、二氧化碳、砂土灭火。

第四种　2-吡　咯　酮

一、标识

【品名】 2-吡咯酮。

【别名】 2-吡咯烷酮、丁内酰胺。

【危险货物编号】 UN2810;CN61085 毒害品。

【剧毒化学品目录编号】 176。

二、性状

【外观与性状】 无色到淡黄色液体或结晶。

【毒性】 半数致死量:328mg/kg(大鼠经口)。

【燃烧性】 可燃。

【危险特性】 遇高热、明火或与氧化剂接触,有引起燃烧的危险。受热分解放出有毒的氧化氮烟气。

三、用途

制造增塑剂、聚合剂、杀虫剂等的溶剂。

四、运输方法

切勿与氧化剂、还原剂、酸类、碱类和食用化学品混运。运输时,防止雨淋暴晒,搬运时必须轻拿轻放,严禁摔、撞击容器。

五、健康危害及防护救治

【健康危害】 如果食入,对胃肠道有腐蚀性,可引起恶心、腹痛和呕吐。毒作用可由皮肤吸收引起。蒸气对上呼吸道有刺激性,在高温时吸入危害增加。吸入高浓度的蒸气引起肺刺激,伴有咳嗽、恶心;中枢神经系统症状出现头痛、头晕、反射迟钝、疲乏和共济失调等。

【防护】 操作时穿防毒衣,戴安全防护眼镜及橡胶手套,高浓度环境中,应佩戴防毒面具。紧急事态抢救或逃生时,佩戴自给式呼吸器。

【救治】

皮肤接触:脱去污染的衣着,立即用流动清水彻底清洗。

眼睛接触:立即提起眼睑,用大量流动清水彻底清洗。

吸入:迅速脱离现场至空气新鲜处,必要时进行人工呼吸;就医。

食入:误服者立即漱口,给饮大量温水,催吐;就医。

六、事故处置

【泄漏】 救援人员应穿防护服,戴防毒面具,尽可能将溢漏液收集在有盖容器中,残液中撒纯碱,用大量水冲净,污水放入废水系统。

【火灾】 可用雾状水、干粉、抗醇泡沫、二氧化碳、砂土、水泥、石墨覆盖灭火。

第五种　丙　　腈

一、标识

【品名】 丙腈。

【别名】 乙基氰。

【危险货物编号】 UN2404;CN32160 易燃液体。

【剧毒化学品目录编号】 116。

二、性状

【外观与性状】 无色液体,有醚样气味。

【毒性】 半数致死量:50 ~ 100mg/kg(大鼠经口);210mg/kg(兔经皮)。半数致死浓度:367mg/m^3,1h(小鼠吸入)。

【燃烧性】 易燃。

【危险特性】 其蒸气与空气可形成爆炸性混合物,遇明火、高热,能引起燃烧爆炸。与氧化剂能发生强烈反应。其蒸气比空气重,能在较低处扩散到相当远的地方,遇火源会着火回燃。在火场中,受热的容器有爆炸危险。具有刺激性。

三、用途

用于合成树脂及用作杀霉菌剂、杀虫剂、水溶性还原剂等。

四、运输方法

运输车辆应配备相应品种和数量的消防器材及泄漏应急处理设备。夏季最好早晚运输。运输时所用的槽(罐)车应有接地链,槽内可设孔隔板以减少振荡产生静电。严禁与氧化剂、还原剂、酸类、碱类、食用化学品等混装混运。运输途中应防暴晒、雨淋,防高温。中途停留时应远离火种、热源、高温区。装运该物品的车辆排气管必须配备阻火装置,禁止使用易产生火花的机械设备和工具装卸。公路运输时要按规定路线行驶,勿在居民区和人口稠密区停留。

五、健康危害及防护救治

【健康危害】 本品在体内析出氰离子,抑制呼吸酶,造成缺氧。急性中毒表现有严重头痛、头晕、恶心、呕吐、呼吸频率减慢、血压升高、心率增快；严重者一时混乱、定向力障碍，并可很快昏迷、癫痫样抽搐、严重酸中毒等。对皮肤有轻度刺激性。

【防护】 操作时应穿连衣式胶布防毒衣，戴橡胶耐油手套。可能接触毒物时，必须佩戴自吸过滤式防毒面具（全面罩）。紧急事态抢救或撤离时，建议佩戴空气呼吸器。

【救治】

皮肤接触：立即脱去污染的衣着，用流动清水或5%硫代硫酸钠溶液彻底冲洗至少20min；就医。

眼睛接触：立即提起眼睑，用大量流动清水或生理盐水彻底冲洗至少15min；就医。

吸入：迅速脱离现场至空气新鲜处；保持呼吸道通畅；如呼吸困难，给输氧；呼吸心跳停止时，立即进行人工呼吸（勿用口对口）和胸外心脏按压术；给吸入亚硝酸异戊酯；就医。

食入：饮足量温水，催吐；用1：5000高锰酸钾或5%硫代硫酸钠溶液洗胃；就医。

六、事故处置

【泄漏】 应迅速撤离泄漏污染区人员至安全区，并进行隔离，严格限制出入。切断火源。建议应急处理人员戴自给正压式呼吸器，穿防毒服。不要直接接触泄漏物。尽可能切断泄漏源。防止流入下水道、排洪沟等限制性空间。小量泄漏：用砂土或其他不燃材料吸附或吸收；也可以用大量水冲洗，洗水稀释后放入废水系统。大量泄漏：构筑围堤或挖坑收容；用泡沫覆盖，降低蒸气灾害；用防爆泵转移至槽车或专用收集内，回收或运至废物处理场所处置。

【火灾】 应喷水冷却容器，可能的话将容器从火场移至空旷处。可用抗溶性泡沫、干粉、二氧化碳、砂土灭火。用水灭火无效。

第六种 丙 炔 醇

一、标识

【品名】 丙炔醇。

【别名】 2-丙炔-1-醇、炔丙醇。

【危险货物编号】 UN2929；CN33559易燃液体。

【剧毒化学品目录编号】 153。

二、性状

【外观与性状】 无色液体，有香叶气味，久置能形成有毒或有害的蒸气或气体。

【毒性】 半数致死量：20mg/kg（大鼠经口）；16mg/kg（兔经皮）。半数致死浓度：873×10^{-6}，2h（大鼠吸入）。

【燃烧性】 易燃。

【危险特性】 具有腐蚀性,能与氧化剂反应,对皮肤有强刺激作用。

三、用途

用作除锈剂、化学中间体、腐蚀抑制剂、溶剂、稳定剂、实验室试剂。

四、运输方法

切勿与氧化剂、碱类和食用化学品混运。运输时,防止雨淋和暴晒,搬运时必须轻拿轻放,严禁摔、撞击容器。

五、健康危害及防护救治

【健康危害】 高浓度丙炔醇对眼睛、皮肤、黏膜和呼吸道有强烈的刺激作用。中毒表现有烧灼感、咳嗽、喘息、喉炎、气短、头痛、恶心和呕吐。严重者可能致死。

【防护】 操作时穿防毒衣,戴化学安全防护眼镜及橡胶耐油手套,可能接触其蒸气时,佩戴自吸过滤式防毒面具(半面罩),必要时佩戴空气呼吸器。

【救治】

皮肤接触:应立即用大量指定的液体冲洗后就医。

眼睛接触:应立即用大量清水冲洗后就医。

六、事故处置

【泄漏】 应用大量水冲刷,洗液经稀释后放入废水系统。

【火灾】 可用雾状水、泡沫、二氧化碳、砂土灭火。

第七种 丙酮氰醇

一、标识

【品名】 丙酮氰醇。

【别名】 2-羟基异丁腈、氰丙醇。

【危险货物编号】 UN1514;CN61088 毒害品。

【剧毒化学品目录编号】 12。

二、性状

【外观与性状】 无色或亮黄色液体。

【毒性】 半数致死量:1.898mg/kg(小鼠经口);140mg/kg(豚鼠经皮)。半数致死浓度:575×10^{-6},2h(小鼠吸入)。

【燃烧性】 易燃。

【危险特性】 遇明火、高热易燃,与氧化剂可发生反应,受热分解成氢氰酸和丙酮。其蒸气比空气重，能在较低处扩散到相当远的地方，遇火源会着火回燃。若遇高热，容器内压增大，有开裂和爆炸的危险。具有刺激性。

三、用途

是有机玻璃单体——甲基丙烯酸甲酯的中间体，还用于有机合成、农药制造等。

四、运输方法

运输前应先检查包装容器是否完整、密封，运输过程中要确保容器不泄漏、不倒塌、不坠落、不损坏。严禁与酸类、氧化剂、食品及食品添加剂混运。运输车辆应配备相应品种和数量的消防器材及泄漏应急处理设备。运输途中应防暴晒、雨淋，防高温。公路运输时要按规定路线行驶，勿在居民区和人口稠密区停留。

五、健康危害及防护救治

【健康危害】 本品的蒸气或液体对皮肤、黏膜均有刺激作用，一般接触 4 ~ 5min 后出现症状，早期中毒症状有无力、头昏、头痛、胸闷、心悸、恶心、呕吐、意识丧失、阵发性强直性抽搐，严重者可致死。可引起皮炎。

【防护】 操作时应穿胶布防毒衣，戴橡胶耐油手套。空气中浓度超标时，必须佩戴自吸过滤式防毒面具（全面罩）。紧急事态抢救或撤离时，应该佩戴空气呼吸器。

【救治】

皮肤接触：脱去污染的衣着，用大量流动清水冲洗。

眼睛接触：提起眼睑，用流动清水或生理盐水冲洗；就医。

吸入：迅速脱离现场至空气新鲜处；保持呼吸道通畅；如呼吸困难，给输氧；呼吸心跳停止时，立即进行人工呼吸（勿用口对口）和胸外心脏按压术；给吸入亚硝酸异戊酯；就医。

食入：用 1∶5000 高锰酸钾或 5% 硫代硫酸钠溶液洗胃；就医。

六、事故处置

【泄漏】 应迅速撤离泄漏污染区人员至安全区，并立即隔离 150m，严格限制出入。切断火源。建议应急处理人员戴自给正压式呼吸器，穿防毒服。尽可能切断泄漏源。防止流入下水道、排洪沟等限制性空间。小量泄漏：用砂土、蛭石或其他惰性材料吸收；也可以用大量水冲洗，洗水稀释后放入废水系统。大量泄漏：构筑围堤或挖坑收容；用泵转移至槽车或专用收集器内，回收或运至废物处理场所处置。

【火灾】 消防人员必须佩戴过滤式防毒面具（全面罩）或隔离式呼吸器、穿全身防火防毒服，在上风向灭火。尽可能将容器从火场移至空处。喷水保持火场容器冷却，直至灭火结束。处在火场中的容器若已变色或从安全泄压装置中产生声音，必须马上撤离。用水喷射逸出液体,使其稀释成不燃性混合物,并用雾状水保护消防人员。可用雾状水、抗溶性泡沫、干粉、二氧化碳、砂土灭火。

第八种 2-丙 烯 腈

一、标识

【品名】 2-丙烯腈。

【别名】 丙烯腈、乙烯基氰。

【危险货物编号】 UN1093;CN32162 易燃液体。

【剧毒化学品目录编号】 119。

二、性状

【外观与性状】 无色液体,有桃仁气味。

【毒性】 半数致死量:78mg/kg(大鼠经口);148mg/kg(大鼠经皮)。半数致死浓度:333×10^{-6},4h(大鼠)。

【燃烧性】 易燃。

【危险特性】 其蒸气与空气可形成爆炸性混合物。遇明火、高热易引起燃烧,稀溶液也有着火危险,并放出有毒气体。与氧化剂、强酸、强碱、胺类、溴反应剧烈。在火场高温下,能发生聚合放热,使容器破裂。

三、用途

用于制造聚丙烯腈、丁腈橡胶、染料、合成树脂、医药等。

四、运输方法

运输车辆应配备相应品种和数量的消防器材及泄漏应急处理设备。夏季最好早晚运输。运输时所用的槽(罐)车应有接地链,槽内可设孔隔板以减少振荡产生静电。严禁与氧化剂、酸类、碱类、食用化学品等混装混运。运输途中应防暴晒、雨淋,防高温。中途停留时应远离火种、热源、高温区。装运该物品的车辆排气管必须配备阻火装置,禁止使用易产生火花的机械设备和工具装卸。公路运输时要按规定路线行驶,勿在居民区和人口稠密区停留。严禁用木船、水泥船散装运输。

五、健康危害及防护救治

【健康危害】 本品在体内析出氰根,抑制呼吸酶;对呼吸中枢有直接麻醉作用。急性中毒:以中枢神经系统症状为主,伴有上呼吸道和眼部刺激症状。轻度中毒有头晕、头痛、乏力、上腹部不适、恶心、呕吐、胸闷、手足麻木、意识不清及口唇紫绀等。眼结膜及鼻、咽部充血。重者除上述症状加重外,出现四肢阵发性强直抽搐、昏迷。液体污染皮肤,可致皮炎,局部出现红斑、丘疹或水疱。

【防护】 操作时穿连衣式胶布防毒衣，戴橡胶耐油手套。可能接触其蒸气时，必须佩戴自吸过滤式防毒面具（全面罩）。紧急事态抢救或撤离时，建议佩戴空气呼吸器。

【救治】

皮肤接触：立即脱去污染的衣着，用流动清水或5%硫代硫酸钠溶液彻底冲洗至少20min；就医。

眼睛接触：提起眼睑，用流动清水或生理盐水冲洗；就医。

吸入：迅速脱离现场至空气新鲜处；保持呼吸道通畅；如呼吸困难，给输氧；呼吸心跳停止时，立即进行人工呼吸（勿用口对口）和胸外心脏按压术；给吸入亚硝酸异戊酯；就医。

食入：饮足量温水，催吐。用1∶5000高锰酸钾或5%硫代硫酸钠溶液洗胃；就医。

六、事故处置

【泄漏】 应迅速撤离泄漏污染区人员至安全区，并进行隔离，严格限制出入。切断火源。建议应急处理人员戴自给正压式呼吸器，穿防毒服。尽可能切断泄漏源。防止流入下水道、排洪沟等限制性空间。小量泄漏：用活性炭或其他惰性材料吸收；也可以用大量水冲洗，洗水稀释后放入废水系统。大量泄漏：构筑围堤或挖坑收容；用泡沫覆盖，降低蒸气灾害；喷雾状水或泡沫冷却和稀释蒸气、保护现场人员；用防爆泵转移至槽车或专用收集器内，回收或运至废物处理场所处置。

【火灾】 消防人员必须穿特殊防护服，在掩蔽处操作。可用抗溶性泡沫、二氧化碳、干粉、砂土灭火。用水灭火无效，但须用水保持火场容器冷却。

第九种 丙 烯 醛

一、标识

【品名】 丙烯醛。

【别名】 烯丙醛、败脂醛。

【危险货物编号】 UN1092；CN31024易燃液体。

【剧毒化学品目录编号】 143。

二、性状

【外观与性状】 无色或淡黄色液体，有恶臭。

【毒性】 半数致死量：46mg/kg（大鼠经口）；562mg/kg（兔经皮）。半数致死浓度：300mg/m^3，30min（大鼠吸入）。

【燃烧性】 极度易燃。

【危险特性】 其蒸气与空气可形成爆炸性混合物，遇明火、高热极易燃烧爆炸。受热分解释出高毒蒸气。液体比水轻，蒸气比空气重，能扩散相当远，遇到火源会燃烧，并把火焰沿气流相反方向引回。在空气中久置后能生成有爆炸性的过氧化物。与酸类、碱类、氨、胺类、二氧化硫、硫脲、金属盐类、氧化剂等猛烈反应。在火场高温下，能发生聚合放热，使容器破裂。具有强刺激性。

三、用途

为合成树脂工业的重要原料之一，也大量用于有机合成与药物合成。

四、运输方法

运输车辆应配备相应品种和数量的消防器材及泄漏应急处理设备。夏季最好早晚运输。运输时所用的槽（罐）车应有接地链，槽内可设孔隔板以减少振荡产生静电。严禁与氧化剂、还原剂、酸类、碱类、食用化学品等混装混运。运输途中应防暴晒、雨淋，防高温。中途停留时应远离火种、热源、高温区。装运该物品的车辆排气管必须配备阻火装置，禁止使用易产生火花的机械设备和工具装卸。公路运输时要按规定路线行驶，勿在居民区和人口稠密区停留。严禁用木船、水泥船散装运输。

五、健康危害及防护救治

【健康危害】 吸入蒸气损害呼吸道，出现咽喉炎、胸部压迫感、支气管炎；大量吸入可致肺炎、肺水肿，还可出现休克、肾炎及心力衰竭；可致死。液体及蒸气损害眼睛；皮肤接触可致灼伤。口服引起口腔及胃刺激或灼伤。

【防护】 操作时应穿防静电工作服，戴橡胶耐油手套。可能接触其蒸气时，必须佩戴自吸过滤式防毒面具（全面罩）。

【救治】

皮肤接触：立即脱去污染的衣着，用大量流动清水冲洗至少15min；就医。

眼睛接触：立即提起眼睑，用流动清水或生理盐水彻底冲洗至少15min；就医。

吸入：迅速脱离现场至空气新鲜处；保持呼吸道通畅；如呼吸困难，给输氧；如呼吸停止，立即进行人工呼吸；就医。

食入：用水漱口，给饮牛奶或蛋清；就医。

六、事故处置

【泄漏】 应迅速撤离泄漏污染区人员至安全区，并立即进行隔离，小泄漏时隔离150m，大泄漏时隔离300m，严格限制出入。切断火源。建议应急处理人员戴自给正压式呼吸器，穿防静电工作服。不要直接接触泄漏物。尽可能切断泄漏源。防止流入下水道、排洪沟等限制性空间。小量泄漏：用活性炭或其他惰性材料吸收。或用大量水冲洗，洗水稀释后放入废水系统。大量泄漏：构筑围堤或挖坑收容。用泡沫覆盖，降低蒸气灾害。喷雾状水冷却和稀释蒸气、保护现场人员、把泄漏物稀释成不燃物。用防爆泵转移至槽车或专用收集器内，回收或运至废物处理场所处置。

【火灾】 消防人员须戴好防毒面具，在安全距离以外，在上风向灭火。可用抗溶性泡沫、二氧化碳、干粉、砂土灭火。用水灭火无效。

第十种 O,O-二甲基-O-(2,2-二氯)-乙烯基磷酸酯

一、标识

【品名】 O,O-二甲基-O-(2,2-二氯)-乙烯基磷酸酯(含量>80%)。

【别名】 敌敌畏。

【危险货物编号】 UN3018;CN61874 毒害品。

【剧毒化学品目录编号】 252。

二、性状

【外观与性状】 纯品是无色有芳香气味的液体。有挥发性。

【毒性】 半数致死量:17mg/kg(大鼠经口);750μg/kg(大鼠经皮)。半数致死浓度:15mg/m^3,4h(大鼠吸入)。

【燃烧性】 可燃。

【危险特性】 遇明火、高热可燃。受热分解，放出氧化磷和氯化物的毒性气体。与强氧化剂接触可发生化学反应。具有刺激性。

三、用途

用作杀虫剂。

四、运输方法

运输前应先检查包装容器是否完整、密封，运输过程中要确保容器不泄漏、不倒塌、不坠落、不损坏。严禁与酸类、氧化剂、食品及食品添加剂混运。运输车辆应配备相应品种和数量的消防器材及泄漏应急处理设备。运输途中应防暴晒、雨淋，防高温。公路运输时要按规定路线行驶。

五、健康危害及防护救治

【健康危害】 抑制体内胆碱酯酸，造成神经生理功能紊乱。急性中毒:短期内大量接触(口服、吸入、皮肤、黏膜)引起急性中毒。中毒表现有恶心、呕吐、腹痛、流涎、多汗、视物模糊、瞳孔缩小、呼吸道分泌物增加、呼吸困难、肺水肿、肌束振颤、肌麻痹。可出现中枢神经系统症状，重者有脑水肿。部分患者有心、肝、肾损害。少数重度中毒者临床症状消失后数周出现周围神经病。重度中毒者在病情基本恢复3~5日后可发生迟发性猝死。对眼有刺激

性。可致皮炎。血胆碱酯酶活性下降。

【防护】 操作时应穿胶布防毒衣,戴橡胶手套。使用时,建议佩戴自吸过滤式防毒面具(全面罩)。高浓度环境中,必须佩戴自给式呼吸器。

【救治】

皮肤接触:立即脱去污染的衣着,用肥皂水及流动清水彻底冲洗污染的皮肤、头发、指甲等;就医。

眼睛接触:立即提起眼睑,用大量流动清水或生理盐水彻底冲洗至少15min;就医。

吸入:迅速脱离现场至空气新鲜处;保持呼吸道通畅;如呼吸困难,给输氧;如呼吸停止,立即进行人工呼吸;就医。

食入:饮足量温水,催吐;用清水或2% ~5%碳酸氢钠溶液洗胃;就医。

六、泄漏处理

【泄漏】 迅速撤离泄漏污染区人员至安全区,并进行隔离,严格限制出入。切断火源。建议应急处理人员戴自给正压式呼吸器,穿防毒服。不要直接接触泄漏物。尽可能切断泄漏源。防止流入下水道、排洪沟等限制性空间。小量泄漏:用砂土或其他不燃材料吸附或吸收;也可以用大量水冲洗,洗水稀释后放入废水系统。大量泄漏:构筑围堤或挖坑收容;用泡沫覆盖,降低蒸气灾害;用泵转移至槽车或专用收集器内,回收或运至废物处理场所处置。

【火灾】 消防人员须佩戴防毒面具、穿全身消防服,在上风向灭火。可用抗溶性泡沫、干粉、砂土灭火。

第十一种　碘　化　汞

一、标识

【品名】 碘化汞。

【别名】 碘化高汞、二碘化汞。

【危险货物编号】 UN1638;CN61030毒害品。

【剧毒化学品目录编号】 19。

二、性状

【外观与性状】 黄色结晶或粉末。

【毒性】 半数致死量:18mg/kg(大鼠经口);75mg/kg(大鼠经皮)。

【燃烧性】 不燃。

【危险特性】 受热分解放出有毒的碘化物烟气。与三氟化氯、金属钾、金属钠剧烈反应。具有刺激性。

三、用途

用于医药、化学试剂。

四、运输方法

运输前应先检查包装容器是否完整、密封，运输过程中要确保容器不泄漏、不倒塌、不坠落、不损坏。严禁与酸类、氧化剂、食品及食品添加剂混运。运输车辆应配备泄漏应急处理设备。运输途中应防暴晒、雨淋，防高温。

五、健康危害及防护救治

【健康危害】 对眼睛、呼吸道黏膜和皮肤有强烈刺激性。汞及其化合物主要引起中枢神经系统损害及口腔炎，引起中毒性肾病。口服引起腐蚀性胃肠炎。可引起接触性皮炎。

【防护】 操作时应该穿连衣式胶布防毒衣，戴橡胶手套。佩戴头罩型电动送风过滤式防尘呼吸器。必要时，佩戴隔离式呼吸器。

【救治】

皮肤接触：立即脱去污染的衣着，用大量流动清水冲洗至少15min；就医。

眼睛接触：立即提起眼睑，用大量流动清水或生理盐水彻底冲洗至少15min；就医。

吸入：迅速脱离现场至空气新鲜处；保持呼吸道通畅；如呼吸困难，给输氧；如呼吸停止，立即进行人工呼吸；就医。

食入：催吐；用清水或2%碳酸氢钠溶液洗胃（忌用生理盐水），给饮牛奶或蛋清；就医。

六、事故处置

【泄漏】 隔离泄漏污染区，限制出入。切断火源。建议应急处理人员戴防尘面具（全面罩），穿防毒服。不要直接接触泄漏物。小量泄漏：避免扬尘，用洁净的铲子收集于干燥、洁净、有盖的容器中。大量泄漏：用塑料布、帆布覆盖，然后收集回收或运至废物处理场所处置。

【火灾】 消防人员必须穿全身防火防毒服，在上风向灭火。可用雾状水、砂土灭火。

第十二种　碘　甲　烷

一、标识

【品名】 碘甲烷。

【别名】 甲基碘。

【危险货物编号】 UN2644；CN61568 毒害品。

【剧毒化学品目录编号】 134。

二、性状

【外观与性状】 无色液体,特臭。

【毒性】 半数致死量:76mg/kg(大鼠经口)。半数致死浓度:1300mg/m^3,4h(大鼠吸入)。

【燃烧性】 可燃。

【危险特性】 受热分解放出有毒的碘化物烟气。具有刺激性。

三、用途

用于医药、有机合成、吡啶的检验、显微镜检查等。

四、运输方法

运输前应先检查包装容器是否完整、密封,运输过程中要确保容器不泄漏、不倒塌、不坠落、不损坏。严禁与酸类、氧化剂、食品及食品添加剂混运。运输车辆应配备相应品种和数量的消防器材及泄漏应急处理设备。运输途中应防暴晒、雨淋,防高温。公路运输时要按规定路线行驶。

五、健康危害及防护救治

【健康危害】 本品对中枢神经和周围神经有损害作用,对皮肤黏膜有刺激作用。急性中毒:早期出现头晕、头痛、纳差、恶心、心悸、胸闷;症状加重可出现视力减退、复视、言语困难、定向障碍,甚至发生幻觉、抽搐、瘫痪、昏迷、中毒性脑水肿。少数患者以代谢性酸中毒表现为主,意识障碍可不明显,但 1 ~2 天后病情可突然恶化。血二氧化碳结合力下降。部分病例有周围神经损害。眼污染可致角膜损伤。皮肤污染可致皮炎。

【防护】 操作时应穿透气型防毒服,戴化学安全防护眼镜及防化学品手套。空气中浓度超标时,应该佩戴自吸过滤式防毒面具(半面罩)。

【救治】

皮肤接触:立即脱去污染的衣着,用肥皂水和清水彻底冲洗皮肤;就医。

眼睛接触:立即提起眼睑,用大量流动清水或生理盐水彻底冲洗至少 15min;就医。

吸入:迅速脱离现场至空气新鲜处;保持呼吸道通畅;如呼吸困难,给输氧;如呼吸停止,立即进行人工呼吸;就医。

食入:饮足量温水,催吐;就医。

六、事故处置

【泄漏】 迅速撤离泄漏污染区人员至安全区,并立即隔离 150m,严格限制出入。切断火源。建议应急处理人员戴自给正压式呼吸器,穿防毒服。不要直接接触泄漏物。尽可能切断泄漏源。防止流入下水道、排洪沟等限制性空间。小量泄漏:用砂土、干燥石灰或苏打灰混合。大量泄漏:构筑围堤或挖坑收容;用泡沫覆盖,降低蒸气灾害;用防爆泵转移至槽车或专用收集器内,回收或运至废物处理场所处置。

【火灾】 消防人员须佩戴防毒面具、穿全身消防服,在上风向灭火。可用雾状水、泡沫、二氧化碳、砂土灭火。

第十三种 迭氮(化)钠

一、标识

【品名】 迭氮(化)钠。

【别名】 三氮化钠。

【危险货物编号】 UN1687;CN61033 毒害品。

【剧毒化学品目录编号】 101。

二、性状

【外观与性状】 无色六角结晶性粉末。

【毒性】 半数致死量:27mg/kg(大鼠经口);20mg/kg(兔经皮)。半数致死浓度:37mg/m^3(大鼠吸入)。

【燃烧性】 不燃。

【危险特性】 受热、接触明火,或受到摩擦、振动、撞击时可发生爆炸。本品与酸类剧烈反应产生爆炸性的叠氮酸。与重金属及其盐类形成十分敏感的化合物。具有爆炸性、刺激性。

三、用途

用于制造炸药及用作分析试剂等。

四、运输方法

运输前应先检查包装容器是否完整、密封,运输过程中要确保容器不泄漏、不倒塌、不坠落、不损坏。严禁与酸类、氧化剂、食品及食品添加剂混运。运输车辆应配备泄漏应急处理设备。运输途中应防暴晒、雨淋,防高温。公路运输时要按规定路线行驶,禁止在居民区和人口稠密区停留。

五、健康危害及防护救治

【健康危害】 急性中毒主要出现头晕、头痛、全身无力、血压下降、心动过缓和昏迷。头痛常较剧烈,呈持续性,持续时间较其他症状长。本品在有机合成中可有叠氮酸气体逸出,吸入中毒出现眩晕、虚弱无力、视觉模糊、呼吸困难、昏厥感、血压降低、心动过缓等。

【防护】 操作时应该穿连衣式胶布防毒衣,戴橡胶手套。可能接触其粉尘时,必须佩戴头罩型电动送风过滤式防尘呼吸器。紧急事态抢救或撤离时,佩戴自给式呼吸器。

【救治】

皮肤接触:脱去污染的衣着,用肥皂水和清水彻底冲洗皮肤;就医。

眼睛接触:提起眼睑,用流动清水或生理盐水冲洗;就医。

吸入:迅速脱离现场至空气新鲜处;保持呼吸道通畅;如呼吸困难,给输氧;如呼吸停止,立即进行人工呼吸;就医。

食入:饮足量温水,催吐;洗胃;就医。

六、事故处置

【泄漏】 隔离泄漏污染区,限制出入。切断火源。建议应急处理人员戴防尘面具(全面罩),穿防毒服。不要直接接触泄漏物。小量泄漏:避免扬尘,用洁净的铲子收集于干燥、洁净、有盖的容器中。大量泄漏:用塑料布、帆布覆盖;然后收集回收或运至废物处理场所处置。

【火灾】 由于火场中可能发生容器爆破的情况,消防人员须在有防爆掩蔽处操作。尽可能将容器从火场移至空旷处。消防人员必须穿全身防火防毒服,在上风向灭火。可用雾状水、二氧化碳、泡沫灭火剂灭火。禁止使用砂土压盖。

第十四种 番木鳖碱

一、标识

【品名】 番木鳖碱。

【别名】 二甲氧基马钱子碱、士的宁。

【危险货物编号】 UN1692;CN61121 毒害品。

【剧毒化学品目录编号】 103。

二、性状

【外观与性状】 无色粉末。

【毒性】 半数致死量:2.35mg/kg(大鼠经口)。

【燃烧性】 可燃。

【危险特性】 受热分解放出有毒气体。

三、用途

用于有机合成。消灭啮齿动物和食肉动物,“危险”,只用于工业和制造业。

四、运输方法

运输时,防止雨淋和暴晒,搬运时必须轻拿轻放,严禁摔、撞击容器。切勿与氧化剂和食用化学品混运。

五、健康危害及防护救治

【健康危害】 食入引起恶心、呕吐、烦躁、兴奋、颤搐，少数引起阵发性的肌肉痉挛（阵挛和肌肉紧张）和死亡。可引起触觉、听觉及视觉敏感，遇光、声、风等极微刺激后全身肌肉强直性痉挛、双拳紧握、角弓反张、口角向后牵引呈苦笑状，阵发性发作。病人可死于呼吸麻痹、窒息或心力衰竭。

【防护】 操作时应穿戴防毒面具和化学防护服。

【救治】

急症治疗：①镇静、制止抽搐，静卧暗室，避免声光刺激。立即给予异戊巴比妥静脉注射或水合氯醛保留灌肠。②口服中毒者，先灌入解毒剂（半杯水加入 1g 鞣酸或 1mL 复方碘溶液），使马钱子沉淀成不溶性物质，再以 1∶5000 高锰酸钾洗胃，或服甘草汤，最后胃内留置药用炭 30g 悬液。③迅速给予氧气吸入。

对症治疗：①痉挛不能控制者，给予水合氯醛保留灌肠。也可使用乙醚或氯仿吸入麻醉。②给予吸氧及输液，出现呼吸抑制时，可暂停使用镇静剂。

中药治疗：熊胆、半夏对此类中毒有解毒作用。

六、事故处置

【泄漏】 隔离泄漏污染区，不要直接接触污染物，避免扬尘，用清洁铲子收集于干燥清洁有盖的容器中，运至废物处理场所处理。如大量泄漏，收集或经无害处理后废弃。

【火灾】 消防人员必须做好安全防护，可用雾状水、二氧化碳、干粉、泡沫灭火。

第十五种　氟乙酸钠

一、标识

【品名】 氟乙酸钠。

【别名】 氟醋酸钠。

【危险货物编号】 UN2629；CN61100 毒害品。

【剧毒化学品目录编号】 75。

二、性状

【外观与性状】 白色粉末，无气味。

【毒性】 半数致死量：100μg/kg（大鼠经口）；48mg/kg（大鼠经皮）。

【燃烧性】 可燃。

【危险特性】 遇明火、高热可燃。其粉体与空气可形成爆炸性混合物，当达到一定浓度时，遇火星会发生爆炸。遇高热分解释出高毒烟气。

三、用途

用作杀鼠剂。

四、运输方法

运输前应先检查包装容器是否完整、密封，运输过程中要确保容器不泄漏、不倒塌、不坠落、不损坏。严禁与酸类、氧化剂、食品及食品添加剂混运。运输车辆应配备相应品种和数量的消防器材及泄漏应急处理设备。运输途中应防暴晒、雨淋，防高温。公路运输时要按规定路线行驶，勿在居民区和人口稠密区停留。

五、健康危害及防护救治

【健康危害】 多为误服或口服自杀。也可经呼吸道或皮肤侵入。口服经一定时间潜伏期（一般为30～120min，也有更长者），出现流涎、恶心、呕吐、上腹痛、视物不清、恐惧感、低血压、心律紊乱、肌痉挛、抽搐、昏迷。可致死。对人致死量为2～10mg/kg。

【防护】 操作时应该穿胶布防毒衣，戴橡胶手套。可能接触其粉尘时，必须佩戴防尘面具（全面罩）。紧急事态抢救或撤离时，应该佩戴空气呼吸器。

【救治】

皮肤接触：立即脱去污染的衣着，用大量流动清水冲洗；就医。

眼睛接触：提起眼睑，用流动清水或生理盐水冲洗；就医。

吸入：迅速脱离现场至空气新鲜处；保持呼吸道通畅；如呼吸困难，给输氧；如呼吸停止，立即进行人工呼吸；就医。

食入：饮足量温水，催吐；洗胃，给服牛奶和蛋清保护胃黏膜；就医。特殊解毒剂：甘油—醋酸酯；乙酰胺（解氟灵）。

六、事故处置

【泄漏】 隔离泄漏污染区，限制出入。切断火源。建议应急处理人员戴防尘口罩，穿防毒服。不要直接接触泄漏物。小量泄漏：小心扫起，收集于密闭容器中。大量泄漏：收集回收或运至废物处理场所处置。

【火灾】 消防人员须戴好防毒面具，在安全距离以外，在上风向灭火。可用雾状水、泡沫、干粉、二氧化碳、砂土灭火。

第十六种 黄 磷

一、标识

【品名】 黄磷。

【别名】 白磷。

【危险货物编号】 UN2447;CN42001 自燃物品。

【剧毒化学品目录编号】 57。

二、性状

【外观与性状】 无色至黄色蜡状固体,有蒜臭味,在暗处发淡绿色磷光。

【毒性】 半数致死量:3.03mg/kg(大鼠经口)。

【燃烧性】 自燃。

【危险特性】 白磷接触空气能自燃并引起燃烧和爆炸。在潮湿空气中的自燃点低于在干燥空气中的自燃点。与氯酸盐等氧化剂混合发生爆炸。其碎片和碎屑接触皮肤干燥后即着火,可引起严重的皮肤灼伤。具有刺激性。

三、用途

用作特种火柴原料,用于磷酸、磷酸盐及农药、信号弹等的制造。

四、运输方法

运输车辆应配备相应品种和数量的消防器材及泄漏应急处理设备。装运本品的车辆排气管须有阻火装置。运输过程中要确保容器不泄漏、不倒塌、不坠落、不损坏。严禁与氧化剂、酸类、卤素、食用化学品等混装混运。运输途中应防暴晒、雨淋,防高温。中途停留时应远离火种、热源。车辆运输完毕应进行彻底清扫。

五、健康危害及防护救治

【健康危害】 急性吸入中毒表现有呼吸道刺激症状、头痛、头晕、全身无力、呕吐、心动过缓、上腹疼痛、黄疸、肝肿大。重症出现急性肝坏死、中毒性肺水肿等。口服中毒出现口腔糜烂、急性胃肠炎,甚至发生食道、胃穿孔。数天后出现肝、肾损害。重者发生肝、肾功能衰竭等。本品可致皮肤灼伤,磷经灼伤皮肤吸收引起中毒,重者发生中毒性肝病、肾损害、急性溶血等,以致死亡。

【防护】 操作时应穿胶布防毒衣,戴橡胶手套。可能接触毒物时,应该佩戴自吸过滤式防毒面具(全面罩)。

【救治】

皮肤接触:脱去污染的衣着,用大量流动清水冲洗;立即涂抹2% ~3%硝酸银灭磷火;就医。

眼睛接触:立即提起眼睑,用大量流动清水或生理盐水彻底冲洗至少15min;就医。

吸入:迅速脱离现场至空气新鲜处;保持呼吸道通畅;如呼吸困难,给输氧;如呼吸停止,立即进行人工呼吸;就医。

食入:立即用0.2%硫酸铜洗胃,或用1:5000高锰酸钾或1%过氧化氢溶液洗胃;

洗胃及导泻应谨慎,防止胃肠穿孔或出血;用硫酸钠导泻;严禁脂肪类食物及牛奶;就医。

六、事故处置

【泄漏】 隔离泄漏污染区,限制出入。切断火源。建议应急处理人员戴自给正压式呼吸器,穿防毒服。不要直接接触泄漏物。小量泄漏:用水、潮湿的砂或泥土覆盖;收入金属容器并保存于水或矿物油中。大量泄漏:在专家指导下清除。

【火灾】 消防人员必须穿橡胶防护服、胶鞋、并佩戴过滤式防毒面具(全面罩)或自给式呼吸器灭火。可用雾状水灭火。

第十七种 O,O-二乙基-S-[(乙硫基)甲基]二硫代磷酸酯

一、标识

【品名】 O,O-二乙基-S-[(乙硫基)甲基]二硫代磷酸酯(含量>2%)。

【别名】 甲拌磷、3911。

【危险货物编号】 UN3018;CN61875 毒害品。

【剧毒化学品目录编号】 224。

二、性状

【外观与性状】 纯品为无色透明、有蒜臭的油状液体,工业品为棕黄色。

【毒性】 半数致死量:1mg/kg(大鼠经口);2.5mg/kg(大鼠经皮)。半数致死浓度:11mg/m^3,1h(大鼠吸入)。

【燃烧性】 可燃。

【危险特性】 受热分解,放出磷、硫的氧化物等毒性气体。

三、用途

农药中用于浸种、拌种,不能用于喷洒。

四、运输方法

运输前应先检查包装容器是否完整、密封,运输过程中要确保容器不泄漏、不倒塌、不坠落、不损坏。严禁与酸类、氧化剂、食品及食品添加剂混运。运输车辆应配备相应品种和数量的消防器材及泄漏应急处理设备。运输途中应防暴晒、雨淋,防高温。公路运输时要按规定路线行驶,勿在居民区和人口稠密区停留。

五、健康危害及防护救治

【健康危害】 抑制胆碱酯酶活性,造成神经生理功能紊乱。急性中毒:短期内大量接触

（口服、吸入、皮肤、黏膜）引起急性中毒。表现有头痛、头昏、食欲减退、恶心、呕吐、腹痛、腹泻、流涎、瞳孔缩小、呼吸道分泌物增多、多汗、肌束振颤等。重者出现肺水肿、脑水肿、昏迷、呼吸麻痹。部分病例可有心、肝、肾损害。少数严重病例在意识恢复后数周或数月发生周围神经病。个别严重病例可发生迟发性猝死。血胆碱酯酶活性降低。

【防护】 操作时应穿连衣式胶布防毒衣，戴氯丁橡胶手套。农业使用时，必须佩戴自吸过滤式防毒面具（全面罩）。紧急事态抢救或撤离时，应该佩戴空气呼吸器。

【救治】

皮肤接触：立即脱去污染的衣着，用肥皂水及流动清水彻底冲洗污染的皮肤、头发、指甲等；就医。

眼睛接触：提起眼睑，用流动清水或生理盐水冲洗；就医。

吸入：迅速脱离现场至空气新鲜处；保持呼吸道通畅；如呼吸困难，给输氧；如呼吸停止，立即进行人工呼吸；就医。

食入：饮足量温水，催吐；用清水或2% ~5%碳酸氢钠溶液洗胃；就医。

六、事故处置

【泄漏】 迅速撤离泄漏污染区人员至安全区，并进行隔离，严格限制出入。切断火源。建议应急处理人员戴自给正压式呼吸器，穿防毒服。不要直接接触泄漏物。尽可能切断泄漏源。防止流入下水道、排洪沟等限制性空间。小量泄漏：用砂土或其他不燃材料吸附或吸收。大量泄漏：构筑围堤或挖坑收容；在专家指导下清除。

【火灾】 消防人员须佩戴防毒面具、穿全身消防服，在上风向灭火。可用抗溶性泡沫、干粉、砂土灭火。

第十八种　甲苯-2,4-二异氰酸酯

一、标识

【品名】 甲苯-2,4-二异氰酸酯。

【别名】 2,4-二异氰酸甲苯酯。

【危险货物编号】 UN2078；CN61111 毒害品。

【剧毒化学品目录编号】 14。

二、性状

【外观与性状】 无色到淡黄色透明液体。

【毒性】 半数致死量：5800mg/kg（大鼠经口）。半数致死浓度：14×10^{-6}，4h（大鼠吸入）。

【燃烧性】 可燃。

【危险特性】 遇明火、高热可燃。与氧化剂可发生反应。与胺类、醇、碱类和温水反应剧烈，能引起燃烧或爆炸。加热或燃烧时可分解生成有毒气体。其蒸气比空气重，能在较低

处扩散到相当远的地方，遇火源会着火回燃。若遇高热，容器内压增大，有开裂和爆炸的危险。具有刺激性、致敏性。

三、用途

用于有机合成、橡胶硫化剂、生产泡沫塑料、涂料和用作化学试剂。

四、运输方法

运输前应先检查包装容器是否完整、密封，运输过程中要确保容器不泄漏、不倒塌、不坠落、不损坏。严禁与酸类、氧化剂、食品及食品添加剂混运。运输车辆应配备相应品种和数量的消防器材及泄漏应急处理设备。运输途中应防暴晒、雨淋，防高温。公路运输时要按规定路线行驶，勿在居民区和人口稠密区停留。

五、健康危害及防护救治

【健康危害】 高浓度接触直接损害呼吸道黏膜，发生喘息性支气管炎，表现有咽喉干燥、剧咳、胸痛、呼吸困难等。重者缺氧、紫绀、昏迷。可引起肺炎和肺水肿。蒸气或雾对眼有刺激性；液体溅入眼内，可能引起角膜损伤。液体对皮肤有刺激作用，引起皮炎。口服能引起消化道的刺激和腐蚀。

【防护】 操作时应穿防毒物渗透工作服，戴化学安全防护眼镜及橡胶耐油手套。空气中浓度超标时，必须佩戴自吸过滤式防毒面具（半面罩）。紧急事态抢救或撤离时，应该佩戴空气呼吸器。

【救治】

皮肤接触：脱去污染的衣着，用大量流动清水冲洗。

眼睛接触：立即提起眼睑，用大量流动清水或生理盐水彻底冲洗至少15min；就医。

吸入：迅速脱离现场至空气新鲜处；保持呼吸道通畅；如呼吸困难，给输氧；如呼吸停止，立即进行人工吸；就医。

食入：催吐；洗胃；就医。

六、事故处置

【泄漏】 迅速撤离泄漏污染区人员至安全区，并进行隔离，严格限制出入。切断火源。建议应急处理人员戴自给正压式呼吸器，穿防毒服。尽可能切断泄漏源。防止流入下水道、排洪沟等限制性空间。小量泄漏：用砂土、蛭石或其他惰性材料吸收。大量泄漏：构筑围堤或挖坑收容；用泵转移至槽车或专用收集器内，回收或运至废物处理场所处置。

【火灾】 消防人员须佩戴防毒面具、穿全身消防服，在上风向灭火。尽可能将容器从火场移至空旷处。喷水保持火场容器冷却，直至灭火结束。处在火场中的容器若已变色或从安全泄压装置中产生声音，必须马上撤离。可用干粉、二氧化碳，砂土灭火。禁止用水、泡沫和酸碱灭火剂灭火。

第十九种　O,O-二甲基-O-(4-硝基苯基)硫逐磷酸酯

一、标识

【品名】 O,O-二甲基-O-(4-硝基苯基)硫逐磷酸酯(含量>15%)。

【别名】 甲基对硫磷、甲基1605。

【危险货物编号】 UN3018,2783;CN61125毒害品。

【剧毒化学品目录编号】 190。

二、性状

【外观与性状】 无色结晶粉末,工业品为棕色或黄色液体或固体。

【毒性】 半数致死量:14~42mg/kg(大鼠经口);63mg/kg(大鼠经皮)。半数致死浓度:34mg/m^3,4h(大鼠吸入)。

【燃烧性】 可燃。

【危险特性】 受热分解,放出磷、硫的氧化物等毒性气体。在碱液中能迅速分解。

三、用途

用作杀虫剂。

四、运输方法

运输前应先检查包装容器是否完整、密封,运输过程中要确保容器不泄漏、不倒塌、不坠落、不损坏。严禁与酸类、氧化剂、食品及食品添加剂混运。运输车辆应配备相应品种和数量的消防器材及泄漏应急处理设备。运输途中应防暴晒、雨淋,防高温。公路运输时要按规定路线行驶,勿在居民区和人口稠密区停留。

五、健康危害及防护救治

【健康危害】 抑制胆碱酯酶,造成神经生理功能紊乱。急性中毒:短期大量接触(口服、吸入、皮肤、黏膜)引起急性中毒。表现有头痛、头昏、食欲减退、恶心、呕吐、腹痛、腹泻、流涎、瞳孔缩小、呼吸道分泌物增多、多汗、肌束振颤等。重者出现肺水肿、脑水肿、昏迷、呼吸麻痹。部分病例可有心、肝、肾损害。严重中毒可在脱离昏迷状态后出现精神症状。血胆碱酶活性下降。

【防护】 操作时应穿连衣式胶布防毒衣,戴橡胶手套。农业使用时,必须佩戴自吸过滤式防毒面具(全面罩)。紧急事态抢救或撤离时,佩戴空气呼吸器。

【救治】

皮肤接触:立即脱去污染的衣着,用肥皂水及流动清水彻底冲洗污染的皮肤、头发、指甲

等;就医。

眼睛接触:提起眼睑,用流动清水或生理盐水冲洗;就医。

吸入:迅速脱离现场至空气新鲜处;保持呼吸道通畅;如呼吸困难,给输氧;如呼吸停止,立即进行人工呼吸;就医。

食入:饮足量温水,催吐;用清水或2% ~5%碳酸氢钠溶液洗胃;就医。

六、事故处置

【泄漏】 迅速撤离泄漏污染区人员至安全区,并进行隔离,严格限制出入。切断火源。建议应急处理人员戴自给正压式呼吸器,穿防毒服。不要直接接触泄漏物。若是液体,尽可能切断泄漏源。防止流入下水道、排洪沟等限制性空间。小量泄漏:用砂土或其他不燃材料吸附或吸收。大量泄漏:构筑围堤或挖坑收容;在专家指导下清除。若是固体,避免扬尘,用洁净的铲子收集于干燥、洁净、有盖的容器中。若大量泄漏,收集回收或运至废物处理场所处置。

【火灾】 消防人员须佩戴防毒面具、穿全身消防服,在上风向灭火。可用干粉、泡沫、砂土灭火。

第二十种 甲 基 肼

一、标识

【品名】 甲基肼。

【别名】 甲肼、甲基联胺。

【危险货物编号】 UN1244;CN32183 易燃液体。

【剧毒化学品目录编号】 112。

二、性状

【外观与性状】 无色液体,有氨的气味。

【毒性】 半数致死量:32mg/kg(大鼠经口);95mg/kg(兔经皮)。半数致死浓度:64mg/m^3,4h(大鼠吸入)。

【燃烧性】 易燃。

【危险特性】 其蒸气与空气可形成爆炸性混合物,遇明火、高热极易燃烧爆炸。在空气中遇尘土、石棉、木材等疏松性物质能自燃。遇过氧化氢或硝酸等氧化剂,也能自燃。高热时其蒸气能发生爆炸。具有腐蚀性,可致人体灼伤。

三、用途

用作有机合成中间体、溶剂。

四、运输方法

运输车辆应配备相应品种和数量的消防器材及泄漏应急处理设备。夏季最好早晚运输。运输时所用的槽(罐)车应有接地链,槽内可设孔隔板以减少振荡产生静电。严禁与氧化剂、过氧化物、食用化学品等混装混运。运输途中应防暴晒、雨淋,防高温。中途停留时应远离火种、热源、高温区。装运该物品的车辆排气管必须配备阻火装置,禁止使用易产生火花的机械设备和工具装卸。公路运输时要按规定路线行驶,勿在居民区和人口稠密区停留。严禁用木船、水泥船散装运输。

五、健康危害及防护救治

【健康危害】 意外吸入甲基肼蒸气可出现流泪、喷嚏、咳嗽,以后可见眼充血、支气管痉挛、呼吸困难,继之恶心、呕吐。皮肤接触引起灼伤。

【防护】 操作时应穿连衣式胶布防毒衣,戴橡胶耐油手套。工作时,佩戴过滤式防毒面具(全面罩)。高浓度环境中,必须佩戴空气呼吸器或长管面具。紧急事态抢救或撤离时,建议佩戴自给式呼吸器。

【救治】

皮肤接触:立即脱去污染的衣着,用大量流动清水冲洗,至少15min;就医。

眼睛接触:立即提起眼睑,用大量流动清水或生理盐水彻底冲洗至少15min;就医。

吸入:迅速脱离现场至空气新鲜处;保持呼吸道通畅;如呼吸困难,给输氧;如呼吸停止,立即进行人工呼吸;就医。

食入:用水漱口,给饮牛奶或蛋清;就医。

六、事故处置

【泄漏】 迅速撤离泄漏污染区人员至安全区,并立即进行隔离,小泄漏时隔离150m,大泄漏时隔离450m,严格限制出入。切断火源。建议应急处理人员戴自给正压式呼吸器,穿防毒服。不要直接接触泄漏物。尽可能切断泄漏源。防止流入下水道、排洪沟等限制性空间。小量泄漏:用砂土或其他不燃材料吸附或吸收;也可以用大量水冲洗,洗水稀释后放入废水系统。大量泄漏:构筑围堤或挖坑收容;用泡沫覆盖,降低蒸气灾害;用防爆泵转移至槽车或专用收集器内,回收或运至废物处理场所处置。

【火灾】 消防人员必须佩戴过滤式防毒面具(全面罩)或隔离式呼吸器、穿全身防火防毒服,在上风向灭火,用水冲射消杀火势,小火也可用二氧化碳或干粉扑灭。由于甲基肼的燃烧范围宽,闪点低,容易再燃。使用干粉、二氧化碳喷水、泡沫等灭火,不如用水稀释有效。遇大火,消防人员须在有防护掩蔽处操作,用喷水趋散蒸气,并用喷水去保护堵漏的人员。可用抗溶性泡沫、二氧化碳、干粉、砂土灭火。

第二十一种　磷 化 氢

一、标识

【品名】 磷化氢。

【别名】 膦、磷化三氢。

【危险货物编号】 UN2199;CN23005 有毒气体。

【剧毒化学品目录编号】 56。

二、性状

【外观与性状】 无色,有类似大蒜气味的气体。

【毒性】 半数致死浓度:11×10^{-6},4h(大鼠吸入)。

【燃烧性】 易燃。

【危险特性】 具有强还原性。遇热源和明火有燃烧爆炸的危险。暴露在空气中能自燃。与氧接触会爆炸,与卤素接触激烈反应。与氧化剂能发生强烈反应。

三、用途

用于缩合催化剂、聚合引发剂及制备磷的有机化合物等。

四、运输方法

采用钢瓶运输时必须戴好钢瓶上的安全帽。钢瓶一般平放,并应将瓶口朝同一方向,不可交叉;高度不得超过车辆的防护栏板,并用三角木垫卡牢,防止滚动。运输车辆应配备相应品种和数量的消防器材。装运该物品的车辆排气管必须配备阻火装置,禁止使用易产生火花的机械设备和工具装卸。严禁与氧化剂、食用化学品等混装混运。夏季应早晚运输,防止日光暴晒。中途停留时应远离火种、热源。公路运输时要按规定路线行驶,禁止在居民区和人口稠密区停留。

五、健康危害及防护救治

【健康危害】 磷化氢作用于细胞酶,影响细胞代谢,发生内窒息。其主要损害神经系统、呼吸系统、心脏、肾脏及肝脏。10mg/m^{3}接触 6h,有中毒症状;409 ~ 846mg/m^{3}时,接触 0.5 ~1h 发生死亡。急性中毒:轻度中毒,病人有头痛、乏力、恶心、失眠、口渴、鼻咽发干、胸闷、咳嗽和低热等;中度中毒,病人出现轻度意识障碍、呼吸困难、心肌损伤;重度中毒,则出现昏迷、抽搐、肺水肿及明显的心肌、肝脏及肾脏损害。

【防护】 操作时应穿戴面罩式胶布防毒衣,戴化学安全防护眼镜及橡胶手套。工作情况下,必须佩戴过滤式防毒面具(全面罩)。高浓度环境中,必须佩戴空气呼吸器。

【救治】

皮肤接触：用清水冲洗；就医。

眼睛接触：用清水冲洗；就医。

吸入：迅速脱离现场至空气新鲜处；保持呼吸道通畅；如呼吸困难，给输氧；如呼吸停止，立即进行人工呼吸；就医。

六、事故处置

【泄漏】 迅速撤离泄漏污染区人员至上风处，并立即隔离450m，严格限制出入。切断火源。建议应急处理人员穿防毒服，必须戴自给正压式呼吸器。尽可能切断泄漏源。合理通风，加速扩散。喷雾状水稀释、溶解。构筑围堤或挖坑收容产生的大量废水。如有可能，将漏出气用排风机送至空旷地方或装设适当喷头烧掉。漏气容器要妥善处理，修复、检验后再用。

【火灾】 消防人员必须佩戴过滤式防毒面具（全面罩）或隔离式呼吸器、穿全身防火防毒服，在上风向灭火。切断气源。若不能切断气源，则不允许熄灭泄漏处的火焰。喷水冷却容器，将容器从火场移至空旷处。可用雾状水、泡沫、干粉、二氧化碳灭火。

第二十二种　磷　化　锌

一、标识

【品名】 磷化锌。

【别名】 二磷化三锌。

【危险货物编号】 UN1714；CN43038 遇湿易燃物品。

【剧毒化学品目录编号】 42。

二、性状

【外观与性状】 灰黑色立方结晶或粉末，有蒜臭。

【毒性】 半数致死量：12mg/kg（大鼠经口）；40mg/kg（小鼠经口）。半数致死浓度：234mg/m^3（大鼠吸入）。

【燃烧性】 遇湿易燃。

【危险特性】 与氧化剂能发生强烈反应。遇水、潮湿空气或酸分解释出剧毒和自燃的磷化氢气体。遇浓硫酸和硝基盐酸（俗称王水）发生爆炸。遇高热分解释出高毒烟气。

三、用途

用作杀鼠剂和粮食仓库的熏蒸剂。

四、运输方法

运输车辆应配备相应品种和数量的消防器材及泄漏应急处理设备。装运本品的车辆排气管须有阻火装置。运输过程中要确保容器不泄漏、不倒塌、不坠落、不损坏。严禁与氧化剂、酸类等混装混运。运输途中应防暴晒、雨淋,防高温。中途停留时应远离火种、热源。运输用车、船必须干燥,并有良好的防雨设施。车辆运输完毕应进行彻底清扫。

五、健康危害及防护救治

【健康危害】 吸入中毒主要是本品在空气中能释放出磷化氢气体所致。误服磷化锌可致磷化氢中毒,表现有不同程度的胃肠症状,以及发热、畏寒、头晕、兴奋及心律紊乱等。严重者有气急、少尿、抽搐、休克及昏迷等。

【防护】 操作时应穿胶布防毒衣,戴橡胶手套。可能接触其粉尘时,必须佩戴防尘面具(全面罩)。紧急事态抢救或撤离时,应该佩戴空气呼吸器。

【救治】

皮肤接触:脱去污染的衣着,用流动清水冲洗。

眼睛接触:提起眼睑,用流动清水或生理盐水冲洗;就医。

吸入:迅速脱离现场至空气新鲜处;保持呼吸道通畅;如呼吸困难,给输氧;如呼吸停止,立即进行人工呼吸;就医。

食入:饮足量温水,催吐;洗胃;就医。

六、事故处置

【泄漏】 隔离泄漏污染区,限制出入。切断火源。建议应急处理人员戴自给式呼吸器,穿防毒服。不要直接接触泄漏物。小量泄漏:小心扫起,收集于密闭容器中。大量泄漏:收集回收或运至废物处理场所处置。

【火灾】 消防人员须戴好防毒面具,在安全距离以外,在上风向灭火。可用干粉、二氧化碳、砂土灭火。禁止用水和泡沫灭火。

第二十三种　氯

一、标识

【品名】 氯。

【别名】 氯气、液氯。

【危险货物编号】 UN1017;CN23002 有毒气体。

【剧毒化学品目录编号】 84。

二、性状

【外观与性状】 黄绿色、有刺激性气味的气体。

【毒性】 半数致死浓度:293×10^{-6},1h(大鼠吸入)。

【燃烧性】 助燃。

【危险特性】 一般可燃物大都能在氯气中燃烧,一般易燃气体或蒸气也都能与氯气形成爆炸性混合物。氯气能与许多化学品如乙炔、松节油、乙醚、氨、燃料气、烃类、氢气、金属粉末等猛烈反应发生爆炸或生成爆炸性物质。它几乎对金属和非金属都有腐蚀作用。具有刺激性。

三、用途

用于污水处理消毒、漂白、制造氯化合物、盐酸、聚氯乙烯等。

四、运输方法

采用钢瓶运输时必须戴好钢瓶上的安全帽。钢瓶一般平放,并应将瓶口朝同一方向,不可交叉;高度不得超过车辆的防护栏板,并用三角木垫卡牢,防止滚动。严禁与易燃物或可燃物、醇类、食用化学品等混装混运。夏季应早晚运输,防止日光暴晒。公路运输时要按规定路线行驶,禁止在居民区和人口稠密区停留。

五、健康危害及防护救治

【健康危害】 对眼、呼吸道有强烈刺激作用。急性中毒:轻度者有流泪、咳嗽、咳少量痰、胸闷,出现气管炎和支气管炎的表现;中度中毒发生支气管肺炎或间质性肺水肿,病人除有上述症状的加重外,出现呼吸困难、轻度紫绀等;重者发生肺水肿、昏迷和休克,可出现气胸、纵隔气肿等并发症。吸入极高浓度的氯气,可引起迷走神经反射性心跳骤停或喉头痉挛而发生"电击样"死亡。皮肤接触液氯或高浓度氯,在暴露部位可有灼伤或急性皮炎。

【防护】 操作时应穿戴面罩式胶布防毒衣及橡胶手套。空气中浓度超标时,建议佩戴空气呼吸器。

【救治】

皮肤接触:立即脱去污染的衣着,用大量流动清水冲洗;就医。

眼睛接触:提起眼睑,用流动清水或生理盐水冲洗;就医。

吸入:迅速脱离现场至空气新鲜处,保持呼吸道通常,吸氧;呼吸心跳停止时,立即进行人工呼吸和胸外心脏按压术;就医。

六、事故处置

【泄漏】 迅速撤离泄漏污染区人员至上风处,并立即进行隔离,小泄漏时隔离150m,大泄漏时隔离450m,严格限制出入。建议应急处理人员戴自给正压式呼吸器,穿防毒服。尽可能切断泄漏源。合理通风,加速扩散。喷雾状水稀释、溶解。构筑围堤或挖坑收容产生的大量废水。如有可能,用管道将泄漏物导至还原剂(酸式硫酸钠或酸式碳酸钠)溶液。也可以将漏气钢瓶浸入石灰乳液中。漏气容器要妥善处理,修复、检验后再用。

【火灾】 消防人员必须佩戴过滤式防毒面具(全面罩)或隔离式呼吸器、穿全身防火防毒服,在上风向灭火。切断气源。喷水冷却容器,可能的话将容器从火场移至空旷处。可用雾状水、泡沫、干粉灭火。

第二十四种 氯 化 汞

一、标识

【品名】 氯化汞。

【别名】 升汞、氯化高汞。

【危险货物编号】 UN1624;CN61030 毒害品。

【剧毒化学品目录编号】 18。

二、性状

【外观与性状】 无色或白色结晶性粉末,常温下微量挥发。

【毒性】 半数致死量:1mg/kg(大鼠经口);41mg/kg(兔经皮)。

【燃烧性】 不燃。

【危险特性】 与碱金属能发生剧烈反应。具有刺激性。

三、用途

用作有机合成的催化剂、防腐剂、消毒剂和分析试剂。

四、运输方法

运输前应先检查包装容器是否完整、密封,运输过程中要确保容器不泄漏、不倒塌、不坠落、不损坏。严禁与酸类、氧化剂、食品及食品添加剂混运。运输车辆应配备泄漏应急处理设备。运输途中应防暴晒、雨淋,防高温。

五、健康危害及防护救治

【健康危害】 汞离子可使含巯基的酶丧失活性,失去功能;还能与酶中的氨基、二巯基、羧基、羟基以及细胞内的磷酰基结合,引起相应的损害。急性中毒:有头痛、头晕、乏力、失眠、多梦、口腔炎、发热等全身症状。可有食欲不振、恶心、腹痛、腹泻等。部分患者皮肤出现红色斑丘疹。严重者发生间质性肺炎及肾损害。口服可发生急性腐蚀性胃肠炎,严重者昏迷、休克,甚至发生坏死性肾病致急性肾功能衰竭。对眼有刺激性。可致皮炎。

【防护】 操作时应穿连衣式胶布防毒衣,戴化学安全防护眼镜及橡胶手套。作业时应佩戴自吸过滤式防尘口罩。必要时,佩戴隔离式呼吸器。

【救治】

皮肤接触:脱去污染的衣着,用肥皂水和清水彻底冲洗皮肤;就医。

眼睛接触:提起眼睑,用流动清水或生理盐水冲洗;就医。

吸入:迅速脱离现场至空气新鲜处;保持呼吸道通畅;如呼吸困难,给输氧;如呼吸停止,立即进行人工呼吸;就医。

食入:催吐;用清水或2%碳酸氢钠溶液洗胃(忌用生理盐水);给饮牛奶或蛋清;就医。

六、事故处置

【泄漏】 隔离泄漏污染区,限制出入。建议应急处理人员戴防尘面具(全面罩),穿防毒服。不要直接接触泄漏物。小量泄漏:避免扬尘,用洁净的铲子收集于干燥、洁净、有盖的容器中。大量泄漏:用塑料布、帆布覆盖;然后收集回收或运至废物处理场所处置。

【火灾】 消防人员必须穿全身防火防毒服,在上风向灭火。可用水、砂土灭火。

第二十五种　氯甲酸甲酯

一、标识

【品名】 氯甲酸甲酯。

【别名】 氯碳酸甲酯。

【危险货物编号】 UN1238;CN32150 易燃液体。

【剧毒化学品目录编号】 168。

二、性状

【外观与性状】 无色液体,有强烈刺激性气味。

【毒性】 半数致死量:50mg/kg(大鼠经口);7120mg/kg(兔经皮)。半数致死浓度:88×10^{-6},1h(大鼠吸入)。

【燃烧性】 易燃。

【危险特性】 本品遇明火、高热易引起燃烧,并放出有毒气体。遇水或水蒸气反应放热并产生有毒的腐蚀性气体。具有腐蚀性、强刺激性。

三、用途

用于有机合成及制造杀虫剂,也用于制取催泪性毒气。

四、运输方法

运输车辆应配备相应品种和数量的消防器材及泄漏应急处理设备。夏季最好早晚运输。运输时所用的槽(罐)车应有接地链,槽内可设孔隔板以减少振荡产生静电。严禁酸类、碱类、醇类、胺类、食用化学品等混装混运。运输途中应防暴晒、雨淋,防高温。雨天不宜运输。中途停留时应远离火种、热源、高温区。装运该物品的车辆排气管必须配备阻火装置,禁止使用易产生火花的机械设备和工具装卸。公路运输时要按规定路线行驶,勿在居民区和人口稠密区停留。严禁用木船、水泥船散装运输。

五、健康危害及防护救治

【健康危害】 本品对呼吸道、眼结膜有剧烈刺激作用。人接触后表现为眼及上呼吸道刺激及表皮灼伤。较高浓度时发生肺水肿。本品刺激强度为氯气的5倍。涂于豚鼠皮肤引起深度坏死及形成焦痂。与兔眼接触造成永久性角膜损害。

【防护】 操作时穿防毒物渗透工作服,戴化学安全防护眼镜及橡胶耐油手套。可能接触其蒸气时,佩戴自吸过滤式防毒面具(全面罩)。必要时,佩戴空气呼吸器。

【救治】

皮肤接触:立即脱去污染的衣着,用大量流动清水冲洗至少15min;就医。

眼睛接触:立即提起眼睑,用大量流动清水或生理盐水彻底冲洗至少15min;就医。

吸入:迅速脱离现场至空气新鲜处;保持呼吸道通畅;如呼吸困难,给输氧;如呼吸停止,立即进行人工呼吸;就医。

食入:用水漱口,给饮牛奶或蛋清;就医。

六、事故处置

【泄漏】 迅速撤离泄漏污染区人员至安全区,并立即隔离150m,严格限制出入。切断火源。建议应急处理人员戴自给正压式呼吸器,穿防毒服。不要直接接触泄漏物。尽可能切断泄漏源。防止流入下水道、排洪沟等限制性空间。小量泄漏:用砂土或其他不燃材料吸附或吸收。也可以用不燃性分散剂制成的乳液刷洗,洗液稀释后放入废水系统。大量泄漏:构筑围堤或挖坑收容;用泡沫覆盖,降低蒸气灾害;用防爆泵转移至槽车或专用收集器内,回收或运至废物处理场所处置。

【火灾】 消防人员必须佩戴过滤式防毒面具(全面罩)或隔离式呼吸器、穿全身防火防毒服,在上风向灭火。可用二氧化碳、干粉、砂土灭火。

第二十六种 氯甲酸乙酯

一、标识

【品名】 氯甲酸乙酯。

【别名】 氯碳酸乙酯。

【危险货物编号】 UN1182;CN32151 易燃液体。

【剧毒化学品目录编号】 169。

二、性状

【外观与性状】 无色液体,有刺激性气味。

【毒性】 半数致死量:50mg/kg(大鼠经口);7120mg/kg(兔经皮)。半数致死浓度:

840mg/m³,1h(大鼠吸入)。

【燃烧性】 易燃。

【危险特性】 本品遇明火、高热易引起燃烧,并放出有毒气体。遇水或水蒸气反应放热并产生有毒的腐蚀性气体。具有腐蚀性、刺激性。

三、用途

用于有机合成及用作溶剂。

四、运输方法

运输车辆应配备相应品种和数量的消防器材及泄漏应急处理设备。夏季最好早晚运输。运输时所用的槽(罐)车应有接地链,槽内可设孔隔板以减少振荡产生静电。严禁与酸类、碱类、醇类、胺类、食用化学品等混装混运。运输途中应防暴晒、雨淋,防高温。中途停留时应远离火种、热源、高温区。装运该物品的车辆排气管必须配备阻火装置,禁止使用易产生火花的机械设备和工具装卸。公路运输时要按规定路线行驶,勿在居民区和人口稠密区停留。严禁用木船、水泥船散装运输。

五、健康危害及防护救治

【健康危害】 人接触后主要中毒表现为眼及上呼吸道刺激;高浓度时可发生肺水肿。涂于豚鼠皮肤引起深度坏死及形成焦痂。与兔眼接触造成永久性角膜损害。

【防护】 操作时穿防毒物渗透工作服,戴化学安全防护眼镜及橡胶耐油手套。可能接触其蒸气时,佩戴自吸过滤式防毒面具(半面罩)。必要时,佩戴空气呼吸器。

【救治】

皮肤接触:立即脱去污染的衣着,用大量流动清水冲洗至少15min;就医。

眼睛接触:立即提起眼睑,用大量流动清水或生理盐水彻底冲洗至少15min;就医。

吸入:迅速脱离现场至空气新鲜处;保持呼吸道通畅;如呼吸困难,给输氧;如呼吸停止,立即进行人工呼吸;就医。

食入:用水漱口,给饮牛奶或蛋清;就医。

六、事故处置

【泄漏】 迅速撤离泄漏污染区人员至安全区,并立即隔离150m,严格限制出入。切断火源。建议应急处理人员戴自给正压式呼吸器,穿防毒服。尽可能切断泄漏源。防止流入下水道、排洪沟等限制性空间。小量泄漏:用砂土或其他不燃材料吸附或吸收;也可以用不燃性分散剂制成的乳液刷洗,洗液稀释后放入废水系统。大量泄漏:构筑围堤或挖坑收容;喷雾状水或泡沫冷却和稀释蒸气、保护现场人员;用防爆泵转移至槽车或专用收集器内,回收或运至废物处理场所处置。

【火灾】 消防人员必须佩戴过滤式防毒面具(全面罩)或隔离式呼吸器、穿全身防火防毒服,在上风向灭火。可用二氧化碳、干粉、砂土灭火。

第二十七种 氯 乙 酸

一、标识

【品名】 氯乙酸。

【别名】 一氯醋酸。

【危险货物编号】 UN1751;CN81603 酸性腐蚀品。

【剧毒化学品目录编号】 167。

二、性状

【外观与性状】 无色结晶,有潮解性。

【毒性】 半数致死量:55mg/kg(大鼠经口);255mg/kg(小鼠经口)。半数致死浓度:180mg/m^3(大鼠吸入)。

【燃烧性】 可燃。

【危险特性】 本品遇明火、高热可燃。受高热分解产生有毒的腐蚀性烟气。与强氧化剂接触可发生化学反应。遇潮时对大多数金属有强腐蚀作用。具有刺激性,可致人体灼伤。

三、用途

用于制造农药和做有机合成中间体。

四、运输方法

起运时包装要完整,装载应稳妥。运输过程中要确保容器不泄漏、不倒塌、不坠落、不损坏。严禁与氧化剂、还原剂、碱类、食用化学品等混装混运。运输途中应防暴晒、雨淋,防高温。

五、健康危害及防护救治

【健康危害】 吸入高浓度本品蒸气或皮肤接触其溶液后,可迅速大量吸收,造成急性中毒。吸入初期为上呼吸道刺激症状。中毒后数小时即可出现心、肺、肝、肾及中枢神经损害,重者呈现严重酸中毒。患者可有抽搐、昏迷、休克、血尿和肾功能衰竭。酸雾可致眼部刺激症状和角膜灼伤。皮肤灼伤可出现水疱,1~2 周后水疱吸收。若皮肤灼伤面积大于 10%,可引起全身中毒,甚至引起死亡。

【防护】 操作时应穿橡胶耐酸碱服,戴橡胶耐酸碱手套,可能接触其蒸气或烟雾时,必须佩戴导管式防毒面具。必要时,建议佩戴隔离式呼吸器。

【救治】

皮肤接触:立即脱去污染的衣着,用大量流动清水冲洗至少15min;就医。

眼睛接触:立即提起眼睑,用大量流动清水或生理盐水彻底冲洗至少15min;就医。

吸入:迅速脱离现场至空气新鲜处;保持呼吸道通畅;如呼吸困难,给输氧;如呼吸停止,立即进行人工呼吸;就医。

食入:用水漱口,洗胃;给饮牛奶或蛋清;就医。

六、事故处置

【泄漏】 隔离泄漏污染区,限制出入。切断火源。建议应急处理人员戴防尘面具(全面罩),穿防酸碱工作服。不要直接接触泄漏物。小量泄漏:避免扬尘,用洁净的铲子收集于干燥、洁净、有盖的容器中;也可以用大量水冲洗,洗水稀释后放入废水系统。大量泄漏:用塑料布、帆布覆盖,然后收集回收或运至废物处理场所处置。

【火灾】 可用雾状水、泡沫、二氧化碳、砂土灭火。

第二十八种 马钱子碱

一、标识

【品名】 马钱子碱。

【别名】 二甲氧基士的宁、白路新。

【危险货物编号】 UN1570;CN61121 毒害品。

【剧毒化学品目录编号】 102。

二、性状

【外观与性状】 无色粉末。

【毒性】 半数致死量150mg/kg(小鼠经口)。

【燃烧性】 可燃。

【危险特性】 遇明火、高热可燃。受高热分解放出有毒的气体。具有刺激性。

三、用途

用于有机合成。

四、运输方法

运输前应先检查包装容器是否完整、密封,运输过程中要确保容器不泄漏、不倒塌、不坠落、不损坏。严禁与酸类、氧化剂、食品及食品添加剂混运。运输途中应防暴晒、雨淋,防高温。

五、健康危害及防护救治

【健康危害】 食入引起恶心、呕吐、烦躁、颤搐,少数引起阵发性肌肉痉挛和死亡。可引起触觉、听觉及视觉敏感,遇光、声、风等极轻微刺激后全身肌肉强直性痉挛,呈阵发性。可死于呼吸麻痹、窒息或心力衰竭。

【防护】 操作时应穿防毒物渗透工作服,戴化学安全防护眼镜及橡胶手套。空气中粉尘浓度超标时,必须佩戴自吸过滤式防尘口罩。紧急事态抢救或撤离时,应该佩戴空气呼吸器。

【救治】

皮肤接触:立即脱去污染的衣着,用大量流动清水冲洗;就医。

眼睛接触:提起眼睑,用流动清水或生理盐水冲洗;就医。

吸入:迅速脱离现场至空气新鲜处;保持呼吸道通畅;如呼吸困难,给输氧;如呼吸停止,立即进行人工呼吸;就医。

食入:先灌入解毒剂(半杯水加入 1g 鞣酸或 1mL 复方碘溶液),再以 1:5000 高锰酸钾溶液洗胃;就医。

六、事故处置

【泄漏】 隔离泄漏污染区,限制出入。切断火源。建议应急处理人员戴自给正压式呼吸器,穿防毒服。避免扬尘,小心扫起,置于袋中转移至安全场所。若大量泄漏,用塑料布、帆布覆盖;收集回收或运至废物处理场所处置。

【火灾】 消防人员须佩戴防毒面具、穿全身消防服,在上风向灭火。可用雾状水、泡沫、干粉、二氧化碳、砂土灭火。

第二十九种 氰 化 钾

一、标识

【品名】 氰化钾。

【别名】 山奈钾。

【危险货物编号】 UN1680;CN61001 毒害品。

【剧毒化学品目录编号】 3。

二、性状

【外观与性状】 白色结晶或粉末,易潮解。

【毒性】 半数致死量:5mg/kg(大鼠经口)。

【燃烧性】 不燃。

【危险特性】 受高热或与酸接触会产生剧毒的氰化物气体。与硝酸盐、亚硝酸盐、氯酸盐反应剧烈,有发生爆炸的危险。遇酸或露置空气中能吸收水分和二氧化碳分解出剧毒的氰化氢气体。水溶液为碱性腐蚀液体。具有刺激性。

三、用途

用于提炼金、银等贵重金属和淬火、电镀,及制分析试剂、医药、杀虫剂等。

四、运输方法

运输前应先检查包装容器是否完整、密封,运输过程中要确保容器不泄漏、不倒塌、不坠落、不损坏。严禁与酸类、氧化剂、食品及食品添加剂混运。运输车辆应配备泄漏应急处理设备。运输途中应防暴晒、雨淋,防高温。公路运输时要按规定路线行驶,勿在居民区和人口稠密区停留。

五、健康危害及防护救治

【健康危害】 抑制呼吸酶,造成细胞内窒息。吸入、口服或经皮吸收均可引起急性中毒。口服50~100mg即可引起猝死。非骤死者临床分为4期:前驱期有黏膜刺激、呼吸加深加快、乏力、头痛,口服有舌尖、口腔发麻等;呼吸困难期有呼吸困难、血压升高、皮肤黏膜呈鲜红色等;惊厥期出现抽搐、昏迷、呼吸衰竭;麻痹期全身肌肉松弛,呼吸心跳停止而死亡。

【防护】 操作时应穿连衣式胶布防毒衣,戴橡胶手套。可能接触毒物时,必须佩戴头罩型电动送风过滤式防尘呼吸器。可能接触其粉尘时,应该佩戴隔离式呼吸器。

【救治】

皮肤接触:立即脱去污染的衣着,用流动清水或5%硫代硫酸钠溶液彻底冲洗至少20min;就医。

眼睛接触:立即提起眼睑,用大量流动清水或生理盐水彻底冲洗至少15min;就医。

吸入:迅速脱离现场至空气新鲜处;保持呼吸道通畅;如呼吸困难,给输氧;呼吸心跳停止时,立即进行人工呼吸(勿用口对口)和胸外心脏按压术。给吸入亚硝酸异戊酯;就医。

食入:饮足量温水,催吐;用1:5000高锰酸钾或5%硫代硫酸钠溶液洗胃;给吸入亚硝酸异戊酯;就医。

六、事故处置

【泄漏】 隔离泄漏污染区,限制出入。建议应急处理人员戴防尘面具(全面罩),穿防毒服。不要直接接触泄漏物。小量泄漏:用洁净的铲子收集于干燥、洁净、有盖的容器中。也可以用次氯酸盐溶液冲洗,洗液稀释后放入废水系统。大量泄漏:用塑料布、帆布覆盖。然后收集回收或运至废物处理场所处置。

【火灾】 发生火灾时应尽量抢救商品,防止包装破损,引起环境污染。消防人员须佩戴防毒面具、穿全身消防服,在上风向灭火。可用干粉、砂土灭火。禁止用二氧化碳和酸碱灭火剂灭火。

第三十种 氰化金钾

一、标识

【品名】 氰化金钾。
【别名】 亚金氰化钾。
【危险货物编号】 UN1588;CN61001 毒害品。
【剧毒化学品目录编号】 8。

二、性状

【外观与性状】 白色粉状结晶,有淡淡的苦杏仁味。
【毒性】 大鼠经口半数致死量:5mg/kg(CKN)。
【燃烧性】 不燃。
【危险特性】 无资料。

三、用途

用于电镀和金的回收。

四、运输方法

切勿与酸类及氧化剂共储混运。搬运时应穿防毒工作服、戴口罩、手套。运输时,防止雨淋暴晒。

五、健康危害及防护救治

【健康危害】 吸入、摄入或经皮吸收均有毒。氰化物为剧毒。急性中毒非骤死者先出现感觉无力、头痛、眩晕、恶心、呼吸困难等,随后面色苍白、抽搐、失去知觉,呼吸停止而死亡。

【防护】 操作时应穿防毒服,戴橡胶手套。

【救治】

皮肤接触:立即脱去污染的衣着,用流动清水或5%硫代硫酸钠溶液彻底冲洗至少20min;就医。

眼睛接触:立即提起眼睑,用大量流动清水或生理盐水彻底冲洗至少15min;就医。

吸入:迅速脱离现场至空气新鲜处;保持呼吸道通畅;如呼吸困难,给输氧;呼吸心跳停止时,立即进行人工呼吸(勿用口对口)和胸外心脏按压术;给吸入亚硝酸异戊酯;就医。

食入:饮足量温水,催吐;用1:5000高锰酸钾或5%硫代硫酸钠溶液洗胃;给吸入亚硝酸异戊酯;就医。

六、事故处置

【泄漏】 隔离泄漏污染区,限制出入。建议应急处理人员戴防尘面具(全面罩),穿防毒服。不要直接接触泄漏物。小量泄漏:避免扬尘,用洁净的铲子收集于干燥、洁净、有盖的容器中。大量泄漏:用塑料布、帆布覆盖,然后收集回收或运至废物处理场所处置。

【火灾】 发生火灾时应尽量抢救商品,防止包装破损,引起环境污染。消防人员须佩戴防毒面具、穿全身消防服,在上风向灭火。可用干粉、砂土灭火。禁止用二氧化碳和酸碱灭火剂灭火。

第三十一种　氰　化　钠

一、标识

【品名】 氰化钠。

【别名】 山奈钠。

【危险货物编号】 UN1689;CN61001 毒害品。

【剧毒化学品目录编号】 2。

二、性状

【外观与性状】 白色或灰色粉末状结晶,有微弱的氰化氢气味。

【毒性】 半数致死量:6.4mg/kg(大鼠经口)。

【燃烧性】 不燃。

【危险特性】 与硝酸盐、亚硝酸盐、氯酸盐反应剧烈,有发生爆炸的危险。遇酸会产生剧毒、易燃的氰化氢气体。在潮湿空气或二氧化碳中即缓慢发出微量氰化氢气体。具有刺激性。

三、用途

用于提炼金、银等贵重金属和淬火,并用于塑料、农药、医药、染料等有机合成工业。

四、运输方法

运输前应先检查包装容器是否完整、密封,运输过程中要确保容器不泄漏、不倒塌、不坠落、不损坏。严禁与酸类、氧化剂、食品及食品添加剂混运。运输车辆应配备泄漏应急处理设备。运输途中应防暴晒、雨淋,防高温。公路运输时要按规定路线行驶,禁止在居民区和人口稠密区停留。

五、健康危害及防护救治

【健康危害】 抑制呼吸酶,造成细胞内窒息。吸入、口服或经皮吸收均可引起急性中毒。口服50~100mg即可引起猝死。非骤死者临床分为4期:前驱期有黏膜刺激、呼吸加快加深、乏力、头痛,口服有舌尖、口腔发麻等;呼吸困难期有呼吸困难、血压升高、皮肤黏膜呈鲜红色等;惊厥期出现抽搐、昏迷、呼吸衰竭;麻痹期全身肌肉松弛,呼吸心跳停止而死亡。

【防护】 操作时应穿连衣式胶布防毒衣,戴橡胶手套。可能接触毒物时,必须佩戴头罩型电动送风过滤式防尘呼吸器。紧急事态抢救或撤离时,建议佩戴自给式呼吸器。

【救治】

皮肤接触:立即脱去污染的衣着,用流动清水或5%硫代硫酸钠溶液彻底冲洗至少20min;就医。

眼睛接触:立即提起眼睑,用大量流动清水或生理盐水彻底冲洗至少15min;就医。

吸入:迅速脱离现场至空气新鲜处;保持呼吸道通畅;如呼吸困难,给输氧;呼吸心跳停止时,立即进行人工呼吸(勿用口对口)和胸外心脏按压术;给吸入亚硝酸异戊酯;就医。

食入:饮足量温水,催吐;用1:5000高锰酸钾或5%硫代硫酸钠溶液洗胃;给吸入亚硝酸异戊酯;就医。

六、事故处置

【泄漏】 隔离泄漏污染区,限制出入。建议应急处理人员戴防尘面具(全面罩),穿防毒服。不要直接接触泄漏物。小量泄漏:避免扬尘,用洁净的铲子收集于干燥、洁净、有盖的容器中。大量泄漏:用塑料布、帆布覆盖,然后收集回收或运至废物处理场所处置。

【火灾】 应尽量抢救商品,防止包装破损,引起环境污染。消防人员须佩戴防毒面具、穿全身消防服,在上风向灭火。可用干粉、砂土灭火。禁止用二氧化碳和酸碱灭火剂灭火。

第三十二种 氰 化 氢

一、标识

【品名】 氰化氢。

【别名】 氢氰酸。

【危险货物编号】 UN1051;CN61003毒害品。

【剧毒化学品目录编号】 10。

二、性状

【外观与性状】 无色气体或液体,有苦杏仁味。

【毒性】 半数致死浓度:160×10^{-6},30min(大鼠吸入)。

【燃烧性】 易燃。

【危险特性】 其蒸气与空气可形成爆炸性混合物，遇明火、高热能引起燃烧爆炸。长期放置则因水分而聚合，聚合物本身有自催化作用，可引起爆炸。

三、用途

用于丙烯腈和丙烯酸树脂及农药杀虫剂的制造。

四、运输方法

运输前应先检查包装容器是否完整、密封，运输过程中要确保容器不泄漏、不倒塌、不坠落、不损坏。严禁与酸类、氧化剂、食品及食品添加剂混运。运输车辆应配备相应品种和数量的消防器材及泄漏应急处理设备。运输途中应防暴晒、雨淋，防高温。运输时所用的槽（罐）车应有接地链，槽内可设孔隔板以减少振荡产生静电。中途停留时应远离火种、热源。公路运输时要按规定路线行驶，禁止在居民区和人口稠密区停留。

五、健康危害及防护救治

【健康危害】 抑制呼吸酶，造成细胞内窒息。急性中毒：短时间内吸入高浓度氰化氢气体，可立即呼吸停止而死亡。非骤死者临床分为4期：前驱期有黏膜刺激、呼吸加快加深、乏力、头痛，口服有舌尖、口腔发麻等；呼吸困难期有呼吸困难、血压升高、皮肤黏膜呈鲜红色等；惊厥期出现抽搐、昏迷、呼吸衰竭；麻痹期全身肌肉松弛，呼吸心跳停止而死亡。可致眼、皮肤灼伤，吸收引起中毒。

【防护】 操作时应穿连衣式胶布防毒衣，戴橡胶手套。可能接触毒物时，应该佩戴隔离式呼吸器。紧急事态抢救或撤离时，必须佩戴空气呼吸器。

【救治】

皮肤接触：立即脱去污染的衣着，用流动清水或5%硫代硫酸钠溶液彻底冲洗至少20min；就医。

眼睛接触：立即提起眼睑，用大量流动清水或生理盐水彻底冲洗至少15min；就医。

吸入：迅速脱离现场至空气新鲜处；保持呼吸道通畅；如呼吸困难，给输氧；呼吸心跳停止时，立即进行人工呼吸（勿用口对口）和胸外心脏按压术；给吸入亚硝酸异戊酯；就医。

食入：饮足量温水，催吐；用1：5000高锰酸钾或5%硫代硫酸钠溶液洗胃；给吸入亚硝酸异戊酯；就医。

六、事故处置

【泄漏】 迅速撤离泄漏污染区人员至安全区，并立即隔离150m，严格限制出入。切断火源。建议应急处理人员戴自给正压式呼吸器，穿防毒服。尽可能切断泄漏源。合理通风，加速扩散。喷雾状水稀释、溶解。构筑围堤或挖坑收容产生的大量废水。如有可能,应考虑将其引燃,以排除毒性气体的积聚。或将残余气或漏出气用排风机送至水洗塔或与塔相连的通风橱内。漏气容器要妥善处理,修复、检验后再用。

【火灾】 切断气源。若不能切断气源,则不允许熄灭泄漏处的火焰。消防人员必须穿戴全身专用防护服,佩戴氧气呼吸器,在安全距离以外或有防护措施处操作。可用干粉、抗溶性泡沫、二氧化碳灭火。用水灭火无效,但须用水保持火场容器冷却,用雾状水驱散蒸气。

第三十三种　氰化银钾

一、标识

【品名】 氰化银钾。

【别名】 银氰化钾。

【危险货物编号】 UN1588;CN61001 毒害品。

【剧毒化学品目录编号】 5。

二、性状

【外观与性状】 白色结晶,对光敏感。

【毒性】 半数致死量:20.9mg/kg(大鼠经口)。

【燃烧性】 不燃。

【危险特性】 遇酸或露置空气中能吸收水分和二氧化碳分解出剧毒的氰化氢气体。遇高热分解释出高毒烟气。

三、用途

用于电镀银,并用作杀菌剂、防腐剂。

四、运输方法

运输前应先检查包装容器是否完整、密封,运输过程中要确保容器不泄漏、不倒塌、不坠落、不损坏。严禁与酸类、氧化剂、食品及食品添加剂混运。运输车辆应配备泄漏应急处理设备。运输途中应防暴晒、雨淋,防高温。公路运输时要按规定路线行驶,勿在居民区和人口稠密区停留。

五、健康危害及防护救治

【健康危害】 吸入、摄入或经皮吸收均有毒。氰化物为剧毒。急性中毒非骤死者先出现感觉无力、头痛、眩晕、恶心、呼吸困难等,随后面色苍白、抽搐、失去知觉,呼吸停止而死亡。

【防护】 操作时应穿胶布防毒衣,戴橡胶手套。可能接触其粉尘时,必须佩戴空气呼吸器。

【救治】

皮肤接触:立即脱去污染的衣着,用大量流动清水冲洗;就医。

眼睛接触:提起眼睑,用流动清水或生理盐水冲洗;就医。

吸入:迅速脱离现场至空气新鲜处;保持呼吸道通畅;如呼吸困难,给输氧;如呼吸停止,立即进行人工呼吸;就医。

食入:饮足量温水,催吐;用1:5000高锰酸钾或5%硫代硫酸钠溶液洗胃;就医。

六、事故处置

【泄漏】 隔离泄漏污染区,限制出入。建议应急处理人员戴防尘口罩,穿防毒服。不要直接接触泄漏物。小量泄漏:小心扫起,转移至安全场所。大量泄漏:收集回收或运至废物处理场所处置。

【火灾】 消防人员必须穿全身防火防毒服,在上风向灭火。灭火时尽可能将容器从火场移至空旷处。然后根据着火原因选择适当灭火剂灭火。

第三十四种 三氯化磷

一、标识

【品名】 三氯化磷。

【别名】 氯化亚磷、氯化磷。

【危险货物编号】 UN1809;CN81041 酸性腐蚀品。

【剧毒化学品目录编号】 59。

二、性状

【外观与性状】 无色澄清液体,在潮湿空气中发烟。

【毒性】 半数致死量:550mg/kg(大鼠经口)。半数致死浓度:583mg/m^3,4h(大鼠吸入)。

【燃烧性】 不燃。

【危险特性】 遇水猛烈分解,产生大量的热和浓烟,甚至爆炸。对很多金属尤其是潮湿空气存在下有腐蚀性。具有强刺激性,可致人体灼伤。

三、用途

用于制造有机磷化合物,也用作试剂。

四、运输方法

商品起运时包装要完整,装载应稳妥。运输过程中要确保容器不泄漏、不倒塌、不坠落、不损坏。严禁与氧化剂、酸类、碱类、食用化学品等混装混运。运输车辆应配备泄漏应急处理设备。运输途中应防暴晒、雨淋,防高温。公路运输时要按规定路线行驶,勿在居民区和人口稠密区停留。

五、健康危害及防护救治

【健康危害】 本品在空气中可生成盐酸雾。对皮肤、黏膜有刺激腐蚀作用。短期内吸入大量蒸气可引起上呼吸道刺激症状,出现咽喉炎、支气管炎,严重者可发生喉头水肿致窒息、肺炎或肺水肿。皮肤及眼接触,可引起刺激症状或灼伤。严重眼灼伤可致失明。

【防护】 操作时应穿橡胶耐酸碱服,戴化学安全防护眼镜及橡胶耐酸碱手套。可能接触其蒸气时,必须佩戴自吸过滤式防毒面具(全面罩)或隔离式呼吸器。紧急事态抢救或撤离时,建议佩戴空气呼吸器。

【救治】

皮肤接触:立即脱去污染的衣着,立即用清洁棉花或布等吸去液体。用大量流动清水冲洗;就医。

眼睛接触:立即提起眼睑,用大量流动清水或生理盐水彻底冲洗至少15min;就医。

吸入:迅速脱离现场至空气新鲜处;保持呼吸道通畅;如呼吸困难,给输氧;如呼吸停止,立即进行人工呼吸;就医。

食入:用水漱口,谨慎洗胃;忌服油类;就医。

六、事故处置

【泄漏】 迅速撤离泄漏污染区人员至安全区,并立即隔离150m,严格限制出入。建议应急处理人员戴自给正压式呼吸器,穿防酸碱工作服。不要直接接触泄漏物。尽可能切断泄漏源。小量泄漏:用砂土、蛭石或其他惰性材料吸收,铲入搪瓷桶或聚乙烯塑料桶内逐次分小批倒至碱溶液中完全中和后,经稀释的污水排入废水处理系统。遇下雨天泄漏时,用砂土和纯碱混合吸收,确认完全中和后,铲入搪瓷桶或聚乙烯塑料桶内,收集后送环保部门进行无害化处置。对污染地面用肥皂或洗涤剂清洗。大量泄漏:构筑围堤或挖坑收容;在专家指导下清除。

【火灾】 消防人员必须穿全身耐酸碱消防服,可用干粉、二氧化碳、干燥砂土灭火。禁止用水灭火。

第三十五种 三氧化二砷

一、标识

【品名】 三氧化二砷。

【别名】 砒霜、白砒。

【危险货物编号】 UN1561;CN61007 毒害品。

【剧毒化学品目录编号】 47。

二、性状

【外观与性状】 无臭无味的白色粉末。

【毒性】 半数致死量:10mg/kg。

【燃烧性】 不燃。

【危险特性】 若遇高热,升华产生剧毒的气体。为致癌物,具有刺激性。

三、用途

用于玻璃、搪瓷、颜料工业和杀虫剂、皮革保存剂等。

四、运输方法

运输前应先检查包装容器是否完整、密封,运输过程中要确保容器不泄漏、不倒塌、不坠落、不损坏。严禁与酸类、氧化剂、食品及食品添加剂混运。运输车辆应配备泄漏应急处理设备。运输途中应防暴晒、雨淋,防高温。公路运输时要按规定路线行驶,勿在居民区和人口稠密区停留。

五、健康危害及防护救治

【健康危害】 主要影响神经系统和毛细血管通透性,对皮肤和黏膜有刺激作用。急性中毒:口服中毒出现恶心,呕吐,腹痛,"米泔"样大便,有时混有血液,四肢痛性痉挛,少尿,无尿,昏迷、抽搐,呼吸麻痹而死亡。可在急性中毒的1~3周内发生周围神经病。可发生中毒性心肌炎、肝炎。大量吸入亦可引起急性中毒,但消化道症状轻,指(趾)甲上出现米氏纹。

【防护】 操作时应穿连衣式胶布防毒衣,戴橡胶手套。可能接触其粉尘时,应该佩戴头罩型电动送风过滤式防尘呼吸器。必要时,佩戴空气呼吸器。

【救治】

皮肤接触:脱去污染的衣着,用肥皂水和清水彻底冲洗皮肤;就医。

眼睛接触:提起眼睑,用流动清水或生理盐水冲洗;就医。

吸入:迅速脱离现场至空气新鲜处;保持呼吸道通畅;如呼吸困难,给输氧;如呼吸停止,立即进行人工呼吸;就医。

食入:催吐;洗胃;给饮牛奶或蛋清;就医。

六、事故处置

【泄漏】 隔离泄漏污染区,限制出入。建议应急处理人员戴防尘面具(全面罩),穿防毒服。不要直接接触泄漏物。小量泄漏:避免扬尘,用洁净的铲子收集于干燥、洁净、有盖的容器中。大量泄漏:用塑料布、帆布覆盖,然后收集回收或运至废物处理场所处置。

【火灾】 消防人员必须穿橡胶防护服、胶鞋、并佩戴过滤式防毒面具(全面罩)或自给式呼吸器灭火。可用干粉、水、砂土灭火。

第三十六种 砷化氢

一、标识

【品名】 砷化氢。

【别名】 胂、砷化三氢。

【危险货物编号】 UN2188;CN23006 有毒气体。

【剧毒化学品目录编号】 46。

二、性状

【外观与性状】 无色气体,有大蒜臭味。

【毒性】 半数致死浓度:390mg/m^3,10min(大鼠吸入);250mg/m^3,10min(小鼠吸入)。

【燃烧性】 易燃。

【危险特性】 是一种强还原剂。与空气混合能形成爆炸性混合物。遇明火、高热能引起燃烧爆炸。

三、用途

用于有机合成、军用毒气,及应用于科研或某些特殊实验中。

四、运输方法

采用钢瓶运输时必须戴好钢瓶上的安全帽。钢瓶一般平放,并应将瓶口朝同一方向,不可交叉;高度不得超过车辆的防护栏板,并用三角木垫卡牢,防止滚动。运输车辆应配备相应品种和数量的消防器材。装运该物品的车辆排气管必须配备阻火装置,禁止使用易产生火花的机械设备和工具装卸。严禁与氧化剂、食用化学品等混装混运。夏季应早晚运输,防止日光暴晒。中途停留时应远离火种、热源。公路运输时要按规定路线行驶,禁止在居民区和人口稠密区停留。

五、健康危害及防护救治

【健康危害】 本品为强烈溶血毒物,红细胞溶解后的产物可堵塞肾小管,引起急性肾功衰竭。急性中毒:一般在10多小时内即出现溶血症状和体征。轻者全身无力、恶心、呕吐、腰痛、巩膜轻度黄染、尿色深暗;较重者出现寒战,体温升高,尿呈酱油色甚至黑色,黄疸加深,肝脏肿大;严重者导致急性肾功衰竭,病人全身症状加重,体温升高,出现尿闭,可因急性心力衰竭和尿毒症而死亡。

【防护】 操作时应穿戴面罩式胶布防毒衣,戴橡胶手套。工作情况下,必须佩戴过滤式防毒面具(全面罩)。高浓度环境中,必须佩戴空气呼吸器。

【救治】 吸入:迅速脱离现场至空气新鲜处;保持呼吸道通畅;如呼吸困难,给输氧;如呼吸停止,立即进行人工呼吸;就医。

六、事故处置

【泄漏】 迅速撤离泄漏污染区人员至上风处,并立即隔离450m,严格限制出入。切断火源。建议急处理人员应穿防毒服,必须戴自给正压式呼吸器。尽可能切断泄漏源。合理通风,加速扩散。喷雾状水稀释、溶解。构筑围堤或挖坑收容产生的大量废水。如有可能,将漏出气用排风机送至空旷地方或装设适当喷头烧掉。漏气容器要妥善处理,修复、检验后再用。

【火灾】 消防人员必须佩戴过滤式防毒面具(全面罩)或隔离式呼吸器、穿全身防火防毒服,在上风向灭火。切断气源。若不能切断气源,则不允许熄灭泄漏处的火焰。喷水冷却容器,可能的话将容器从火场移至空旷处。可用雾状水、泡沫、干粉灭火。

第三十七种　2,3,7,8-四氯二苯并对二嗯英

一、标识

【品名】 2,3,7,8-四氯二苯并对二嗯英。

【别名】 二嗯英。

【危险货物编号】 UN2811;CN61139,61908。

【剧毒化学品目录编号】 177。

二、性状

【外观与性状】 无色固体。

【毒性】 半数致死量:0.02mg/kg(大鼠经口);0.275mg/kg(兔经皮)。

【燃烧性】 无资料。

【危险特性】 是一种强氧化剂。遇强酸或高温时能释出氧气,促使有机物燃烧。与硝酸盐、氯酸盐接触剧烈反应。有水时与硫化钠混合能引起自燃。与有机物、还原剂、易燃物(如硫、磷等)接触或混合时有引起燃烧爆炸的危险。具有较强的腐蚀性。

三、用途

禁用;只能用于被批准的研究目的。

四、运输方法

运输时,防止雨淋暴晒,搬运时必须轻拿轻放,严禁摔、撞击容器。切勿与氧化剂和食用化学品混运。

五、健康危害及防护救治

【健康危害】 皮肤接触可引起氯痤疮、皮肤黑斑。吸入二噁英可引起呼吸道刺激、头痛、头晕、恶心、呕吐、疲倦、失眠、性功能障碍。也可出现肌肉乏力、疼痛与行为改变。中枢神经系统、免疫功能和肝脏也可受到二噁英的影响。高浓度接触癌症发病率增高。本物质对胎儿具有毒性,并能损害胎儿的肾脏。

【防护】 无资料。

【救治】 对症处理,没有特效的救治办法。

六、事故处置

【泄漏】 无资料。

【火灾】 无资料。

第三十八种 四氧化锇

一、标识

【品名】 四氧化锇。

【别名】 锇酸酐。

【危险货物编号】 UN2471;CN61026 毒害品。

【剧毒化学品目录编号】 45。

二、性状

【外观与性状】 白色或淡黄色结晶,有类似氯的气味。

【毒性】 半数致死量:14.1mg/kg(大鼠腹腔内);162mg/kg(小鼠经口)。

【燃烧性】 不燃。

【危险特性】 是一种强氧化剂。蒸气在灼烧时与氢接触会引起爆炸。与有机物接触剧烈反应。具有强刺激性。

三、用途

用作催化剂、氧化剂、化学试剂,还用于医药和制造白热气灯的纱罩等。

四、运输方法

运输前应先检查包装容器是否完整、密封,运输过程中要确保容器不泄漏、不倒塌、不坠落、不损坏。严禁与酸类、氧化剂、食品及食品添加剂混运。运输车辆应配备泄漏应急处理设备。运输途中应防暴晒、雨淋,防高温。

五、健康危害及防护救治

【健康危害】 对眼睛、黏膜、呼吸道及皮肤有强烈刺激作用。可引起严重眼结膜炎，严重时发生角膜溃疡。吸入其蒸气发生支气管炎、肺炎等，可因肺炎而致死。吸收后可引起肾炎和血尿。对皮肤可引起坏死性皮炎。

【防护】 操作时应穿胶布防毒衣，戴橡胶手套。可能接触其粉尘时，必须佩戴防尘面具（全面罩）。紧急事态抢救或撤离时，应该佩戴空气呼吸器。

【救治】

皮肤接触：立即脱去污染的衣着，用大量流动清水冲洗至少15min；就医。

眼睛接触：立即提起眼睑，用大量流动清水或生理盐水彻底冲洗至少15min；就医。

吸入：迅速脱离现场至空气新鲜处；保持呼吸道通畅；如呼吸困难，给输氧；如呼吸停止，立即进行人工呼吸；就医。

食入：用水漱口；谨慎洗胃；就医。

六、事故处置

【泄漏】 隔离泄漏污染区，限制出入。建议应急处理人员戴自给正压式呼吸器，穿防毒服。用洁净的铲子收集于干燥、洁净、有盖的容器中，转移至安全场所。若大量泄漏，收集回收或运至废物处理场所处置。

【火灾】 消防人员必须穿全身防火防毒服，在上风向灭火。灭火时尽可能将容器从火场移至空旷处。可用水、砂土灭火。

第三十九种　铊

一、标识

【品名】 铊。

【别名】 金属铊。

【危险货物编号】 UN3288；CN61022毒害品。

【剧毒化学品目录编号】 30。

二、性状

【外观与性状】 带兰光的银白色金属，质软。

【毒性】 半数致死量：0.8mg/kg（大鼠经口）。

【燃烧性】 易燃。

【危险特性】 微细粉末遇热源和明火有燃烧爆炸的危险。与氧剧烈反应。暴露在空气中会被氧化而变质。

三、用途

用于制光电管、低温计、光学玻璃,也用于制铊的化合物。

四、运输方法

运输前应先检查包装容器是否完整、密封,运输过程中要确保容器不泄漏、不倒塌、不坠落、不损坏。严禁与酸类、氧化剂、食品及食品添加剂混运。运输车辆应配备相应品种和数量的消防器材及泄漏应急处理设备。运输途中应防暴晒、雨淋,防高温。

五、健康危害及防护救治

【健康危害】 为强烈的神经毒物,对肝、肾有损害作用。吸入、口服可引起急性中毒;可经皮肤吸收。急性中毒:口服出现恶心、呕吐、腹部绞痛、厌食等。3~5 天后出现多发性颅神经和周围神经损害。出现感觉障碍及上行性肌麻痹。中枢神经损害严重者,可发生中毒性脑病。脱发为其特异表现。皮肤出现皮疹,指(趾)甲有白色横纹。

【防护】 操作时应穿连衣式胶布防毒衣,戴橡胶手套。可能接触其粉尘时,必须佩戴头罩型电动送风过滤式防尘呼吸器。紧急事态抢救或撤离时,建议佩戴空气呼吸器。

【救治】

皮肤接触:脱去污染的衣着,用肥皂水和清水彻底冲洗皮肤;就医。

眼睛接触:提起眼睑,用流动清水或生理盐水冲洗;就医。

吸入:迅速脱离现场至空气新鲜处;保持呼吸道通畅;如呼吸困难,给输氧;如呼吸停止,立即进行人工呼吸;就医。

食入:饮足量温水,催吐;用1%碘化钾60mL灌胃;洗胃;就医。

六、事故处置

【泄漏】 隔离泄漏污染区,限制出入。建议应急处理人员戴防尘面具(全面罩),穿防毒服。不要直接接触泄漏物。小心扫起,转移回收。

【火灾】 消防人员必须穿全身防火防毒服,在上风向灭火。可用二氧化碳、干燥砂土灭火。

第四十种 碳 酰 氯

一、标识

【品名】 碳酰氯。

【别名】 光气。

【危险货物编号】 UN1076;CN23038 有毒气体。

【剧毒化学品目录编号】 85。

二、性状

【外观与性状】 纯品为无色有特殊气味的气体，低温时为黄绿色液体。

【毒性】 半数致死浓度：75×10^{-6}，1/2h（大鼠吸入）。

【燃烧性】 不燃。

【危险特性】 化学反应性较高，遇水后有强烈腐蚀性。

三、用途

用于有机合成，制造染料、橡胶、农药和塑料等。

四、运输方法

采用钢瓶运输时必须戴好钢瓶上的安全帽。钢瓶一般平放，并应将瓶口朝同一方向，不可交叉；高度不得超过车辆的防护栏板，并用三角木垫卡牢，防止滚动。严禁与醇类、碱类、食用化学品等混装混运。夏季应早晚运输，防止日光暴晒。公路运输时要按规定路线行驶，禁止在居民区和人口稠密区停留。

五、健康危害及防护救治

【健康危害】 主要损害呼吸道，导致化学性支气管炎、肺炎、肺水肿。急性中毒：轻度中毒，患者有流泪、畏光、咽部不适、咳嗽、胸闷等；中度中毒，除上述症状加重外，患者出现轻度呼吸困难、轻度紫绀；重度中毒出现肺水肿或成人呼吸窘迫综合征，患者剧烈咳嗽、咯大量泡沫痰、呼吸窘迫、明显紫绀。肺水肿发生前有一段时间的症状缓解期（一般 1～24h）。可并发纵隔及皮下气肿。

【防护】 操作时应穿胶布防毒衣，戴橡胶手套。正常作业时，应该佩戴过滤式防毒面具（全面罩）或自给式呼吸器。紧急事态抢救或撤离时，建议佩戴空气呼吸器。

【救治】

皮肤接触：脱去污染的衣着，用流动清水冲洗。

眼睛接触：提起眼睑，用流动清水或生理盐水冲洗。

吸入：迅速脱离现场至空气新鲜处；保持呼吸道通畅；如呼吸困难，给输氧；如呼吸停止，立即进行人工呼吸；就医。

六、事故处置

【泄漏】 迅速撤离泄漏污染区人员至上风处，并立即进行隔离，小泄漏时隔离 150m，大泄漏时隔离 450m，严格限制出入。建议应急处理人员戴自给正压式呼吸器，穿防毒服。从上风处进入现场。尽可能切断泄漏源。合理通风，加速扩散。喷氨水或其他稀碱液中和。

构筑围堤或挖坑收容产生的大量废水。漏气容器要妥善处理，修复、检验后再用。

【火灾】 消防人员必须佩戴过滤式防毒面具（全面罩）或隔离式呼吸器、穿全身防火防毒服，在上风向灭火。切断气源。喷水冷却容器，可能的话将容器从火场移至空旷处。万一有光气漏逸，微量时可用水蒸气冲散，较大时，使用液氨喷雾冲洗。可用雾状水、干粉、二氧化碳灭火。

第四十一种 无 水 肼

一、标识

【品名】 无水肼。

【别名】 无水联胺。

【危险货物编号】 UN2029；CN33631 易燃液体。

【剧毒化学品目录编号】 115。

二、性状

【外观与性状】 无色发烟液体，有刺激性氨臭。

【毒性】 半数致死量：60mg/kg（大鼠经口）；91mg/kg（兔经皮）。半数致死浓度：570×10^{-6}，4h（大鼠吸入）。

【燃烧性】 易燃。

【危险特性】 是一种强还原剂。其蒸气能与空气形成范围广阔的爆炸性混合物。遇明火、高热极易燃烧爆炸。受热分解放出有毒的氧化氮烟气。燃烧时发出高热，可能发生爆炸。在空气中遇尘土、石棉、木材等疏松性物质能自燃。遇过氧化氢或硝酸等氧化剂，也能自燃。与各种金属氧化物接触能自行分解燃烧。具有强腐蚀性、刺激性，可致人体灼伤。

三、用途

用于制发泡剂、农作物杀虫剂和水处理剂。

四、运输方法

运输车辆应配备相应品种和数量的消防器材及泄漏应急处理设备。夏季最好早晚运输。运输时所用的槽（罐）车应有接地链，槽内可设孔隔板以减少振荡产生静电。严禁与氧化剂、金属粉末、食用化学品等混装混运。运输途中应防暴晒、雨淋，防高温。中途停留时应远离火种、热源、高温区。装运该物品的车辆排气管必须配备阻火装置，禁止使用易产生火花的机械设备和工具装卸。公路运输时要按规定路线行驶，勿在居民区和人口稠密区停留。严禁用木船、水泥船散装运输。

五、健康危害及防护救治

【健康危害】 吸入无水肼蒸气出现头痛、头晕、恶心、呕吐、腹泻、眼及上呼吸道刺激症状。吸入高浓度蒸气迅速发生中枢神经系统症状，先兴奋，如躁动不安、强直性抽搐，很快进入抑制状态。口服中毒引起频繁恶心、呕吐、腹泻，以后出现暂时性中枢性呼吸抑制、心律紊乱及中枢神经系统症状。可有肝功能异常。液体可致眼及皮肤灼伤。长期接触可引起神经衰弱综合征、肝损害、皮肤损害。

【防护】 操作时应穿连衣式胶布防毒衣，戴橡胶耐油手套。空气中浓度超标时，佩戴过滤式防毒面具（全面罩）或自给式呼吸器。紧急事态抢救或撤离时，建议佩戴空气呼吸器。

【救治】

皮肤接触：立即脱去污染的衣着，用大量流动清水冲洗至少15min；就医。

眼睛接触：立即提起眼睑，用大量流动清水或生理盐水彻底冲洗至少15min；就医。

吸入：迅速脱离现场至空气新鲜处；保持呼吸道通畅；如呼吸困难，给输氧；如呼吸停止，立即进行人工呼吸。

食入：用水漱口；谨慎洗胃；就医。

六、事故处置

【泄漏】 迅速撤离泄漏污染区人员至安全区，并进行隔离，严格限制出入。切断火源。建议应急处理人员戴自给正压式呼吸器，穿防毒服。从上风处进入现场。尽可能切断泄漏源。防止流入下水道、排洪沟等限制性空间。小量泄漏：用砂土或其他不燃材料吸附或吸收；也可以用大量水冲洗，洗水稀释后放入废水系统。大量泄漏：构筑围堤或挖坑收容；用泡沫覆盖，降低蒸气灾害。喷雾状水冷却和稀释蒸气、保护现场人员、把泄漏物稀释成不燃物。用防爆泵转移至槽车或专用收集器内，回收或运至废物处理场所处置。

【火灾】 遇大火，消防人员须在有防护掩蔽处操作，喷水冷却容器，可能的话将容器从火场移至空旷处。可用水、抗溶性泡沫、二氧化碳、干粉、砂土灭火。

第四十二种　五氧化二钒

一、标识

【品名】 五氧化二钒。

【别名】 钒（酸）酐。

【危险货物编号】 UN2862；CN61028 毒害品。

【剧毒化学品目录编号】 43。

二、性状

【外观与性状】 橙黄色或红棕色结晶粉末。

【毒性】 半数致死量：10mg/kg（大鼠经口）。半数致死浓度：126mg/m^3，6h（大鼠吸入）。

【燃烧性】 不燃。

【危险特性】 与三氟化氯、锂接触剧烈反应。

三、用途

广泛用于有机合成工业及硫酸工业中，也用作玻璃搪瓷着色剂，磁性材料。

四、运输方法

运输前应先检查包装容器是否完整、密封，运输过程中要确保容器不泄漏、不倒塌、不坠落、不损坏。严禁与酸类、氧化剂、食品及食品添加剂混运。运输车辆应配备泄漏应急处理设备。运输途中应防暴晒、雨淋，防高温。

五、健康危害及防护救治

【健康危害】 对呼吸系统和皮肤有损害作用。急性中毒：可引起鼻、咽、肺部刺激症状，接触者出现眼烧灼感、流泪、咽痒、干咳、胸闷、全身不适、倦怠等表现，重者出现支气管炎或支气管肺炎。皮肤高浓度接触可致皮炎，剧烈瘙痒。

【防护】 操作时应穿胶布防毒衣，戴橡胶手套。可能接触其粉尘时，必须佩戴防尘面具（全面罩）。紧急事态抢救或撤离时，应该佩戴空气呼吸器。

【救治】

皮肤接触：立即脱去污染的衣着，用大量流动清水冲洗；就医。

眼睛接触：立即提起眼睑，用大量流动清水或生理盐水冲洗；就医。

吸入：迅速脱离现场至空气新鲜处；保持呼吸道通畅；如呼吸困难，给输氧；如呼吸停止，立即进行人工呼吸；就医。

食入：饮足量温水，催吐；就医。

六、事故处置

【泄漏】 隔离泄漏污染区，限制出入。建议应急处理人员戴自给正压式呼吸器，穿防毒服。避免扬尘，小心扫起，置于袋中转移至安全场所。若大量泄漏，用塑料布、帆布覆盖；收集回收或运至废物处理场所处置。

【火灾】 消防人员必须穿全身防火防毒服，在上风向灭火。灭火时尽可能将容器从火场移至空旷处。可用水、砂土灭火。

第四十三种 五氧化二砷

一、标识

【品名】 五氧化二砷。

【别名】 砷（酸）酐。

【危险货物编号】 UN1559；CN61010 毒害品。

【剧毒化学品目录编号】 48。

二、性状

【外观与性状】 白色无定形固体，易潮解。

【毒性】 半数致死量：8mg/kg（大鼠经口）；55mg/kg（小鼠经口）。

【燃烧性】 不燃。

【危险特性】 遇高热、明火会产生剧毒的蒸气。

三、用途

用于制药物、杀虫剂、金属焊接剂、有色金属玻璃。

四、运输方法

运输前应先检查包装容器是否完整、密封，运输过程中要确保容器不泄漏、不倒塌、不坠落、不损坏。严禁与酸类、氧化剂、食品及食品添加剂混运。运输车辆应配备泄漏应急处理设备。运输途中应防暴晒、雨淋，防高温。公路运输时要按规定路线行驶，勿在居民区和人口稠密区停留。

五、健康危害及防护救治

【健康危害】 砷及其化合物对体内酶蛋白的巯基有特殊亲和力。急性中毒：口服致急性胃肠炎、休克、周围神经病、贫血及中毒性肝病，心肌炎等。可因呼吸中枢麻痹而死亡。短期内大量吸入可致咳嗽、胸痛、呼吸困难、头痛、头晕等。消化道症状较轻，其他症状似口服。重者可致死。

【防护】 操作时应穿连衣式胶布防毒衣，戴橡胶手套。可能接触其粉尘时，应该佩戴头罩型电动送风过滤式防尘呼吸器。必要时，佩戴空气呼吸器。

【救治】

皮肤接触：立即脱去污染的衣着，用大量流动清水冲洗彻底冲洗皮肤；就医。

眼睛接触：提起眼睑，用流动清水或生理盐水冲洗；就医。

吸入：迅速脱离现场至空气新鲜处；保持呼吸道通畅；如呼吸困难，给输氧；如呼吸停止，立即进行人工呼吸；就医。

食入：催吐；洗胃；给饮牛奶或蛋清；就医。

六、事故处置

【泄漏】 隔离泄漏污染区，限制出入。建议应急处理人员戴防尘面具（全面罩），穿防毒服。不要直接接触泄漏物。小量泄漏：用洁净的铲子收集于干燥、洁净、有盖的容器中。也可以用大量水冲洗，洗水稀释后放入废水系统。大量泄漏：收集回收或运至废物处理场所处置。

【火灾】 消防人员必须穿全身防火防毒服，在上风向灭火。可用干粉、水、砂土灭火。

第四十四种 硝 酸 汞

一、标识

【品名】 硝酸汞。

【别名】 硝酸高汞。

【危险货物编号】 UN1625；CN61030 毒害品。

【剧毒化学品目录编号】 17。

二、性状

【外观与性状】 无色或白色透明结晶，有潮解性。

【毒性】 半数致死量：26mg/kg（大鼠经口）；75mg/kg（大鼠经皮）。

【燃烧性】 助燃。

【危险特性】 是一种温和的氧化剂，与有机物、还原剂、硫、磷等混合，易着火燃烧。受热分解产生有毒的烟气。

三、用途

用作分析试剂，及用于有机合成，药品和雷汞的制造。

四、运输方法

运输前应先检查包装容器是否完整、密封，运输过程中要确保容器不泄漏、不倒塌、不坠落、不损坏。严禁与酸类、氧化剂、食品及食品添加剂混运。运输车辆应配备泄漏应急处理设备。运输途中应防暴晒、雨淋，防高温。

五、健康危害及防护救治

【健康危害】 汞离子可使含巯基的酶丧失活性，失去功能；还能与酶中的氨基、二巯基、羧基、羟基以及细胞膜内的磷酰基结合，引起相应的损害。急性中毒：有头痛、头晕、乏力、失眠、多梦、口腔炎、发热等全身症状。可有食欲不振、恶心、腹痛、腹泻等。部分患者皮肤出现红色斑丘疹。严重者可发生间质性肺炎及肾损害。口服可发生急性腐蚀性胃肠炎，严重者昏迷、休克，甚至发生坏死性肾病致急性肾功能衰竭。对眼有刺激性；可致皮炎。

【防护】 操作时应穿连衣式胶布防毒衣，佩戴自吸过滤式防尘口罩、化学安全防护眼镜及橡胶手套。必要时，佩戴隔离式呼吸器。

【救治】

皮肤接触：脱去污染的衣着，用肥皂水和清水彻底冲洗皮肤；就医。

眼睛接触：提起眼睑，用流动清水或生理盐水冲洗；就医。

吸入：迅速脱离现场至空气新鲜处；保持呼吸道通畅；如呼吸困难，给输氧；如呼吸停止，立即进行人工呼吸；就医。

食入：用水漱口，用清水或2%碳酸氢钠溶液洗胃（忌用生理盐水）；给饮牛奶或蛋清；就医。

六、事故处置

【泄漏】 隔离泄漏污染区，限制出入。建议应急处理人员戴防尘面具（全面罩），穿防毒服。不要直接接触泄漏物。勿使泄漏物与还原剂、有机物、易燃物或金属粉末接触。小量泄漏：用砂土、干燥石灰或苏打灰混合。大量泄漏：收集回收或运至废物处理场所处置。

【火灾】 消防人员必须穿全身防火防毒服，在上风向灭火。可用雾状水、砂土灭火。

第四十五种 溴 化 汞

一、标识

【品名】 溴化汞。

【别名】 二溴化汞、溴化高汞。

【危险货物编号】 UN1634；CN61509 毒害品。

【剧毒化学品目录编号】 20。

二、性状

【外观与性状】 白色结晶或结晶状粉末，遇光分解。

【毒性】 半数致死量：40mg/kg（大鼠经口）；100mg/kg（大鼠经皮）。

【燃烧性】 不燃。

【危险特性】 遇高热分解释出高毒烟气。

三、用途

用作测定砷的特殊试剂及用于化肥分析。

四、运输方法

运输前应先检查包装容器是否完整、密封，运输过程中要确保容器不泄漏、不倒塌、不坠落、不损坏。严禁与酸类、氧化剂、食品及食品添加剂混运。运输车辆应配备泄漏应急处理设备。运输途中应防暴晒、雨淋，防高温。公路运输时要按规定路线行驶，勿在居民区和人口稠密区停留。

五、健康危害及防护救治

【健康危害】 急性中毒:起病急,有头痛、头晕、乏力、失眠、多梦、口腔炎、发热等全身症状。患者可有食欲不振、恶心、腹痛、腹泻等,部分患者皮肤出现红色斑丘疹,严重者可发生间质性肺炎及肾损害。口服引起腐蚀性胃肠炎,中毒性肾病。可引起接触性皮炎。

【防护】 操作时应穿胶布防毒衣,戴橡胶手套。可能接触其粉尘时,必须佩戴防尘面具(全面罩)。紧急事态抢救或撤离时,应该佩戴空气呼吸器。

【救治】

皮肤接触:脱去污染的衣着,用大量流动清水冲洗;就医。

眼睛接触:提起眼睑,用流动清水或生理盐水冲洗;就医。

吸入:迅速脱离现场至空气新鲜处;保持呼吸道通畅;如呼吸困难,给输氧;如呼吸停止,立即进行人工呼吸;就医。

食入:催吐;用清水或2%碳酸氢钠溶液洗胃(忌用生理盐水);给饮牛奶或蛋清;就医。

六、事故处置

【泄漏】 隔离泄漏污染区,限制出入。建议应急处理人员戴防尘口罩,穿防毒服。不要直接接触泄漏物。小量泄漏:避免扬尘,用洁净的铲子收集于密闭容器中。大量泄漏:收集回收或运至废物处理场所处置。

【火灾】 消防人员必须穿全身防火防毒服,在上风向灭火。灭火时尽可能将容器从火场移至空旷处。然后根据着火原因选择适当灭火剂灭火。

第四十六种　亚 砷 酸 钠

一、标识

【品名】 亚砷酸钠。

【别名】 偏亚砷酸钠。

【危险货物编号】 UN2027;CN61009 毒害品。

【剧毒化学品目录编号】 50。

二、性状

【外观与性状】 白色或灰白色粉末,有潮解性。

【毒性】 半数致死量:41mg/kg(大鼠经口);150mg/kg(大鼠经皮)。

【燃烧性】 不燃。

【危险特性】 受高热分解放出有毒的气体。暴露于空气中遇二氧化碳逐渐分解。与氧化剂可发生反应。遇酸产生剧毒的三氧化二砷。具有刺激性。

三、用途

用作杀虫剂、防腐剂、分析试剂等。

四、运输方法

运输前应先检查包装容器是否完整、密封，运输过程中要确保容器不泄漏、不倒塌、不坠落、不损坏。严禁与酸类、氧化剂、食品及食品添加剂混运。运输车辆应配备相应品种和数量的消防器材及泄漏应急处理设备。运输途中应防暴晒、雨淋，防高温。公路运输时要按规定路线行驶，勿在居民区和人口稠密区停留。

五、健康危害及防护救治

【健康危害】 本品对鼻及喉黏膜有刺激性，可致鼻黏膜溃疡。高浓度反复接触可引起神经损害，表现为四肢麻木、无力；尚可引起恶心、腹痛和头痛。严重者可致死。与酸反应，生成剧毒的三氧化二砷。皮肤接触可引起烧灼感、刺痒和色素改变。

【防护】 操作时可穿连衣式胶布防毒衣，戴化学安全防护眼镜及橡胶手套。可能接触其粉尘时，应该佩戴自吸过滤式防尘口罩。必要时，佩戴空气呼吸器。

【救治】

皮肤接触：脱去污染的衣着，用肥皂水和清水彻底冲洗皮肤；就医。

眼睛接触：提起眼睑，用流动清水或生理盐水冲洗；就医。

吸入：迅速脱离现场至空气新鲜处；保持呼吸道通畅；如呼吸困难，给输氧；如呼吸停止，立即进行人工呼吸；就医。

食入：催吐；洗胃；给饮牛奶或蛋清；就医。

六、事故处置

【泄漏】 隔离泄漏污染区，限制出入。建议应急处理人员戴防尘面具（全面罩），穿防毒服。不要直接接触泄漏物。小量泄漏：避免扬尘，用洁净的铲子收集于干燥、洁净、有盖的容器中。大量泄漏：用塑料布、帆布覆盖，然后收集回收或运至废物处理场所处置。

【火灾】 消防人员必须穿全身防火防毒服，在上风向灭火。可用干粉、水、砂土灭火。

第四十七种　3-(1-甲基-2-四氢吡咯基)吡啶

一、标识

【品名】 3-(1-甲基-2-四氢吡咯基)吡啶。

【别名】 尼古丁、烟碱。

【危险货物编号】 UN1654；CN61868 毒害品。

【剧毒化学品目录编号】 109。

二、性状

【外观与性状】 纯品为无色油状液体,有焦灼味,工业品为棕色。

【毒性】 半数致死量:50mg/kg(大鼠经口);50mg/kg(兔经皮)。

【燃烧性】 可燃。

【危险特性】 遇明火能燃烧。与氧化剂可发生反应。受高热分解放出有毒的气体。具有刺激性。

三、用途

用于医药及杀虫剂等。

四、运输方法

运输前应先检查包装容器是否完整、密封,运输过程中要确保容器不泄漏、不倒塌、不坠落、不损坏。严禁与酸类、氧化剂、食品及食品添加剂混运。运输车辆应配备相应品种和数量的消防器材及泄漏应急处理设备。运输途中应防暴晒、雨淋,防高温。公路运输时要按规定路线行驶,勿在居民区和人口稠密区停留。

五、健康危害及防护救治

【健康危害】 本品属神经毒,作用于植物神经、中枢神经及运动神经末梢,先兴奋,后抑制。能经消化道、呼吸道和皮肤很快吸收,引起中毒。急性中毒表现有头痛、头晕、无力、恶心、呕吐、腹痛、腹泻、心律紊乱、心前区痛、呼吸困难、大汗、流涎、瞳孔缩小等。口服胃肠道有烧灼感。重者尚有肌束振颤、进行性肌无力、血压降低、神志不清、谵妄、惊厥、高度呼吸困难。死于呼吸和心脏麻痹。对眼睛、皮肤有刺激性。

【防护】 操作时应穿胶布防毒衣,戴橡胶手套。空气中浓度超标时,必须佩戴自吸过滤式防毒面具(全面罩)。紧急事态抢救或撤离时,应该佩戴空气呼吸器。

【救治】

皮肤接触:脱去污染的衣着,用大量流动清水冲洗。

眼睛接触:提起眼睑,用流动清水或生理盐水冲洗;就医。

吸入:迅速脱离现场至空气新鲜处;保持呼吸道通畅;如呼吸困难,给输氧;如呼吸停止,立即进行人工呼吸;就医。

食入:饮足量温水,催吐;洗胃,导泄;就医。

六、事故处置

【泄漏】 迅速撤离泄漏污染区人员至安全区,并进行隔离,严格限制出入。切断火源。建议应急处理人员戴自给正压式呼吸器,穿防毒服。尽可能切断泄漏源。防止流入下水道、排洪沟等限制性空间。小量泄漏:用砂土、蛭石或其他惰性材料吸收;也可以用大量水冲洗,洗水稀释后放入废水系统。大量泄漏:构筑围堤或挖坑收容;用泵转移至槽车或专用收集器内,回收或运至废物处理场所处置。

【火灾】 消防人员必须佩戴过滤式防毒面具(全面罩)或隔离式呼吸器、穿全身防火防毒服,在上风向灭火。尽可能将容器从火场移至空旷处。喷水保持火场容器冷却,直至灭火结束。处在火场中的容器若已变色或从安全泄压装置中产生声音,必须马上撤离。可用雾状水、泡沫、干粉、二氧化碳、砂土灭火。

第四十八种　氧　化　汞

一、标识

【品名】 氧化汞。

【别名】 红降汞、一氧化汞。

【危险货物编号】 UN1641;CN61509 毒害品。

【剧毒化学品目录编号】 21。

二、性状

【外观与性状】 亮红色或橙红色重质晶状粉末,无臭味。

【毒性】 半数致死量:18mg/kg(大鼠经口);315mg/kg(大鼠经皮)。

【燃烧性】 不燃。

【危险特性】 是一种弱氧化剂。与还原性物质如镁粉、铝粉、硫、磷等混合后,经摩擦或撞击,能引起燃烧或爆炸。接触有机物有引起燃烧的危险。受高热分解放出有毒的气体。

三、用途

用作分析试剂、防腐剂,用于合成医药及涂料等。

四、运输方法

运输前应先检查包装容器是否完整、密封,运输过程中要确保容器不泄漏、不倒塌、不坠落、不损坏。严禁与酸类、氧化剂、食品及食品添加剂混运。运输车辆应配备泄漏应急处理设备。运输途中应防暴晒、雨淋,防高温。

五、健康危害及防护救治

【健康危害】 急性中毒:起病急,有头痛、头晕、乏力、失眠、多梦、口腔炎、发热等全身症状。患者可有食欲不振、恶心、腹痛、腹泻等,部分患者皮肤出现红色斑丘疹,严重者可发生间质性肺炎及肾损害。口服引起腐蚀性胃肠炎,中毒性肾病。可引起接触性皮炎。

【防护】 操作时应穿胶布防毒衣,戴橡胶手套。可能接触其粉尘时,必须佩戴防尘面具

(全面罩)。紧急事态抢救或撤离时,应该佩戴空气呼吸器。

【救治】

皮肤接触:脱去污染的衣着,用肥皂水和清水彻底冲洗皮肤;就医。

眼睛接触:提起眼睑,用流动清水或生理盐水冲洗;就医。

吸入:迅速脱离现场至空气新鲜处;保持呼吸道通畅;如呼吸困难,给输氧;如呼吸停止,立即进行人工呼吸;就医。

食入:催吐;用清水或2%碳酸氢钠溶液洗胃(忌用生理盐水);给饮牛奶或蛋清;就医。

六、事故处置

【泄漏】 隔离泄漏污染区,限制出入。建议应急处理人员戴防尘面具(全面罩),穿防毒服。避免扬尘,小心扫起,置于袋中转移至安全场所。若大量泄漏,用塑料布、帆布覆盖,收集回收或运至废物处理场所处置。

【火灾】 消防人员必须穿全身防火防毒服,在上风向灭火。灭火时尽可能将容器从火场移至空旷处。可用雾状水、二氧化碳灭火。

第四十九种 O,O-二甲基-S－[2-(甲氨基)－2-氧代乙基]硫代磷酸酯

一、标识

【品名】 O,O-二甲基-S－[2-(甲氨基) 2-氧代乙基]硫代磷酸酯(含量>40%)。

【别名】 氧化乐果、华果。

【危险货物编号】 UN3018;CN61126毒害品。

【剧毒化学品目录编号】 217。

二、性状

【外观与性状】 纯品为无色透明油状液体。工业品为黄色液体。

【毒性】 半数致死量:30mg/kg(大鼠经口);700mg/kg(大鼠经皮)。半数致死浓度:$>1500\mathrm{mg/m^3}$,1h(大鼠吸入)。

【燃烧性】 可燃。

【危险特性】 遇明火、高热可燃。与氧化剂可发生反应。受高热分解放出有毒的气体。若遇高热,容器内压增大,有开裂和爆炸的危险。

三、用途

用作农用杀虫剂、杀螨剂。

四、运输方法

运输前应先检查包装容器是否完整、密封，运输过程中要确保容器不泄漏、不倒塌、不坠落、不损坏。严禁与酸类、氧化剂、食品及食品添加剂混运。运输车辆应配备相应品种和数量的消防器材及泄漏应急处理设备。运输途中应防暴晒、雨淋，防高温。公路运输时要按规定路线行驶，勿在居民区和人口稠密区停留。

五、健康危害及防护救治

【健康危害】 抑制胆碱酯酶活性。轻者表现有头痛、头晕、多汗、流涎、视力模糊、呕吐和胸闷；中度中毒出现肌束振颤、瞳孔缩小、呼吸困难等；重者出现肺水肿、脑水肿。

【防护】 操作时应穿胶布防毒衣，戴橡胶手套。空气中浓度超标时，必须佩戴自吸过滤式防毒面具（全面罩）。紧急事态抢救或撤离时，应该佩戴空气呼吸器。

【救治】

皮肤接触：立即脱去污染的衣着，用肥皂水及流动清水彻底冲洗污染的皮肤、头发、指甲等；就医。

眼睛接触：提起眼睑，用流动清水或生理盐水冲洗；就医。

吸入：迅速脱离现场至空气新鲜处；保持呼吸道通畅；如呼吸困难，给输氧；如呼吸停止，立即进行人工呼吸；就医。

食入：饮足量温水，催吐；用清水或2%～5%碳酸氢钠溶液洗胃；就医。

六、事故处置

【泄漏】 迅速撤离泄漏污染区人员至安全区，并进行隔离，严格限制出入。切断火源。建议应急处理人员戴自给式呼吸器，穿防毒服。不要直接接触泄漏物。尽可能切断泄漏源。防止流入下水道、排洪沟等限制性空间。小量泄漏：用砂土或其他不燃材料吸附或吸收。大量泄漏：构筑围堤或挖坑收容；用泵转移至槽车或专用收集器内，回收或运至废物处理场所处置。

【火灾】 消防人员必须佩戴过滤式防毒面具（全面罩）或隔离式呼吸器、穿全身防火防毒服，在上风向灭火。尽可能将容器从火场移至空旷处。喷水保持火场容器冷却，直至灭火结束。处在火场中的容器若已变色或从安全泄压装置中产生声音，须马上撤离。用水喷射逸出液体，使其稀释成不燃性混合物，并用雾状水保护消防人员。可用雾状水、抗溶性泡沫、干粉、二氧化碳、砂土灭火。

第五十种　乙　酸　汞

一、标识

【品名】 乙酸汞。

【别名】 醋酸汞。

【危险货物编号】 UN1629;CN61093 毒害品。

【剧毒化学品目录编号】 23。

二、性状

【外观与性状】 白色结晶或粉末,有乙酸气味。

【毒性】 半数致死量:40.9mg/kg(大鼠经口);570mg/kg(大鼠经皮)。

【燃烧性】 可燃。

【危险特性】 受高热分解放出有毒的气体,具有刺激性。

三、用途

用作有机合成催化剂、分析试剂,也用于医药工业。

四、运输方法

运输前应先检查包装容器是否完整、密封,运输过程中要确保容器不泄漏、不倒塌、不坠落、不损坏。严禁与酸类、氧化剂、食品及食品添加剂混运。运输途中应防暴晒、雨淋,防高温。

五、健康危害及防护救治

【健康危害】 本品属有机汞。有机汞系亲脂性毒物,主要侵犯神经系统。有机汞中毒的主要表现有:无论任何途径侵入,均可发生口腔炎;口服引起急性胃肠炎;神经精神症状有神经衰弱综合征、精神障碍、谵妄、昏迷、瘫痪、振颤、共济失调、向心性视野缩小等;可发生肾脏损害,重者可致急性肾功能衰竭。此外尚可致心脏、肝脏损害。可致皮肤损害。

【防护】 操纵时应穿防毒物渗透工作服,戴化学安全防护眼镜及橡胶手套。空气中粉尘浓度超标时,必须佩戴自吸过滤式防尘口罩。紧急事态抢救或撤离时,应该佩戴空气呼吸器。

【救治】

皮肤接触:脱去污染的衣着,用流动清水冲洗;就医。

眼睛接触:提起眼睑,用流动清水或生理盐水冲洗;就医。

吸入:迅速脱离现场至空气新鲜处;保持呼吸道通畅;如呼吸困难,给输氧;如呼吸停止,立即进行人工呼吸;就医。

食入:饮足量温水,催吐;洗胃,导泄;就医。

六、事故处置

【泄漏】 隔离泄漏污染区,限制出入。切断火源。建议应急处理人员戴自给正压式呼吸器，穿防毒服。避免扬尘，小心扫起，置于袋中转移至安全场所。也可以用大量水冲洗，洗水稀释后放入废水系统。若大量泄漏，用塑料布、帆布覆盖。收集回收或运至废物处理场所处置。

【火灾】 消防人员必须穿全身防火防毒服，在上风向灭火。可用雾状水、泡沫、干粉、二氧化碳、砂土灭火。

第五十一种 乙酸亚铊

一、标识

【品名】 乙酸亚铊。

【别名】 乙酸铊、醋酸铊。

【危险货物编号】 UN1707；CN61095 毒害品。

【剧毒化学品目录编号】 35。

二、性状

【外观与性状】 白色针状结晶，易潮解。

【毒性】 半数致死量：41.3mg/kg（大鼠经口）；35mg/kg（小鼠经口）。

【燃烧性】 可燃。

【危险特性】 遇明火、高热可燃。其粉体与空气可形成爆炸性混合物，当达到一定浓度时，遇火星会发生爆炸。受热分解产生有毒的烟气。

三、用途

用于生产脱发剂、杀虫剂和用作分析试剂。

四、运输方法

运输前应先检查包装容器是否完整、密封，运输过程中要确保容器不泄漏、不倒塌、不坠落、不损坏。严禁与酸类、氧化剂、食品及食品添加剂混运。运输车辆应配备相应品种和数量的消防器材及泄漏应急处理设备。运输途中应防暴晒、雨淋，防高温。公路运输时要按规定路线行驶，勿在居民区和人口稠密区停留。

五、健康危害及防护救治

【健康危害】 铊化合物为强烈的神经毒物，对肝、肾有损害作用。吸入、口服可引起急性中毒；可经皮肤吸收。急性中毒：口服出现恶心、呕吐、腹部绞痛、厌食等，3～5 天后出现多发性颅神经和周围神经损害，出现感觉障碍及上行性肌麻痹。中枢神经损害严重者，可发生中毒性脑病。脱发为其特异表现。皮肤出现皮疹，指（趾）甲有白色横纹，可有肝、肾损害。

【防护】 操作时应穿胶布防毒衣，戴橡胶手套。可能接触其粉尘时，必须佩戴防尘面具

(全面罩)。紧急事态抢救或撤离时,应该佩戴空气呼吸器。

【救治】

皮肤接触:立即脱去污染的衣着,用大量流动清水冲洗;就医。

眼睛接触:立即提起眼睑,用流动清水或生理盐水冲洗;就医。

吸入:迅速脱离现场至空气新鲜处;保持呼吸道通畅;如呼吸困难,给输氧;如呼吸停止,立即进行人工呼吸;就医。

食入:饮足量温水,催吐;用1%碘化钾60mL灌胃;就医。

六、事故处置

【泄漏】 隔离泄漏污染区,限制出入。切断火源。建议应急处理人员戴防尘口罩,穿防毒服。不要直接接触泄漏物。小量泄漏:小心扫起,收集于密闭容器中。大量泄漏:收集回收或运至废物处理场所处置

【火灾】 消防人员须戴好防毒面具,在安全距离以外,在上风向灭火。可用雾状水、泡沫、干粉、二氧化碳、砂土灭火。

第五十二种　乙酰亚砷酸铜

一、标识

【品名】 乙酰亚砷酸铜。

【别名】 巴黎绿、祖母绿。

【危险货物编号】 UN1585;CN61009 毒害品。

【剧毒化学品目录编号】 52。

二、性状

【外观与性状】 具有翡翠绿色的结晶性粉末。

【毒性】 半数致死量:22mg/kg(大鼠经口);30mg/kg(豚鼠经口)。

【燃烧性】 可燃。

【危险特性】 本品遇水或与空气中的二氧化碳作用生成亚砷酸。受高热或接触酸或酸雾放出剧毒的烟雾。具有刺激性。

三、用途

绿色颜料,主要用于古建筑物、船底涂料、防虫涂料等。

四、运输方法

商品运输前应先检查包装容器是否完整、密封,运输过程中要确保容器不泄漏、不倒塌、不坠落、不损坏。严禁与酸类、氧化剂、食品及食品添加剂混运。运输车辆应配备相应品种

和数量的消防器材及泄漏应急处理设备。运输途中应防暴晒、雨淋，防高温。公路运输时要按规定路线行驶，勿在居民区和人口稠密区停留。

五、健康危害及防护救治

【健康危害】 砷化合物主要影响神经系统和毛细血管通透性，对皮肤和黏膜有刺激作用。急性中毒：口服中毒出现恶心，呕吐，腹痛，"米泔"样大便，有时混有血液，四肢痛性痉挛，少尿，无尿，昏迷、抽搐，呼吸麻痹而死亡。可在急性中毒的 1～3 周内发生周围神经病。可发生中毒性心肌炎、肝炎。大量吸入也可引起急性中毒，但消化道症状轻，指（趾）甲上出现米氏纹。在水中水解或受空气中碳酸气的作用，生成亚砷酸。

【防护】 操作时应穿胶布防毒衣，戴橡胶手套。可能接触其粉尘时，必须佩戴防尘面具（全面罩）。紧急事态抢救或撤离时，应该佩戴空气呼吸器。

【救治】

皮肤接触：脱去污染的衣着，用大量流动清水冲洗。

眼睛接触：提起眼睑，用流动清水或生理盐水冲洗；就医。

吸入：迅速脱离现场至空气新鲜处；保持呼吸道通畅；如呼吸困难，给输氧；如呼吸停止，立即进行人工呼吸；就医。

食入：催吐；洗胃；给饮牛奶或蛋清；就医。

六、事故处置

【泄漏】 隔离泄漏污染区，限制出入。切断火源。建议应急处理人员戴防尘口罩，穿防毒服。不要直接接触泄漏物。小量泄漏：用洁净的铲子收集于干燥、洁净、有盖的容器中。大量泄漏：收集回收或运至废物处理场所处置。

【火灾】 消防人员须戴好防毒面具，在安全距离以外，在上风向灭火。可用雾状水、泡沫、干粉、二氧化碳、砂土灭火。

第五十三种　重铬酸钠

一、标识

【品名】 重铬酸钠。

【别名】 红矾钠。

【危险货物编号】 UN3086；CN51520 氧化剂。

【剧毒化学品目录编号】 27。

二、性状

【外观与性状】 橘红色结晶，易潮解。

【毒性】 半数致死量：50mg/kg（大鼠经口）。

【燃烧性】 助燃。

【危险特性】 是一种强氧化剂。遇强酸或高温时能释出氧气,促使有机物燃烧。与硝酸盐、氯酸盐接触剧烈反应。有水时与硫化钠混合能引起自燃。与有机物、还原剂、易燃物(如硫、磷等)接触或混合时有引起燃烧爆炸的危险。具有较强的腐蚀性。

三、用途

用于印染、制革、化学、医药、电镀等。

四、运输方法

运输时单独装运,运输过程中要确保容器不泄漏、不倒塌、不坠落、不损坏。运输车辆应配备相应品种和数量的消防器材。严禁与酸类、易燃物、有机物、还原剂、自燃物品、遇湿易燃物品等并车混运。运输时车速不宜过快,不得强行超车。运输车辆装卸前后,均应彻底清扫、洗净,严禁混入有机物、易燃物等杂质。

五、健康危害及防护救治

【健康危害】 急性中毒:吸入后可引起急性呼吸道刺激症状、鼻出血、声音嘶哑、鼻黏膜萎缩,有时出现哮喘和紫绀。重者可发生化学性肺炎、肺水肿。口服可刺激和腐蚀消化道,引起恶心、呕吐、腹痛、血便等;重者出现呼吸困难、紫绀、休克、肝损害及急性肾功能衰竭等。

【防护】 操作时应穿聚乙烯防毒服,戴橡胶手套。可能接触其粉尘时,应该佩戴头罩型电动送风过滤式防尘呼吸器。必要时,佩戴自给式呼吸器。

【救治】

皮肤接触:脱去污染的衣着,用肥皂水和清水彻底冲洗皮肤;就医。

眼睛接触:提起眼睑,用流动清水或生理盐水冲洗;就医。

吸入:迅速脱离现场至空气新鲜处;保持呼吸道通畅;如呼吸困难,给输氧;如呼吸停止,立即进行人工呼吸;就医。

食入:用水漱口,用清水或1%硫代硫酸钠溶液洗胃;给饮牛奶或蛋清;就医。

六、事故处置

【泄漏】 隔离泄漏污染区,限制出入。建议应急处理人员戴防尘面具(全面罩),穿防毒服。勿使泄漏物与有机物、还原剂、易燃物接触。小量泄漏:用洁净的铲子收集于干燥、洁净、有盖的容器中。大量泄漏:收集回收或运至废物处理场所处置。

【火灾】 可用雾状水、砂土灭火。

附录

附录1 《关于印发道路危险货物运输从业人员从业资格考试大纲、培训教学大纲和培训教学计划的通知》(交办运〔2014〕131号)中，涉及爆炸品、剧毒化学品道路运输的内容

附录1-1 爆炸品道路运输从业人员从业资格考试大纲、培训教学大纲、培训教学计划

一、道路危险货物运输从业人员从业资格考试大纲

1.驾驶人员

考试内容及要求：熟悉爆炸品运输安全及事故的应急处置。

考试内容及分值见下表。

考试内容及分值

考试内容	分值分配(分)	
	判断题	选择题
爆炸品特性	8	8
爆炸品运输安全及事故应急处置	7	7
小计	15	15

2.押运人员

考试内容及要求：熟悉爆炸品运输安全及事故的应急处置。

考试内容及分值见下表。

考试内容及分值

考试内容	分值分配(分)	
	判断题	选择题
爆炸品特性	8	8
爆炸品运输安全及事故应急处置	7	7
小计	15	15

3. 装卸管理人员

考试内容及要求：掌握爆炸品运输装卸安全及事故的应急处置。

考试内容及分值见下表。

考试内容及分值

考试内容	分值分配（分）	
	判断题	选择题
爆炸品特性	8	8
爆炸品运输安全及事故应急处置❶	7	7
小计	15	15

二、道路危险货物运输从业人员培训教学大纲

第九章　爆炸品特性及安全运输

教学要求❷：

(1)爆炸品物理及化学特性。

(2)爆炸品分类❸。

(3)爆炸品定义及特性。

教学内容：

第一节　爆炸品物理及化学特性

第二节　爆炸品分类

第三节　爆炸品定义及特性

第四节　爆炸品运输安全及应急处置

三、道路危险货物运输从业人员培训教学计划

1. 课程设置及要求

爆炸品特性及运输管理。

2. 学时安排

学时安排见下表。

学 时 安 排

内　　容	驾驶人员	押运人员	装卸管理人员
爆炸品特性及运输管理（学时）	2	2	2

❶"爆炸品运输安全及事故应急处置"与装卸管理人员考试内容不符，故应修改为"爆炸品装卸安全及事故应急处置"。

❷名为"教学要求"，实为"教学内容"。即，此处缺少教学要求，如，了解、熟悉、掌握等要求。

❸爆炸品不再进行分类，应该改为"爆炸品分项"。

附录1-2 剧毒化学品道路运输从业人员从业资格考试大纲、培训教学大纲、培训教学计划

一、道路危险货物运输从业人员从业资格考试大纲

1. 驾驶人员

考试内容及要求：熟悉剧毒化学品运输安全及事故的应急处置。

考试内容及分值见下表。

考试内容及分值

考试内容	分值分配(分)	
	判断题	选择题
剧毒化学品特性	8	8
剧毒化学品运输安全及事故应急处置	7	7
小计	15	15

2. 押运人员

考试内容及要求：熟悉剧毒化学品运输安全及事故的应急处置。

考试内容及分值见下表。

考试内容及分值

考试内容	分值分配(分)	
	判断题	选择题
剧毒化学品特性	8	8
剧毒化学品运输安全及事故应急处置	7	7
小计	15	15

3. 装卸管理人员

考试内容及要求：熟悉剧毒化学品运输装卸安全及事故的应急处置。

考试内容及分值见下表。

考试内容及分值

考试内容	分值分配(分)	
	判断题	选择题
剧毒化学品特性	8	8
剧毒化学品运输安全及事故应急处置❶	7	7
小计	15	15

❶“剧毒化学品运输安全及事故应急处置”与装卸管理人员考试内容不符，故应修改为“剧毒化学品装卸安全及事故应急处置”。

二、道路危险货物运输从业人员培训教学大纲

第十章　剧毒化学品特性及安全运输

教学要求[1]：

(1)剧毒化学品物理及化学特性。

(2)剧毒化学品分类及品名编号。

(3)剧毒化学品定义及特性。

教学内容：

第一节　剧毒化学品物理及化学特性

第二节　剧毒化学品分类及品各编号

第三节　剧毒化学品定义及特性

第四节　剧毒化学品运输安全及应急处置

三、道路危险货物运输从业人员培训教学计划

1. 课程设置及要求

剧毒化学品特性及运输管理。

2. 学时安排

学时安排见下表。

学时安排

内　　容	驾驶人员	押运人员	装卸管理人员
剧毒化学品特性及运输管理(学时)	2	2	2

[1]名为“教学要求”，实为“教学内容”。即，此处缺少教学要求，如，了解、熟悉、掌握等要求。

附录2 爆炸品、剧毒化学品道路运输从业人员培训大纲、培训计划与考试大纲

附录2-1 爆炸品道路运输从业人员培训大纲、培训计划与考试大纲

一、爆炸品道路运输从业人员培训大纲

第一章 爆炸品的基础知识

教学要求：

(1)了解爆炸品有关概念。

(2)了解爆炸品的分项。

(3)熟悉爆炸品的主要特性。

教学内容：

第一节 爆炸与爆炸品

第二节 爆炸品的分项

第三节 爆炸品的土要特性

第二章 爆炸品的包装知识

教学要求：

(1)了解爆炸品包装的基本要求。

(2)熟悉爆炸品包装的分类和标志。

(3)了解爆炸品的安全技术说明书、安全标签以及《道路运输危险货物安全卡》的基本内容及作用。

教学内容：

第一节 爆炸品包装的基本要求

第二节 爆炸品包装的分类和标志

第三节 爆炸品的安全技术说明书和安全标签

第三章 爆炸品道路运输管理

教学要求：

(1)熟悉爆炸品道路运输法规。

(2)了解爆炸品道路运输托运人责任。

(3)掌握爆炸品道路运输承运人责任。

教学内容：

第一节　爆炸品道路运输法规

第二节　爆炸品道路运输托运人责任

第三节　爆炸品道路运输承运人责任

第四章　爆炸品道路运输要求

教学要求：

(1)熟悉爆炸品道路运输车辆要求。

(2)掌握爆炸品道路运输驾驶人员基本要求。

(3)掌握爆炸品道路运输押运人员基本要求。

(4)掌握爆炸品道路运输装卸管理人员基本要求。

(5)了解常运爆炸品及应急处置。

教学内容：

第一节　爆炸品道路运输车辆要求

第二节　爆炸品道路运输驾驶人员基本要求

第三节　爆炸品道路运输押运人员基本要求

第四节　爆炸品道路运输装卸管理人员基本要求

第五节　常运爆炸品及应急处置

第五章　爆炸品道路运输事故应急预案

教学要求：

(1)了解应急预案的基本内容。

(2)熟悉应急预案的应用。

教学内容：

第一节　应急预案的基本内容

第二节　应急预案的应用

二、爆炸品道路运输从业人员培训计划

(一)课程内容

1.爆炸品的基础知识

(1)爆炸品有关概念。

(2)爆炸品的分项。

(3)爆炸品的主要特性。

2. 爆炸品的包装知识

(1)爆炸品包装的基本要求。

(2)爆炸品包装的分类和标志。

(3)爆炸品的安全技术说明书和安全标签。

3. 爆炸品道路运输管理

(1)爆炸品道路运输法规。

(2)爆炸品道路运输托运人责任。

(3)爆炸品道路运输承运人责任。

4. 爆炸品道路运输要求

(1)爆炸品道路运输车辆要求。

(2)爆炸品道路运输驾驶人员基本要求。

(3)爆炸品道路运输押运人员基本要求。

(4)爆炸品道路运输装卸管理人员基本要求。

(5)常运的爆炸品。

5. 爆炸品道路运输事故应急预案

(1)应急预案的基本内容。

(2)应急预案的应用。

(二)学时安排

学时安排见下表。

学 时 安 排

章 节	内 容	驾驶人员	押运人员	装卸管理人员
第一章	爆炸品的基础知识	2		
第二章	爆炸品的包装知识	2		
第三章	爆炸品道路运输管理	2		
第四章	爆炸品道路运输要求			
第一节	爆炸品道路运输车辆要求	1		
第二节	爆炸品道路运输驾驶人员基本要求	2	—	—
第三节	爆炸品道路运输押运人员基本要求	—	2	—
第四节	爆炸品道路运输装卸管理人员基本要求	—	—	2
第五节	常运爆炸品及应急处置	1		
小计		4		
第五章	爆炸品道路运输事故应急预案	2		
学时合计		12		

三、爆炸品道路运输从业人员考试大纲

（一）考试要求

（1）爆炸品道路运输的驾驶人员、押运人员、装卸管理人员，要了解爆炸品的定义、分项，熟悉爆炸品的主要特性；了解爆炸品包装知识，熟悉爆炸品包装的分类和标志，了解爆炸品的安全技术说明书、安全标签和《道路运输危险货物安全卡》基本内容及作用。

（2）爆炸品道路运输的驾驶人员、押运人员、装卸管理人员，要熟悉国家有关爆炸品道路运输的法规、标准，了解爆炸品道路运输托运人责任，掌握爆炸品道路运输承运人责任。

（3）爆炸品道路运输的驾驶人员、押运人员、装卸管理人员，要熟悉爆炸品道路运输车辆要求，分别掌握有关岗位的基本要求，了解常运爆炸品的运输要求。

（4）爆炸品道路运输的驾驶人员、押运人员、装卸管理人员，要了解应急预案的制定和基本内容，熟悉应急预案的施救、防护的基本内容，并能熟练使用报警方法。

（二）考试内容及分值

考试内容及分值见下表。

考试内容及分值

考试内容	分值分配（分）		
	驾驶人员	押运人员	装卸管理人员
一、爆炸品的基础知识	判断题10分；选择题10分		
二、爆炸品的包装知识	判断题10分；选择题10分		
三、爆炸品道路运输管理	判断题10分；选择题10分		
四、爆炸品道路运输要求			
1. 爆炸品道路运输车辆要求	判断题、选择题各3分		
2. 爆炸品道路运输驾驶人员基本要求	判断题、选择题各4分	—	—
3. 爆炸品道路运输押运人员基本要求	—	判断题、选择题各4分	—
4. 爆炸品道路运输装卸管理人员基本要求	—	—	判断题、选择题各4分
5. 常运爆炸品及应急处置	判断题、选择题各3分		
小计	判断题10分；选择题10分		
五、爆炸品道路运输事故应急预案	判断题10分；选择题10分		
合计	100分		

附录2-2 剧毒化学品道路运输从业人员培训大纲、培训计划与考试大纲

一、剧毒化学品道路运输从业人员培训大纲

第一章 剧毒化学品的基础知识

教学要求：

(1)熟悉剧毒化学品有关概念。

(2)了解剧毒化学品的分类。

教学内容：

第一节 剧毒化学品的概念

第二节 剧毒化学品的分类和特性

第二章 剧毒化学品的包装知识

教学要求：

(1)了解剧毒化学品包装的基本要求。

(2)熟悉剧毒化学品包装的分类和标志。

(3)了解剧毒化学品的安全技术说明书、安全标签以及《道路运输危险货物安全卡》的基本内容及作用。

教学内容：

第一节 剧毒化学品包装的基本要求

第二节 剧毒化学品包装的分类和标志

第三节 剧毒化学品的安全技术说明书和安全标签

第三章 剧毒化学品道路运输管理

教学要求：

(1)熟悉剧毒化学品道路运输法规。

(2)了解剧毒化学品道路运输托运人责任。

(3)掌握剧毒化学品道路运输承运人责任。

教学内容：

第一节 概述

第二节 剧毒化学品道路运输法规

第三节 剧毒化学品道路运输托运人责任和承运人责任

第四章　剧毒化学品道路运输要求

教学要求：

(1)熟悉剧毒化学品道路运输车辆要求。

(2)掌握剧毒化学品道路运输驾驶人员基本要求。

(3)掌握剧毒化学品道路运输押运人员基本要求。

(4)掌握剧毒化学品道路运输装卸管理人员基本要求。

(5)了解常运剧毒化学品及应急处置。

教学内容：

第一节　剧毒化学品道路运输车辆要求

第二节　剧毒化学品道路运输驾驶人员基本要求

第三节　剧毒化学品道路运输押运人员基本要求

第四节　剧毒化学品道路运输装卸管理人员基本要求

第五节　常运剧毒化学品

第五章　剧毒化学品道路运输事故应急预案

教学要求：

(1)了解应急预案的基本内容。

(2)熟悉应急预案的应用。

教学内容：

第一节　应急预案的基本内容

第二节　应急预案的应用

二、剧毒化学品道路运输从业人员培训计划

(一)课程内容

1.剧毒化学品的基础知识

(1)剧毒化学品的概念。

(2)剧毒化学品的分类。

2.剧毒化学品的包装知识

(1)剧毒化学品包装的基本要求。

(2)剧毒化学品包装的分类和标志。

(3)剧毒化学品的安全技术说明书和安全标签。

3.剧毒化学品道路运输管理

(1)剧毒化学品道路运输法规。

(2)剧毒化学品道路运输托运人责任。

(3)剧毒化学品道路运输承运人责任。

4.剧毒化学品道路运输要求

(1)剧毒化学品道路运输车辆要求。

(2)剧毒化学品道路运输驾驶人员基本要求。

(3)剧毒化学品道路运输押运人员基本要求。

(4)剧毒化学品道路运输装卸管理人员基本要求。

(5)常运的剧毒化学品。

5.剧毒化学品道路运输事故应急预案

(1)应急预案的基本内容。

(2)应急预案的应用。

(二)学时安排

学时安排见下表。

学 时 安 排

章 节	内 容	驾驶人员	押运人员	装卸管理人员
第一章	剧毒化学品的基础知识	2		
第二章	剧毒化学品的包装知识	2		
第三章	剧毒化学品道路运输管理	2		
第四章	剧毒化学品道路运输要求			
第一节	剧毒化学品道路运输车辆要求	1		
第二节	剧毒化学品道路运输驾驶人员基本要求	2	—	—
第三节	剧毒化学品道路运输押运人员基本要求	—	2	—
第四节	剧毒化学品道路运输装卸管理人员基本要求	—	—	2
第五节	常运剧毒化学品	1		
小计		4		
第五章	剧毒化学品道路运输事故应急预案	2		
学时合计		12		

三、剧毒化学品道路运输从业人员考试大纲

(一)考试要求

(1)剧毒化学品道路运输的驾驶人员、押运人员、装卸管理人员,要了解剧毒化学品有关概念、分类,熟悉剧毒化学品的主要特性;了解剧毒化学品包装知识,熟悉剧毒化学品包装的分类和标志,了解剧毒化学品的安全技术说明书、安全标签和《道路运输危险货物安全卡》基本内容及作用。

(2)剧毒化学品道路运输的驾驶人员、押运人员、装卸管理人员要熟悉国家有关剧毒化

学品道路运输的法规、标准，了解剧毒化学品道路运输托运人责任，掌握剧毒化学品道路运输承运人责任。

(3)剧毒化学品道路运输的驾驶人员、押运人员、装卸管理人员，要熟悉剧毒化学品道路运输车辆要求，分别掌握有关岗位的基本要求，了解常运剧毒化学品的运输要求。

(4)剧毒化学品道路运输的驾驶人员、押运人员、装卸管理人员，要了解应急预案的制定和基本内容，熟悉应急预案的施救、防护的基本内容，并能熟练使用报警方法。

(二)考试内容及分值

考试内容及分值见下表。

考试内容及分值

<table>
<tr><th rowspan="2">考试内容</th><th colspan="3">分值分配(分)</th></tr>
<tr><th>驾驶人员</th><th>押运人员</th><th>装卸管理人员</th></tr>
<tr><td>一、剧毒化学品的基础知识</td><td colspan="3">判断题10分;选择题10分</td></tr>
<tr><td>二、剧毒化学品的包装知识</td><td colspan="3">判断题10分;选择题10分</td></tr>
<tr><td>三、剧毒化学品道路运输管理</td><td colspan="3">判断题10分;选择题10分</td></tr>
<tr><td>四、剧毒化学品道路运输要求</td><td colspan="3"></td></tr>
<tr><td>1. 剧毒化学品道路运输车辆要求</td><td colspan="3">判断题、选择题各2分</td></tr>
<tr><td>2. 剧毒化学品道路运输驾驶人员基本要求</td><td>判断题、选择题各3分</td><td>—</td><td>—</td></tr>
<tr><td>3. 剧毒化学品道路运输押运人员基本要求</td><td>—</td><td>判断题、选择题各3分</td><td>—</td></tr>
<tr><td>4. 剧毒化学品道路运输装卸管理人员基本要求</td><td>—</td><td>—</td><td>判断题、选择题各3分</td></tr>
<tr><td>5. 常运剧毒化学品</td><td colspan="3">判断题、选择题各2分</td></tr>
<tr><td>小计</td><td colspan="3">判断题10分;选择题10分</td></tr>
<tr><td>五、剧毒化学品道路运输事故应急预案</td><td colspan="3">判断题10分;选择题10分</td></tr>
<tr><td>合计</td><td colspan="3">100分</td></tr>
</table>

附录3 爆炸品、剧毒化学品道路运输从业人员资格考试模拟题及答案

附录3-1 爆炸品道路运输从业人员资格考试模拟题及答案

第一章 爆炸品的基础知识

一、判断题(20题)

1. 爆炸品的爆炸属于核爆炸。 (×)

2. 爆炸品的爆炸属于化学爆炸。 (√)

3. 爆炸品以列入《危险货物品名表》(GB 12268)中的第1类为准。 (√)

4. 爆炸品以列入《危险货物品名表》(GB 12268)中的第3类为准。 (×)

5. 爆炸品发生化学爆炸必须同时具备反应过程的放热、反应速度快、变化过程中能产生大量气体的3个条件。 (√)

6. 根据各种爆炸物品特性,《危险货物分类和品名编号》(GB 6944)将第1类 爆炸品划分为4项。 (×)

7. 根据各种爆炸物品特性,《危险货物分类和品名编号》(GB 6944)将第1类 爆炸品划分为6项。 (√)

8. 爆炸品按用途的不同,可分为起爆药、猛炸药、火药和烟火剂四大类。 (√)

9. 威力是指炸药爆炸时的做功能力,即炸药爆炸时对周围介质的破坏能力。 (√)

10. 猛度,又称猛性作用,是指炸药爆炸后爆轰产物对周围物体(如弹壳、混凝土、建筑物或矿石层等)破坏的猛烈程度。 (√)

11. 爆炸品的安定性是指爆炸品在一定的储存期间内,不改变自身的物理性质和化学性质的能力。 (√)

12. 殉爆,当炸药爆炸时,不能引起位于一定距离之外的炸药也发生爆炸,这种现象称为殉爆,这是炸药所具有的特殊性质。殉爆的发生是冲击波的传播作用,距离越近冲击波强度越大。 (×)

13. 爆速是指爆轰波在炸药中稳定传播的速度。爆速的单位是:%。 (×)

14. 雷管是起爆药。 (√)

15. 黑火药是起爆药。 (×)

16. 当炸药中混入惰性物质(如石蜡、硬脂酸、机油等)时,则其撞击感度降低,危险性也

降低。（√）

17. 化学爆炸必须同时具备3个因素：①反应速度快；②释放出大量的热；③产生大量气体生成物。（√）

18. 引起某爆炸品爆炸所需的起爆能量越小，该爆炸品的敏感度越高，危险性也越小。（×）

19. 气体的爆炸范围越大，则其燃烧的可能性越大。（√）

20. 当炸药内混入坚硬物质如玻璃、铁屑、砂石等时，则其撞击感度增加，危险性降低。（×）

二、选择题（15题）

1. 爆炸品爆炸属于（C）。

A. 核爆炸　　B. 物理爆炸　　C. 化学爆炸

2. 爆炸品以列入《危险货物分类和品名编号》（GB 6944）中的（B）为准。

A. 第3类　　B. 第1类　　C. 第8类

3. 根据各种爆炸物品特性，《危险货物分类和品名编号》（GB 6944）将第1类　爆炸品划分为（A）。

A. 6项　　B. 4项　　C. 2项

4. 爆炸品1.1项的道路运输车辆标志牌图形（C）。

A.　　B.　　C.

5. 爆炸品1.2项的道路运输车辆标志牌图形（A）。

A.　　B.　　C.

6. 爆炸品1.3项的道路运输车辆标志牌图形（A）。

A.　　B.　　C.

7. 爆炸品1.4项的道路运输车辆标志牌图形(C)。

A.　　B.　　C.

8. 爆炸品1.5项的道路运输车辆标志牌图形(B)。

A.　　B.　　C.

9. 爆炸品1.6项的道路运输车辆标志牌图形(A)。

A.　　B.　　C.

10. 感度(也称敏感度)是指爆炸品在外界作用下发生爆炸反应的(B)。

A. 温度值　　B. 难易程度　　C. 湿度值

11. 爆炸品的安定性是指爆炸品在一定的储存期间内,(A)自身的物理性质和化学性质的能力。

A. 不改变　　B. 改变　　C. 变化

12. 爆炸品发生化学爆炸必须同时具备反应过程的放热、(C)、变化过程中能产生大量气体的3个条件。

A. 湿度　　B. 温度　　C. 反应速度快

13. 为了衡量爆炸品的反应速度,常使用(C)这个参数。

A. 湿度　　B. 温度　　C. 爆速

14. 爆速是指爆轰波在炸药中稳定传播的速度。爆速的单位为(C)。

A. %　　B. ℃　　C. m/s

15. (B)是起爆药。

A. 黑火药　　B. 雷管　　C. 爆竹

第二章　爆炸品的包装知识

一、判断题(15 题)

1. 爆炸品包装的基本要求应当满足《危险货物运输包装通用技术条件》(GB 12463)的规定。（√）

2. 爆炸品包装的基本要求应当满足《危险货物分类和品名编号》(GB 6944)的规定。（×）

3. 爆炸品包装的基本要求应当满足《危险货物品名表》(GB 12268)的规定。（×）

4.《道路运输危险货物安全卡》(背面)应有以下联系电话:安全监督、环境保护、公安部、医疗急救(卫生主管)、事故发生地交通运输主管部门以及本运输企业的联系电话号码。（√）

5. 对爆炸品道路运输而言,安全技术说明书是运输爆炸品具体作业的技术指南和应急指南,也是企业安全教育的重要内容之一。（√）

6. 爆炸品安全标签是用于表示爆炸品所具有的危险性和安全注意事项的一组文字、象形图和编码组合,可粘贴、拴挂或喷印在爆炸品的外包装或容器上。（√）

7. 爆炸品驾驶人员或者押运人员,应当按照《汽车运输危险货物规则》(JT 617)的要求,随车携带《化学品安全标签》。（×）

8. 爆炸品驾驶人员或者押运人员,应当按照《汽车运输危险货物规则》(JT 617)的要求,随车携带《化学品安全技术说明书》。（×）

9.《道路运输危险货物安全卡》的主要内容有:危险化学品的危险性、储运要求、泄漏处理、急救、灭火方法、防护措施等。（√）

10.《危险化学品安全管理条例》第十五条规定“危险化学品生产企业应当提供与其生产的危险化学品相符的化学品安全技术说明书,并在危险化学品包装(包括外包装件)上粘贴或者拴挂与包装内危险化学品相符的化学品安全标签。化学品安全技术说明书和化学品安全标签所载明的内容应当符合国家标准的要求”。（√）

11. 双重卷边接合的钢桶、金属桶或以金属做衬里的包装箱,应能防止爆炸品进入隙缝。（√）

12. 对于盛装有对外部电磁辐射敏感的电引发装置的爆炸物品,包装应具备防止所装物品受外部电磁辐射源影响的功能。（√）

13. 爆炸品的包装上可以不喷涂或悬挂“爆炸品包装标签”。（×）

14. 出车前,爆炸品道路运输从业人员该认真学习所运爆炸品的《道路运输危险货物安全卡》和安全技术说明书、安全标签中涉及运输安全的内容。（√）

15. 爆炸品安全技术说明书、安全标签仅是包装的要求,与其道路运输的从业人员无关。（×）

二、选择题(15 题)

1. 爆炸品包装的基本要求应当满足(C)的规定。

A.《危险货物品名表》(GB 12268)

B.《危险货物分类和品名编号》(GB 6944)

C.《危险货物运输包装通用技术条件》(GB 12463)

2. 爆炸品的包装标志,应当执行(A)的规定。

A.《危险货物包装标志》(GB 190)

B.《危险货物运输包装通用技术条件》(GB 12463)

C.《危险货物品名表》(GB 12268)

3. 危害环境物质和物品标记为(B)。

4. 方向标记(A)。

5. 高温运输标记为(C)。

6. 驾驶人员或者押运人员,应当按照《道路危险货物运输管理规定》的要求,随车携带(B)。

A.《危险货物分类和品名编号》(GB 6944)

B.《道路运输危险货物安全卡》

C.《危险货物运输包装通用技术条件》(GB 12463)

7.《危险化学品安全管理条例》第十五条规定"危险化学品生产企业应当提供与其生产的危险化学品相符的化学品安全技术说明书,并在危险化学品包装(包括外包装件)上粘贴或者拴挂与包装内危险化学品相符的(A)"。

A.《化学品安全标签》

B. 专利说明书

C.《道路运输危险货物安全卡》

8.《危险化学品安全管理条例》第十五条规定"危险化学品生产企业应当提供与其生产的危险化学品相符的（C），并在危险化学品包装（包括外包装件）上粘贴或者拴挂与包装内危险化学品相符的化学品安全标签"。

A.《道路运输危险货物安全卡》

B. 专利说明书

C.《化学品安全技术说明书》

9.《道路运输危险货物安全卡》是依据产品的《化学品安全技术说明书》和（A）编写、制作的。

A.《化学品安全标签》

B. 专利说明书

C.《危险货物分类和品名编号》（GB 6944）

10.《道路运输危险货物安全卡》是依据产品的（C）和《化学品安全标签》编写、制作的。

A.《危险货物分类和品名编号》（GB 6944）

B. 专利说明书

C.《化学品安全技术说明书》

11.《道路运输危险货物安全卡》的主要内容有：（C）、急救、灭火方法、防护措施等。

A. 运输企业介绍

B. 专利说明书

C. 危险化学品的危险性、储运要求、泄漏处理

12.《道路运输危险货物安全卡》的主要内容有：危险化学品的危险性、储运要求、泄漏处理、（B）等。

A. 专利说明书

B. 急救、灭火方法、防护措施

C. 运输企业介绍

13.《道路运输危险货物安全卡》（背面）应是，危险货物道路运输事故应急和处理的联系电话：安全监督、环境保护、（A）、医疗急救（卫生主管）、事故发生地交通运输主管部门以及本运输企业的联系电话号码。

A. 质检部门　　B. 有关政府部门　　C. 教育部门

14.《道路运输危险货物安全卡》（背面）应有安全监督、环境保护、（A）、医疗急救（卫生土管）、事故发生地交通运输主管部门以及本运输企业的联系电话号码。

A. 公安部门　　B. 质检部门　　C. 教育部门

15.《道路运输危险货物安全卡》(背面)应有安全监督、环境保护、公安、医疗急救(卫生主管)、事故发生地交通运输主管部门以及(C)的联系电话号码。

A. 教育部门　　B. 质监部门　　C. 本运输企业

第三章　爆炸品道路运输管理

一、判断题(15题)

1.《中华人民共和国道路交通安全法》规定,机动车载运爆炸物品、易燃易爆化学物品以及剧毒、放射性等危险物品,应当经公安机关批准后,按指定的时间、路线、速度行驶,悬挂警示标志并采取必要的安全措施。　(√)

2.《中华人民共和国道路交通安全法实施条例》规定,机动车驾驶人员初次申领机动车驾驶证后的12个月为实习期。机动车驾驶人员在实习期内不得驾驶载有爆炸物品、易燃易爆化学物品、剧毒或者放射性等危险物品的机动车。　(√)

3. 机动车载运爆炸物品,不需到公安机关批准后,按指定的时间、路线、速度行驶,悬挂警示标志并采取必要的安全措施。　(×)

4. 在我国,机动车驾驶人员在实习期内可以驾驶载有爆炸物品、易燃易爆化学物品、剧毒或者放射性等危险物品的机动车。　(×)

5. 道路运输爆炸品的罐式专用车辆,其罐体容积不得超过20m^3。　(√)

6. 道路运输爆炸品的罐式专用车辆,其罐体容积不得超过30m^3。　(×)

7. 运输爆炸品的非罐式专用车辆,核定载质量不得超过10t,但符合国家有关标准的集装箱运输专用车辆除外。　(√)

8. 运输爆炸品的非罐式专用车辆,核定载质量不得超过30t,但符合国家有关标准的集装箱运输专用车辆除外。　(×)

9. 从事爆炸品道路运输的驾驶人员、押运人员、装卸管理人员要有公安部门的政审材料。　(×)

10. 民用爆炸物品、烟花爆竹、放射性物品、核能物质以及用于国防科研生产的危险化学品的安全管理,适用国务院令第591号《危险化学品安全管理条例》。　(×)

11. 民用爆炸物品的生产、销售、购买、进出口、运输、爆炸作业和储存及硝酸铵的销售、购买,适用《民用爆炸物品安全管理条例》(国务院令第446号)。　(√)

12. 烟花爆竹的生产、经营、运输和燃放,适用《烟花爆竹安全管理条例》(国务院令第455号)。　(√)

13. 爆炸品的生产、销售、购买、进出口、运输、爆炸作业和储存及硝酸铵的销售、购买,应适用《民用爆炸物品安全管理条例》(国务院令第446号)。　(×)

14. 爆炸品的生产、经营、运输和燃放,应适用《烟花爆竹安全管理条例》(国务院令第455号)。　(×)

15. 道路运输易制爆危险化学品的，还应当向当地公安机关报告。 （√）

二、选择题（15 题）

1. 爆炸品道路运输的驾驶人员、押运人员、装卸管理人员必须掌握所运输爆炸品的安全知识，并经所在地设区的市级人民政府（A）考核合格，取得注明为“爆炸品运输”的从业资格证，方可上岗从业。

A. 交通部门　　B. 质检部门　　C. 经贸部门

2.《中华人民共和国道路交通安全法》规定，机动车载运（B）、易燃易爆化学物品以及剧毒、放射性等危险物品，应当经公安机关批准后，按指定的时间、路线、速度行驶，悬挂警示标志并采取必要的安全措施。

A. 危险货物　　B. 爆炸物品　　C. 化学品

3.《中华人民共和国道路交通安全法实施条例》规定，机动车驾驶人员初次申领机动车驾驶证后的 12 个月为实习期。机动车驾驶人员在（A）不得驾驶载有爆炸物品、易燃易爆化学物品、剧毒或者放射性等危险物品的机动车。

A. 实习期内

B. 机动车行驶证有限期内

C. 从业资格证有限期内

4.《中华人民共和国道路交通安全法》规定，机动车载运爆炸物品、易燃易爆化学物品以及剧毒、放射性等危险物品，应当经公安机关批准后，按指定的（A），悬挂警示标志并采取必要的安全措施。

A. 时间、路线、速度行驶

B. 物品

C. 地点

5. 道路运输爆炸品的非罐式专用车辆，核定载质量不得超过（B），但符合国家有关标准的集装箱运输专用车辆除外。

A. 5t　　B. 10t　　C. 20t

6. 道路运输爆炸品的罐式专用车辆，其罐体容积不得超过（C）。

A. $5m^3$　　B. $10m^3$　　C. $20m^3$

7. 爆炸品道路运输适用（A）。

A.《危险化学品安全管理条例》

B.《烟花爆竹安全管理条例》

C.《民用爆炸物品安全管理条例》

8. 道路运输爆炸品，应当配备罐式、（C）或者压力容器等专用容器。

A. 面包车　　B. 普通货车　　C. 厢式专用车辆

9. 从事爆炸品道路运输的驾驶人员、装卸管理人员、押运人员，应当经考试合格，取得注明为“(B)”类别的从业资格证。

A. 危险货物运输　　B. 爆炸品运输　　C. 危险化学品运输

10. 爆炸品道路运输的托运人,必须委托具有(B)道路运输资质的企业承运。

A. 危险货物　　B. 爆炸品　　C. 危险化学品

11. 爆炸品的道路运输承运人,应当在(A)的经营范围内承运。不得超范围经营。

A.《道路运输经营许可证》

B.《从业人员资格证》

C.《机动车行驶证》

12. 运输爆炸品的专用车辆,应当在(A)的经营范围内运输。不得超范围经营。

A.《道路运输证》　　B.《从业人员资格证》　C.《机动车行驶证》

13.《危险化学品安全管理条例》(国务院令第591号)要求,由(C)负责危险化学品道路运输的许可以及运输工具的安全管理,负责危险化学品道路运输企业驾驶人员、装卸管理人员、押运人员的资格认定。

A. 公安机关　　B. 质检部门　　C. 交通部门

14. 易制爆危险化学品在道路运输途中丢失、被盗、被抢或者出现流散、泄漏等情况的,驾驶人员、押运人员应当立即采取相应的警示措施和安全措施,并向当地(C)报告。

A. 质检部门　　B. 交通部门　　C. 公安机关

15. 易制爆危险化学品在道路运输途中丢失、被盗、被抢或者发生流散、泄漏等情况,驾驶人员、押运人员不采取必要的警示措施和安全措施,或者不向当地(C)报告的,由(C)责令改正,处1万元以上5万元以下的罚款;构成违反治安管理行为的,依法给予治安管理处罚。

A. 交通部门　　B. 质检部门　　C. 公安机关

第四章　爆炸品道路运输要求

第一节　爆炸品道路运输车辆要求

一、判断题(20题)

1. 道路运输爆炸品的车辆,应在车辆两侧面厢板几何中心部位附近的适当位置各增加悬挂一块标志牌。 (√)

2. 爆炸品道路运输,应当配备罐式、厢式专用车辆或者压力容器等专用容器。 (√)

3. 小包装爆炸品道路运输,可以使用普通货车。 (×)

4. 运输爆炸品的罐式专用车辆的罐体容积不得超过20m³,但符合国家有关标准的罐式集装箱除外。 (√)

5. 运输爆炸品的非罐式专用车辆,核定载质量不得超过10t,但符合国家有关标准的集

装箱运输专用车辆除外。（√）

6. 运输爆炸品的罐式专用车辆的罐体容积可以超过 $20m^3$。（×）

7. 运输爆炸品的非罐式专用车辆，核定载质量可以超过 10t。（×）

8. 爆炸品运输车辆发动机排气装置应具备灭火星的功能。若装用排气火花熄灭器，应符合《机动车排气火花熄灭性能要求和试验方法》(GB 13365)的要求。（√）

9. 对于运输爆炸品的车辆，总质量小于 2000kg 的发动机应为压燃式。（×）

10. 爆炸品运输车辆的驾驶室内应设置用于电源总开关开、闭操作的控制装置。（√）

11. 爆炸品运输车辆的货厢结构为封闭式，并且具有一定的强度和刚度。但可以不具有防火、防雨、防盗功能。（×）

12. 爆炸品运输车辆的货厢门铰链应固定可靠，旋转自如。（√）

13. 爆炸品运输车辆的货厢门锁止结构安全可靠。（√）

14. 爆炸品运输车辆货厢内不得装设照明灯光，但可以敷设电气线路。（×）

15. 爆炸品运输车辆的货厢内应设置货物起火燃烧报警装置。（√）

16. 爆炸品运输车辆货厢内底板应铺设阻燃导静电胶板，厚度不小于 5mm，导静电胶板任意一点与拖地带之间电阻值为 $10^4 \sim 10^8 \Omega$。（√）

17. 爆炸品运输车辆必须装设接地线，接地线应柔软，展开、收回灵活。末端应装设弹性“鳄鱼夹”，接地线与车架之间的电阻值应不大于 5Ω。（√）

18. 爆炸品运输车辆底部必须设置导静电拖地带，其性能应符合《汽车导静电橡胶拖地带》(JT 230)的规定。（√）

19. 爆炸品运输车辆的驾驶室内应配备一个干粉灭火器。在车辆两边应配备与所装载介质性能相适应的灭火器各一个，灭火器应固定牢靠、取用方便。（√）

20. 爆炸品运输车辆的驾驶室内及车辆两边，可以不配备灭火器。（×）

二、选择题(15 题)

1. 爆炸品道路运输车辆应当安装符合国家标准(A)的安全标示牌。

A.《道路运输爆炸品和剧毒化学品车辆安全技术条件》(GB 20300)

B.《包装储运图示标志》(GB 191)

C.《道路危险货物运输车辆标志》(GB 13392)

2.《道路危险货物运输管理规定》要求，爆炸品道路运输罐式专用车辆的罐体容积不得超过(B)。

A. $10m^3$　　B. $20m^3$　　C. $40m^3$

3.《道路危险货物运输管理规定》要求，剧毒化学品道路运输的非罐式专用车辆，核定载质量不得超过(A)，但符合国家有关标准的集装箱运输专用车辆除外。

A. 10t　　B. 20t　　C. 40t

4. 爆炸品运输车辆发动机排气装置应具备灭火星的功能。若装用排气火花熄灭器，应符合(A)的要求。

A.《机动车排气火花熄灭性能要求和试验方法》(GB 13365)

B.《包装储运图示标志》(GB 191)

C.《道路危险货物运输车辆标志》(GB 13392)

5. 对于运输爆炸品的车辆,总质量(A)2000kg 的发动机应为压燃式。

A. 大于　　B. 等于　　C. 小于

6. 爆炸品运输车辆的驾驶室内应设置用于(B)开、闭操作的控制装置。

A. 燃油切断装置　　B. 电源总开关　　C. 气压切断装置

7. 爆炸品运输车辆蓄电池接线端子应采取可靠的(C)保护措施或用(C)的蓄电池箱盖住。

A. 小电阻材料　　B. 金属材料　　C. 绝缘

8. 爆炸品运输车辆的货厢结构为封闭式,具有(B)功能,并且具有一定的强度和刚度。货厢内蒙皮应采用有色金属或不易发火的非金属材料。

A. 防电　　B. 防火、防雨、防盗　　C. 绝缘

9. 爆炸品运输车辆的货厢门铰链应固定可靠,旋转自如。锁止结构(A)。

A. 安全可靠　　B. 防火、防雨　　C. 绝缘

10. 爆炸品运输车辆的货厢内不得装设(A),不得敷设电气线路。

A. 照明灯光　　B. 有色金属　　C. 不易发火的非金属材料

11. 爆炸品运输车辆的货厢内底板应铺设(A)导静电胶板,厚度不小于5mm,导静电胶板任意一点与拖地带之间电阻值为$10^4 \sim 10^8\Omega$。

A. 阻燃　　B. 易燃　　C. 电阻

12. 爆炸品运输车辆的车辆底部必须设置导静电拖地带,其性能应符合(A)的规定。

A.《汽车导静电橡胶拖地带》(JT 230)

B.《汽车运输危险货物规则》(JT 617)

C.《汽车运输、装卸危险货物作业规程》(JT 618)

13. 在爆炸品运输车辆后部应安装(B)。安全标示牌上应标明运输介质的名称、种类、罐体有效容积、最大核载质量、施救方法、企业联系电话号码。

A. 标志牌　　B. 安全标示牌　　C. 标志灯

14. 在爆炸品运输车辆后部应安装安全标示牌。安全标示牌上应标明运输介质的(C)、种类、罐体有效容积、最大核载质量、施救方法、企业联系电话号码。

A. 危险性　　B. 包装类别　　C. 名称

15. 在爆炸品运输车辆后部应安装安全标示牌。安全标示牌上应标明运输介质的名称、种类、罐体有效容积、最大核载质量、(C)、企业联系电话号码。

A. 包装类别　　B. 危险性　　C. 施救方法

第二节　爆炸品道路运输驾驶人员基本要求

一、判断题(25 题)

1. 从事爆炸品道路运输的驾驶人员，应当了解所运输的爆炸品的危险特性及其包装物、容器的使用要求和出现危险情况时的应急处置方法。（√）

2. 从事爆炸品道路运输的驾驶人员，可以持有注明为“危险货物运输”的从业资格证上岗。（×）

3. 从事爆炸品道路运输的驾驶人员，需经所在地设区的市级人民政府交通运输主管部门考试合格，取得危险货物道路运输从业资格证；并在此基础上，参加爆炸品道路运输的专门考试，经考试合格，取得注明为“爆炸品运输”的从业资格证，方可上岗从业。（√）

4. 从事爆炸品道路运输的驾驶人员，可以直接经考试合格取得注明为“爆炸品运输”的从业资格证，方可上岗从业。（×）

5. 从事爆炸品道路运输的驾驶人员，在行车途中应严控车速，尽量避免紧急制动，车辆转弯前应减速，保持车辆平稳运行，以防止因紧急制动、急转弯等造成装载货物摩擦、振动、坍塌、坠落，撞击、摩擦引发爆炸事故。（√）

6. 从事爆炸品道路运输的驾驶人员为保证按时完成运输任务，在行车途中可不控制车速。（×）

7. 从事爆炸品道路运输的驾驶人员，在行车必须集中精力，严格遵守《中华人民共和国道路交通安全法》等法规和操作规程，同时注意观察，保持行车平稳。（√）

8. 从事爆炸品道路运输的驾驶人员，应根据所装爆炸品的性质，配备防护用品（如工作服、手套、防毒口罩、护目镜或者轻型防护服、防毒面具等）。（√）

9. 爆炸品道路运输的驾驶人员出车前，应对车辆进行例行检查。（√）

10. 从事爆炸品道路运输的驾驶人员，应了解《道路运输爆炸品和剧毒化学品车辆安全技术条件》（GB 20300）对爆炸品道路运输车辆的主要要求。（√）

11. 运输爆炸品的罐式专用车辆的罐体容积可以超过 $20m^3$。（×）

12. 运输爆炸品的非罐式专用车辆，核定载质量可以超过 10t。（×）

13. 爆炸品运输车辆发动机排气装置，应具备灭火星的功能。若装用排气火花熄灭器，应符合《机动车排气火花熄灭性能要求和试验方法》（GB 13365）的要求。（√）

14. 爆炸品运输车辆的驾驶室内应设置用于电源总开关开、闭操作的控制装置。（√）

15. 爆炸品运输车辆的货厢结构为封闭式，并且具有一定的强度和刚度。但可以不具有防火、防雨、防盗功能。（×）

16. 在爆炸品运输车辆后部应安装安全标示牌。安全标示牌上应标明运输介质的名称、种类、罐体有效容积、最大核载质量、施救方法、企业联系电话号码。（√）

17. 爆炸品运输车辆仅需要安装符合国家标准的标志灯、标志牌，不需要安装安全标

示牌。(×)

18. 爆炸品运输车辆发动机机排气装置,可以不安装排气火花熄灭器。(×)

19. 通过道路运输爆炸品的,应当按照运输车辆的核定载质量装载爆炸品,不得超载。(√)

20. 爆炸品运输车辆的驾驶室内,不应该设置用于电源总开关开、闭操作的控制装置。(×)

21. 运输易制爆危险化学品途中需要较长时间停车,驾驶人员、押运人员可以不向当地公安机关报告。(×)

22. 易制爆危险化学品在道路运输途中丢失、被盗、被抢或者发生流散、泄漏等情况,驾驶人员、押运人员不必采取警示措施和安全措施,也不必向当地公安机关报告。(×)

23. 易制爆危险化学品在道路运输途中丢失、被盗、被抢或者出现流散、泄漏等情况的,驾驶人员、押运人员应当立即采取相应的警示措施和安全措施,并向当地公安机关报告。(√)

24. 运输危险化学品途中因住宿或者发生影响正常运输的情况,需要较长时间停车的,驾驶人员、押运人员应当采取相应的安全防范措施;运输剧毒化学品或者易制爆危险化学品的,还应当向当地公安机关报告。(√)

25. 从事爆炸品道路运输的驾驶人员,应取得相应机动车驾驶证,年龄不限。(×)

二、选择题(20题)

1. 从事爆炸品道路运输的驾驶人员,应取得相应机动车驾驶证,并持有取得注明为(A)的从业资格证,方可上岗从业。

A.“爆炸品运输”　　B.“危险货物运输”　　C.“化学品”

2. 从事爆炸品道路运输的驾驶人员,需经所在地设区的市级人民政府(A)考试合格,取得危险货物道路运输从业资格证;并在此基础上,参加爆炸品道路运输的专门考试,经考试合格,取得注明为“爆炸品运输”的从业资格证,方可上岗从业。

A. 交通部门　　B. 公安部门　　C. 安监部门

3. 从事爆炸品道路运输的驾驶人员,应在获取(B)道路运输资质的基础上,参加爆炸品道路运输的专门考试。

A. 烟花爆竹　　B. 危险货物　　C. 化学品

4. 从事爆炸品道路运输的驾驶人员,应根据所装(B)的性质,配备防护用品(如工作服、手套、防毒口罩、护目镜或者轻型防护服、防毒面具等)。

A. 烟花爆竹　　B. 爆炸品　　C. 化学品

5. 从事爆炸品道路运输的驾驶人员,应了解(A)对爆炸品道路运输车辆的主要要求。

A.《道路运输爆炸品和剧毒化学品车辆安全技术条件》(GB 20300)

B.《汽车导静电橡胶拖地带》(JT 230)

C.《危险货物运输包装通用技术条件》(GB 12463)

6. 爆炸品运输车辆发动机排气装置，应具备(C)的功能。若装用排气火花熄灭器，应符合《机动车排气火花熄灭性能要求和试验方法》(GB 13365)的要求。

A. 减少废气　　B. 环保　　C. 灭火星

7. 爆炸品运输车辆发动机排气装置，应具备灭火星的功能。若装用(C)，应符合《机动车排气火花熄灭性能要求和试验方法》(GB 13365)的要求。

A. 静音器　　B. 环保装置　　C. 排气火花熄灭器

8. 爆炸品运输车辆的驾驶室内应设置用于(C)开、闭操作的控制装置。

A. 收音机　　B. 点烟器　　C. 电源总开关

9. 根据《道路运输爆炸品和剧毒化学品车辆安全技术条件》(GB 20300)，在爆炸品运输车辆后部应安装(C)。安全标示牌上应标明运输介质的名称、种类、罐体有效容积、最大核载质量、施救方法、企业联系电话号码。

A. 标志牌　　B. 标志灯　　C. 安全标示牌

10. 爆炸品在道路运输途中丢失、被盗、被抢或者出现流散、泄漏等情况的，驾驶人员、押运人员应当立即采取相应的警示措施和安全措施，并向当地(B)报告。

A. 卫生部门　　B. 公安机关　　C. 交通部门

11.《道路危险货物运输管理规定》要求，爆炸品道路运输罐式专用车辆的罐体容积不得超过(B)。

A. $10m^3$　　B. $20m^3$　　C. $40m^3$

12.《道路危险货物运输管理规定》要求，剧毒化学品道路运输的非罐式专用车辆，核定载质量不得超过(A)，但符合国家有关标准的集装箱运输专用车辆除外。

A. 10t　　B. 20t　　C. 40t

13. 根据《中华人民共和国道路交通安全法实施条例》规定，机动车驾驶人在(B)不得驾驶载有爆炸物品、易燃易爆化学物品、剧毒或者放射性等危险物品的机动车。

A. 驾驶证有限期内　　B. 实习期内　　C. 从业资格有限期内

14. 为保证爆炸品运输车辆的运行速度，车辆上应配备(B)。限速装置的调定速度不得大于 90km/h。

A. 紧急切断装置　　B. 限速装置　　C. 防抱死装置

15. 为保证爆炸品运输车辆的运行速度，车辆上应配备限速装置。限速装置的调定速度不得大于(B)。

A. 60km/h　　B. 90km/h　　C. 120km/h

16. 在道路危险货物运输中的任何情况，雷管和炸药都(B)。

A. 可以同车装运　　B. 不得同车装运　　C. 没有装运限制

17. 爆炸品运输车辆未悬挂或者喷涂警示标志，或者悬挂或者喷涂的警示标志不符合国家标准要求的，由(C)责令改正，处 1 万元以上 5 万元以下的罚款。

A. 交通部门　　　　B. 质检部门　　　　C. 公安机关

18. 运输易制爆危险化学品途中需要较长时间停车，驾驶人员、押运人员不向当地公安机关报告的，由(A)责令改正，处1万元以上5万元以下的罚款。

A. 公安机关　　　　B. 质检部门　　　　C. 交通部门

19. 易制爆危险化学品在道路运输途中丢失、被盗、被抢或者发生流散、泄漏等情况，驾驶人员、押运人员不采取必要的警示措施和安全措施，或者不向当地公安机关报告的，由(A)责令改正，处1万元以上5万元以下的罚款。

A. 公安机关　　　　B. 质检部门　　　　C. 交通部门

20. 运输危险化学品途中因住宿或者发生影响正常运输的情况，需要较长时间停车的，驾驶人员、押运人员应当采取相应的安全防范措施；运输剧毒化学品或者易制爆危险化学品的，还应当向当地(A)报告。

A. 公安机关　　　　B. 质检部门　　　　C. 交通部门

第三节　爆炸品道路运输押运人员基本要求

一、判断题(15题)

1. 从事爆炸品道路运输的押运人员，需经所在地设区的市级人民政府交通运输主管部门考试合格，取得危险货物道路运输从业资格证；并在此基础上，参加爆炸品道路运输的专门考试，经考试合格，取得注明为“爆炸品运输”的从业资格证，方可上岗。(√)

2. 从事爆炸品道路运输的押运人员，可以直接经考试合格取得注明为“爆炸品运输”的从业资格证，方可上岗从业。(×)

3. 通过道路运输爆炸品的，应当配备押运人员，并保证所运输的危险化学品处于押运人员的监控之下。(√)

4. 通过道路运输爆炸品的，可仅配备具有“爆炸品运输”的从业资格证驾驶人员，而不需要配备押运人员。(×)

5. 爆炸品运输车辆的货厢门铰链应固定可靠，旋转自如。锁止结构安全可靠。(√)

6. 爆炸品道路运输的押运人员，要保证所运输的危险化学品处于其的监控之下。(√)

7. 运输爆炸品的押运人员，应当了解所运输的爆炸品的危险特性及其包装物、容器的使用要求和出现危险情况时的应急处置方法。(√)

8. 运送爆炸物品时，发车前，押运人员必须对其装车情况进行检查确认，并签字认可，锁好车厢门，保管好钥匙。(√)

9. 途中认真观察周围情况，每隔2h要停车检查，严防爆炸物品丢失、被盗和发生其他情况。(√)

10. 运输爆炸品、易制爆危险化学品的，可以不配备罐式、厢式专用车辆或者压力容器等专用容器。(×)

11. 运输易制爆危险化学品途中需要较长时间停车，驾驶人员、押运人员可以不向当地公安机关报告。（×）

12. 易制爆危险化学品在道路运输途中丢失、被盗、被抢或者发生流散、泄漏等情况，驾驶人员、押运人员不必采取警示措施和安全措施，也不必向当地公安机关报告。（×）

13. 易制爆危险化学品在道路运输途中丢失、被盗、被抢或者出现流散、泄漏等情况的，驾驶人员、押运人员应当立即采取相应的警示措施和安全措施，并向当地公安机关报告。（√）

14. 运输危险化学品途中因住宿或者发生影响正常运输的情况，需要较长时间停车的，驾驶人员、押运人员应当采取相应的安全防范措施；运输剧毒化学品或者易制爆危险化学品的，还应当向当地公安机关报告。（√）

15. 从事爆炸品道路运输的押运人员，可以持具有"危险货物"押运人员资格的从业资格证上岗。（×）

二、选择题(15 题)

1. 从事爆炸品道路运输的押运人员，应取得相应机动车驾驶证，并持有取得注明为(A)的从业资格证，方可上岗从业。

A. "爆炸品运输"　　B. "危险货物运输"　　C. "化学品"

2. 从事爆炸品道路运输的押运人员，需经所在地设区的市级人民政府(A)考试合格，取得危险货物道路运输从业资格证；并在此基础上，参加爆炸品道路运输的专门考试，经考试合格，取得注明为"爆炸品运输"的从业资格证，方可上岗从业。

A. 交通部门　　B. 公安部门　　C. 安监部门

3. 从事爆炸品道路运输的押运人员，应在获取(B)道路运输资质的基础上，参加爆炸品道路运输的专门考试。

A. 烟花爆竹　　B. 危险货物　　C. 化学品

4. 爆炸品道路运输过程中，不配备押运人员，由(C)处 2 万元以上 10 万元以下的罚款。

A. 交通部门　　B. 质检部门　　C. 公安部门

5. 通过道路运输爆炸品的，应当配备(C)，并保证所运输的危险化学品处于(C)的监控之下。

A. 运输经理人　　B. 专职管理人员　　C. 押运人员

6. (C)应该认真检查爆炸品运输车辆的货厢门铰链应固定可靠，旋转自如。锁止结构安全可靠。

A. 运输经理人　　B. 专职管理人员　　C. 押运人员

7. 爆炸品道路运输的(C)，要保证所运输的爆炸品处于其监控之下。

A. 运输经理人　　B. 专职管理人员　　C. 押运人员

8. 从事爆炸品道路运输的押运人员，在运输途中认真观察周围情况，每隔(C)要停车检查，严防爆炸物品丢失、被盗和发生其他情况。

A. 8h　　B. 6h　　C. 2h

9. 从事爆炸品道路运输的押运人员，在运输途中认真观察周围情况，每隔2h要停车检查，(C)爆炸物品丢失、被盗和发生其他情况。

A. 注意　　B. 预防　　C. 严防

10. 运送爆炸物品时，发车前，押运人员必须对其装车情况进行检查确认，并签字认可，锁好(A)，保管好钥匙。

A. 车厢门　　B. 车门　　C. 加油口盖

11. 爆炸品运输车辆未悬挂或者喷涂警示标志，或者悬挂或者喷涂的警示标志不符合国家标准要求的，由(C)责令改正，处1万元以上5万元以下的罚款。

A. 交通部门　　B. 质检部门　　C. 公安机关

12. 运输易制爆危险化学品途中需要较长时间停车，驾驶人员、押运人员不向当地公安机关报告的，由(A)责令改正，处1万元以上5万元以下的罚款。

A. 公安机关　　B. 质检部门　　C. 交通部门

13. 易制爆危险化学品在道路运输途中丢失、被盗、被抢或者发生流散、泄漏等情况，驾驶人员、押运人员不采取必要的警示措施和安全措施，或者不向当地公安机关报告的，由(A)责令改正，处1万元以上5万元以下的罚款。

A. 公安机关　　B. 质检部门　　C. 交通部门

14. 运输危险化学品途中因住宿或者发生影响正常运输的情况，需要较长时间停车的，驾驶人员、押运人员应当采取相应的安全防范措施；运输剧毒化学品或者易制爆危险化学品的，还应当向当地(A)报告。

A. 公安机关　　B. 质检部门　　C. 交通部门

15. 易制爆危险化学品在道路运输途中丢失、被盗、被抢或者出现流散、泄漏等情况的，驾驶人员、押运人员应当立即采取相应的警示措施和安全措施，并向当地(A)报告。

A. 公安机关　　B. 质检部门　　C. 交通部门

第四节　爆炸品道路运输装卸管理人员基本要求

一、判断题(15题)

1. 从事爆炸品道路运输的装卸管理人员，需经所在地设区的市级人民政府交通运输主管部门考试合格，取得危险货物道路运输从业资格证；并在此基础上，参加爆炸品道路运输的专门考试，经考试合格，取得注明为“爆炸品运输”的从业资格证，方可上岗从业。(√)

2. 从事爆炸品道路运输的装卸管理人员，可以持有注明为“危险货物”的从业资格证上岗。(×)

3. 爆炸品的装卸作业应当遵守安全作业标准、规程和制度，并在装卸管理人员的现场指

挥或者监控下进行。（√）

4. 爆炸品的装卸作业应当遵守安全作业标准、规程和制度，可以不在装卸管理人员现场指挥或者监控下进行。（×）

5. 运输爆炸品的装卸管理人员，应当了解所装卸的爆炸品的危险特性及其包装物、容器的使用要求和出现危险情况时的应急处置方法。（√）

6. 从事爆炸品道路运输的装卸管理人员，应持有注明为“爆炸品运输”的从业资格证上岗从业。（√）

7. 不具备有效的避雷电、防湿潮条件时，雷雨天气应停止对爆炸品的装卸作业。（√）

8. 在雷雨天气应，可以对爆炸品的装卸作业。（×）

9. 装卸现场严禁高温和接触明火；装卸搬运时，不准穿铁钉鞋，使用铁轮、铁铲头推车和叉车，应有防火花措施；严禁使用易产生火花机具设备。装卸人员作业时不得携带烟火和通信工具。（√）

10. 装卸管理人员，应检查进入爆炸品装卸作业区车辆的排气管是否安装了排气火花熄灭器。（√）

11. 禁止将爆炸品与氧化剂、酸、碱、盐类物品以及易燃物质、金属粉末同车配装。（√）

12. 任何情况下，爆炸物品不得与普通货物混装，同类爆炸物品配装必须符合配装组的组合要求。（√）

13. 起爆药与炸药可以在同一装卸点装卸，可以混装在同车车厢运输。（×）

14. 爆炸品装卸作业应在白天进行，夜间作业应有足够的照明；作业现场温度超过35℃时，应停止装卸作业。如必须装卸的，应用冷水喷淋现场，使作业现场温度降到30℃以下，方可作业。天气恶劣时，如遇雷电雨、强风或冰雹时，应停止作业。（√）

15. 如果爆炸品装卸现场发生火灾时，应立即提醒装卸人员停止产品的装卸。并把车辆驶离装卸区，停车、熄火、关闭电源。（√）

二、选择题(20题)

1. 从事爆炸品道路运输的装卸管理人员，应取得相应机动车驾驶证，并持有取得注明为（A）的从业资格证，方可上岗从业。

A.“爆炸品运输”　B.“危险货物运输”　C.“化学品”

2. 从事爆炸品道路运输的装卸管理人员，需经所在地设区的市级人民政府（A）考试合格，取得危险货物道路运输从业资格证；并在此基础上，参加爆炸品道路运输的专门考试，经考试合格，取得注明为“爆炸品运输”的从业资格证，方可上岗从业。

A. 交通部门　B. 公安部门　C. 安监部门

3. 从事爆炸品道路运输的装卸管理人员，应在获取（B）道路运输资质的基础上，参加爆炸品道路运输的专门考试。

A. 烟花爆竹　　B. 危险货物　　C. 化学品

4. 运输爆炸品的装卸管理人员,应当了解所装卸的爆炸品的(A)及其包装物、容器的使用要求和出现危险情况时的应急处置方法。

A. 危险特性　　B. 物理特性　　C. 化学性质

5. 不具备有效的避雷电、防湿潮条件时,(C)应停止对爆炸品的装卸作业。

A. 晴天　　B. 阴天　　C. 雷雨天气

6. 装卸现场严禁高温和接触明火;装卸搬运时,不准穿(C),使用铁轮、铁铲头推车和叉车,应有防火花措施;严禁使用易产生火花机具设备。

A. 布鞋　　B. 皮鞋　　C. 铁钉鞋

7. 装卸人员作业时不得携带(C)。

A. 手套　　B. 毛巾　　C. 烟火和通信工具

8. 装卸管理人员,应检查进入爆炸品装卸作业区车辆的发动机排气装置,应具备(C)。

A. 静音器　　B. 环保装置　　C. 灭火星的功能

9. 爆炸品的装卸作业应当遵守安全作业标准、规程和制度,并在(A)的现场指挥或者监控下进行。

A. 装卸管理人员　　B. 押运人员　　C. 驾驶人员

10. 任何情况下,爆炸物品不得与普通货物混装,同类爆炸物品配装必须符合(B)要求。

A. 物理特性　　B. 配装组的组合　　C. 化学品性质

11. 禁止将爆炸品与氧化剂、酸、碱、盐类物品以及易燃物质、(A)同车配装。

A. 金属粉末　　B. 爆炸品　　C. 民用爆炸品

12. (A)起爆药与炸药严禁在同一装卸点装卸,严禁混装在同车车厢运输。

A. 起爆药与炸药

B. 危险货物与危险化学品

C. 爆炸品与民用爆炸品

13. 爆炸品装卸作业应在白天进行,夜间作业应有足够的照明;作业现场温度超过(B)时,应停止装卸作业。如必须装卸的,应用冷水喷淋现场,使作业现场温度降到30℃以下,方可作业。

A. 20℃　　B. 35℃　　C. 50℃

14. 如果爆炸品装卸现场发生(B)时,应立即提醒装卸人员停止产品的装卸。并把车辆驶离装卸区,停车、熄火、关闭电源。

A. 低温　　B. 火灾　　C. 高温

15. 同类爆炸物品配装,必须符合(B)要求。

A. 危险货物配装表　　B. 配装组的组合　　C. 货物的组合

16.《道路危险货物运输管理规定》要求,爆炸品道路运输罐式专用车辆的罐体容积不得超过(B)。

A. $10m^3$　　B. $20m^3$　　C. $40m^3$

17.《道路危险货物运输管理规定》要求,剧毒化学品道路运输的非罐式专用车辆,核定载质量不得超过(A),但符合国家有关标准的集装箱运输专用车辆除外。

A. 10t　　B. 20t　　C. 40t

18. 装卸管理人员,应当指导(B)按照运输车辆的核定载质量装载爆炸品,不得超载。

A. 驾驶人员　　B. 装卸人员　　C. 押运人员

19. 装卸管理人员,应当指导装卸人员按照运输车辆的(B)装载爆炸品,不得超载。

A. 质量　　B. 核定载质量　　C. 整备质量

20. 如果装卸爆炸品现场发生火灾时,应立即提醒装卸人员停止产品的装卸。并把车辆驶离装卸区,停车、熄火、关闭(C)。

A. 收音机　　B. 定位系统　　C. 电源

第五节　常运爆炸品及应急处置

一、判断题(10 题)

1. 火药又叫发射药,是极易燃烧的固体物质,数量大时或在密闭状态下也能转变为爆炸,但军事上主要利用其燃烧有规律的性质,用作枪弹、炮弹的发射药和火箭、导弹的推进剂及其他驱动装置的能源。(√)

2. 炸药是相对稳定的物质,在一般情况下比较安定,能经受生产、储存、运输、加工和使用过程中的一般外力作用。只有在相当大的外力作用下(如受热、撞击)才能引爆,通常是用装有起爆药的起爆装置来激发其爆炸反应。(√)

3. 装有火药或炸药,受外界刺激后燃烧或爆炸,以引燃火药、引爆炸药或做机械功的一次性使用的元器件和装置统称火工品。(√)

4. 爆炸品通常有效的灭火方法是用密集的水流或喷雾状水,冷却达到灭火的目的,但不能采取窒息法或隔离法。(√)

5. 爆炸品通常有效的灭火方法是用密集的水流或喷雾状水,冷却达到灭火的目的,还可以采取窒息法或隔离法。(×)

6. 可以使用砂土覆盖燃烧的爆炸品,否则会导致由燃烧转化为爆炸。(×)

7. 对有毒性的爆炸品,灭火人员应戴防毒面具。(√)

8. 扑救爆炸品货物时,水流应采用吊射,避免强力水流直接冲击货物,以免货物堆垛倒塌引起再次爆炸。(√)

9. 扑救爆炸品货物时,水流应采用吊射,可以使用强力水流直接冲击货物。(×)

10. 对爆炸品的泄漏物,应及时用水湿润,再撒以锯末或棉絮等松软物品收集后并保持相当湿度,报请公安部门或消防人员处理,绝对不允许将收集的泄漏物重新装入原包装内。(√)

二、选择题(10题)

1. 火药又叫发射药,是极易燃烧的固体物质,数量大时或在密闭状态下也能转变为(B),但军事上主要利用其燃烧有规律的性质,用作枪弹、炮弹的发射药和火箭、导弹的推进剂及其他驱动装置的能源。

A. 燃烧　　B. 爆炸　　C. 物理变化

2. 炸药是相对稳定的物质,在一般情况下比较安定,能经受生产、储存、运输、加工和使用过程中的一般外力作用。只有在相当大的外力作用下(如受热、撞击)才能引爆,通常是用装有起爆药的起爆装置来激发其(C)。

A. 燃烧反应　　B. 物理反应　　C. 爆炸反应

3. 装有火药或炸药,受外界刺激后燃烧或爆炸,以引燃火药、引爆炸药或做机械功的一次性使用的元器件和装置统称(A)。

A. 火工品　　B. 炸药　　C. 化学品

4. 爆炸品通常有效的灭火方法是用密集的水流或(C),冷却达到灭火的目的,但不能采取窒息法或隔离法。

A. 强力水流　　B. 高压水　　C. 喷雾状水

5. 爆炸品通常有效的灭火方法是用密集的水流或喷雾状水,冷却达到灭火的目的,但不能采取(A)或隔离法。

A. 窒息法　　B. 降温法　　C. 浇水法

6. 对有毒性的爆炸品,灭火人员应戴(A)。

A. 防毒面具　　B. 手套　　C. 口罩

7. 扑救爆炸品货物时,水流应采用吊射,避免(B)直接冲击货物,以免货物堆垛倒塌引起再次爆炸。

A. 喷雾状水　　B. 强力水流　　C. 密集的水

8. 对爆炸品的泄漏物,应及时用水湿润,再撒以锯末或棉絮等松软物品收集后并保持相当湿度,报请(C)处理,绝对不允许将收集的泄漏物重新装入原包装内。

A. 运管部门或执法人员

B. 交通部门或运管人员

C. 公安部门或消防人员

9. 爆炸品道路运输包括:防护服(手套、靴子、防火工作服、带护镜的头盔);(C);防火花软底鞋;软刷和塑料簸箕。

A. 呼吸器　　B. 口罩　　C. 自给式呼吸器

10. 爆炸品道路运输包括:防护服[手套、靴子、(B)、带护镜的头盔];自给式呼吸器;防火花软底鞋;软刷和塑料簸箕。

A. 防静电工作服　　B. 防火工作服　　C. 工作服

第五章　爆炸品道路运输事故应急预案

一、判断题(20 题)

1.《中华人民共和国安全生产法》第十七条中规定,“生产经营单位的主要负责人,负有组织制定并实施本单位的生产安全事故应急预案”。(√)

2.《危险化学品安全管理条例》第七十条中要求“危险化学品单位应当制定本单位事故应急救援预案,配备应急救援人员和必要的应急救援器材、设备,并定期组织演练”。(√)

3. 危险化学品单位应当制定本单位事故应急救援预案,配备应急救援人员和必要的应急救援器材、设备,但不必定期组织演练。(×)

4. 危险化学品单位应当制定本单位事故应急救援预案,配备驾驶人员和备用轮胎,定期组织演练。(×)

5. 应急救援预案编制目的:为加强对爆炸品道路运输安全的有效控制,最大限度地预防或降低爆炸品事故危害,保障人民生命和财产安全,保护环境,指导爆炸品运输企业制定应急预案,使爆炸品运输企业在突发泄漏、火灾、爆炸灾害事故时,能迅速反应、妥善处置,尽可能减少对人员、财产和环境的有害影响。(√)

6. 事故报警的内容:报警人的姓名、联系方式;发生时间、具体地点(如,×××公路×××km 处)、车辆行驶方向;危险货物编号(UN)、品名、数量(t);事故性质(泄漏、燃烧、爆炸);事故规模、人员伤亡及危害情况;车辆牌照等。(√)

7. 事故报警的内容:报警人的姓名、联系方式,发生时间、具体地点(如,×××公路×××km 处)、车辆行驶方向,事故性质(泄漏、燃烧、爆炸),事故规模、人员伤亡及危害情况,车辆牌照等;但可以不报所运危险货物编号(UN)、品名。(×)

8.《危险化学品安全管理条例》第七十一条规定“发生危险化学品事故,事故单位主要负责人应当立即按照本单位危险化学品应急预案组织救援,并向当地安全生产监督管理部门和环境保护、公安、卫生主管部门报告;道路运输过程中发生危险化学品事故的,驾驶人员或者押运人员还应当向事故发生地交通运输主管部门报告”。(√)

9. 若眼睛不慎接触到具有毒性的爆炸品,立即提起眼睑,用大量流动清水或生理盐水彻底冲洗至少 20min。(√)

10. 爆炸品通常有效的灭火方法是用密集的水流或喷雾状水,冷却达到灭火的目的,还可以采取窒息法或隔离法。(×)

11. 当爆炸品着火时,禁止使用砂土覆盖。(√)

12. 爆炸品着火时,可用水冷却达到灭火目的,也可采用窒息法或隔离法灭火。(×)

13. 当爆炸品着火时,严禁使用酸碱性灭火剂,以免激活爆炸物品的化学反应性能。(√)

14. 当爆炸品运输车辆着火时,应用大量水灭火。如果没有水,用二氧化碳、干式化学灭

火剂也可以。 (√)

15. 爆炸品道路运输事故的潜在危害是火灾或爆炸。对于1.4类爆炸品,爆炸物碎片可以飞溅到离爆炸点800m或更远的地方。因此如果货物着火,应停止所有的交通工具,清理方圆800m范围内的火灾现场,让其自行燃尽。 (×)

16. 当爆炸品事故有火灾危险时,不能将爆炸品转移或隔离,只能组织人员疏散。(×)

17. 如果爆炸品泄漏,要消除所有的火源(在泄漏区附近,严禁吸烟、闪光,及产生火花或任何其他形式的明火)。 (√)

18. 当爆炸品着火时,如果火势威胁到贴有1.4S字样标签的包件或装有1.4S类物质的货物区,应考虑向四周至少撤离15m。 (√)

19. 当爆炸品货物着火时,应保持包件湿润,在尽可能远的地方用水射流将火隔开。 (√)

20. 对于所有类别的爆炸品发生的泄漏,现场疏散时,均是首次向现场四周至少撤离800m。 (×)

二、选择题(15题)

1. 当爆炸品发生大量撒漏时,应(B)方式处理。

A. 用土覆盖就地掩埋

B. 用水湿润,撒以锯末或棉絮等松软物收集后,报请公安或消防人员处理

C. 收集起来,重新放入包装容器中

2.《中华人民共和国安全生产法》第十七条中规定,“生产经营单位的(A),负有组织制定并实施本单位的生产安全事故应急预案”。

A. 主要负责人　　B. 驾驶人员　　C. 装卸管理人员

3.《危险化学品安全管理条例》第七十条中要求“危险化学品单位应当制定本单位事故应急救援预案,配备应急救援人员和必要的应急救援器材、设备,并定期组织(A)”。

A. 演练　　B. 研究　　C. 学习

4. 事故报警的内容:报警人的姓名、联系方式;发生时间、具体地点(如,×××公路×××km处)、车辆行驶方向;危险货物(C)、品名、数量(t);事故性质(泄漏、燃烧、爆炸);事故规模、人员伤亡及危害情况;车辆牌照等。

A. 化学特性　　B. 物理特性　　C. 编号(UN)

5. 事故报警的内容:报警人的姓名、联系方式;发生时间、(C)、车辆行驶方向;危险货物编号(UN)、品名、数量(t);事故性质(泄漏、燃烧、爆炸);事故规模、人员伤亡及危害情况;车辆牌照等。

A. 事故县

B. 事故省

C. 具体地点(如,×××公路×××km处)

6.《危险化学品安全管理条例》第七十一条规定"道路运输过程中发生危险化学品事故的，驾驶人员或者押运人员还应当向事故发生地（B）报告"。

A. 运管机构　　B. 交通部门　　C. 质检部门

7.《危险化学品安全管理条例》第七十一条规定"道路运输过程中发生危险化学品事故的，驾驶人员或者押运人员还应当向事故（B）交通运输主管部门报告"。

A. 企业所在地　　B. 发生地　　C. 许可单位所在地

8. 若眼睛不慎接触到具有毒性的爆炸品，立即提起眼睑，用大量流动（B）或生理盐水彻底冲洗至少20min。

A. 热水　　B. 清水　　C. 冰水

9. 爆炸品道路运输事故的潜在危害是火灾或爆炸。对于1.1、1.2、1.3、1.5、1.6类爆炸品，遇火可能发生爆炸，并且爆炸物碎片可以飞溅到离爆炸点（A）或更远的地方，因此如果货物着火，应停止所有的交通工具，清理方圆（A）范围内的火灾现场，让其自行燃尽。

A. 1600m，1600m　　B. 1600m，500m　　C. 1600m，800m

10. 当爆炸品发生大量撒漏时，应（C）方式处理。

A. 用土覆盖就地掩埋

B. 收集起来，重新放入包装容器中

C. 用水湿润，撒以锯末或棉絮等松软物收集后，报请消防人员处理

11. 爆炸品通常采用（C）灭火。

A. 砂土覆盖法　　B. 窒息法　　C. 水冷却法

12. 当爆炸品发生撒漏时，（A）将收集的撒漏物重新装入原包装内。

A. 绝对不允许　　B. 一般情况下可以　　C. 可以

13. 如果爆炸品泄漏，要消除所有的（C）（在泄漏区附近，严禁吸烟、闪光，及产生火花或任何其他形式明火）。

A. 压缩气源　　B. 水源　　C. 火源

14. 当爆炸品货物着火时，应保持包件湿润，在尽可能远的地方用（B）射流将火隔开。

A. 气　　B. 水　　C. 风

15. 当爆炸品货物着火时，应保持包件（C），在尽可能远的地方用水射流将火隔开。

A. 原装　　B. 干燥　　C. 湿润

附录3-2 剧毒化学品道路运输从业人员资格考试模拟题及答案

第一章 剧毒化学品的基础知识

一、判断题(20题)

1. 在国家标准《道路运输爆炸品和剧毒化学品车辆安全技术条件》(GB 20300)中,将剧毒化学品定义为:具有非常剧烈毒性危害的化学品,包括人工合成的化学品及混合物(含农药)和天然毒素。 (√)

2. 剧毒化学品是指列入国家安全生产监督管理总局公告《剧毒化学品名录》中的剧毒化学品。 (√)

3. 剧毒化学品是指列入国家安全生产监督管理总局公告《危险化学品名录》为准。 (×)

4. 半数致死量(LD_{50})是指能杀死一半试验总体之有害物质、有毒物质或游离辐射的剂量。LD_{50}是描述有毒物质或辐射毒性的常用指标。 (√)

5. 急性经口毒性(经口LD_{50}),是指经口腔基于一次剂量或在24h内给予多次剂量的受试物后短时间内产生的有害作用。经口LD_{50}(经口半数致死量)是从统计学上预测,当经口腔给予受试物品后引起50%受试动物死亡的剂量。 (√)

6. 急性经皮毒性(经皮LD_{50})是指一次经皮肤涂抹受试物后短时间内对动物产生的有害作用。经皮半数致死量是从统计学上预测,当一次经皮肤涂抹受试物品后引起50%受试动物死亡的剂量。 (√)

7. 半数致死量(LD_{50}),是指能杀死100%试验总体之有害物质、有毒物质或游离辐射的剂量。LD_{50}是描述有毒物质或辐射毒性的常用指标。 (×)

8. 急性经口毒性(经口LD_{50}),是指经口腔基于一次剂量或在24h内给予多次剂量的受试物后短时间内产生的有害作用。经口LD_{50}(经口半数致死量)是从统计学上预测,当经口腔给予受试物品后引起100%受试动物死亡的剂量。 (×)

9. 急性经皮毒性(经皮LD_{50})是指一次经皮肤涂抹受试物后短时间内对动物产生的有害作用。经皮半数致死量是从统计学上预测,当一次经皮肤涂抹受试物品后引起100%受试动物死亡的剂量。 (×)

10. 毒性物质主要是通过呼吸道、皮肤和消化道进入人体内,因此在装运过程中应重点防止上述3项传播途径。 (√)

11. 剧毒化学品具有剧烈的毒害性,少量进入机体即可造成中毒或死亡。 (√)

12. 相当多的剧毒化学品具有隐蔽性,即多为白色粉状、块状固体或无色液体,易与食盐、糖、面粉等混淆,不易识别。 (√)

13. 许多剧毒化学品还具有易燃、爆炸、腐蚀等特性，如液氯、四氧化锇、三氟化硼等。（√）

14. 一些剧毒化学品与其他物质混合时反应剧烈，甚至可产生爆炸。如氰化物与硝酸盐、亚硝酸盐等混合时反应就相当剧烈，可以引起爆炸。（√）

15. 一些剧毒化学品能与其他物质作用产生剧毒气体，如氰化物与酸接触生成剧毒氰化氢气体，磷化铝与水或水蒸气作用生成易燃、剧毒的磷化氢气体。（√）

16. 剧毒化学品的毒害性不大，少量进入机体不能造成中毒或死亡。（×）

17. 相当多的剧毒化学品具有隐蔽性，即多为白色粉状、块状固体或无色液体，但不易与食盐、糖、面粉等混淆，便于识别。（×）

18. 剧毒化学品仅具有毒性，一般不具有易燃、爆炸、腐蚀等特性。如液氯、四氧化锇、三氟化硼等。（×）

19. 一些剧毒化学品与其他物质混合时反应剧烈，但不可能产生爆炸。如氰化物与硝酸盐、亚硝酸盐等混合时反应就相当剧烈。（×）

20. 氯气具有毒性，如果空气中含有万分之一的氯气，就会严重影响人的健康；当每升大气中含有 2.5mg 氯气时，可在几分钟内使人死亡。（√）

二、选择题(20 题)

1. 剧毒化学品是指列入国家安全生产监督管理总局公告（C）中的剧毒化学品。

A.《危险货物品名表》　B.《危险化学品目录》　C.《剧毒化学品名录》

2. 半数致死量（LD_{50}）是指能杀死（C）试验总体之有害物质、有毒物质或游离辐射的剂量。LD_{50}是描述有毒物质或辐射毒性的常用指标。

A. 100%　B. 70%　C. 50%

3. 急性经口毒性（经口 LD_{50}），是指经口腔基于一次剂量或在 24h 内给予多次剂量的受试物后短时间内产生的有害作用。经口 LD_{50}（经口半数致死量）是从统计学上预测，当经口腔给予受试物品后引起（C）受试动物死亡的剂量。

A. 100%　B. 70%　C. 50%

4. 急性经皮毒性（经皮 LD_{50}）是指一次经皮肤涂抹受试物后短时间内对动物产生的有害作用。经皮半数致死量是从统计学上预测，当一次经皮肤涂抹受试物品后引起（C）受试动物死亡的剂量。

A. 100%　B. 70%　C. 50%

5. 具体讲，LC_{50}是指一群试验动物与气体毒害品呼吸接触一定时间后有（C）死亡的该毒害品在空气中的浓度。

A. 100%　B. 70%　C. 50%

6. "半数致死浓度"用 LC_{50} 表示。LC_{50}单位是（B）。

A. %　B. mg/L 或 $\times 10^{-6}$（气体）　C. kg

7. 剧毒化学品具有剧烈的毒害性,(A)少量进入机体即可造成中毒或死亡。

A. 少量 B. 较少 C. 较多

8. 相当多的剧毒化学品具有隐蔽性,即多为(B)、块状固体或无色液体,易与食盐、糖、面粉等混淆,不易识别。

A. 黑色粉状 B. 白色粉状 C. 灰色粉状

9. 氯气泄漏在空气中会(A)沿地面扩散,使地面人员受害。

A. 沉在下部 B. 浮在上方 C. 沉在下部或浮在上方

10. 氯气是一种(A),有强烈的刺激气味。

A. 黄绿色的剧毒气体 B. 红色的气体 C. 绿色的气体

11. 氯气溶于水,常温下1体积水可溶解2.5体积的氯气。氯气瓶漏气时,(A)或迅速将其推入水池,或用潮湿的毛巾捂住口鼻,以减轻危害。

A. 用砂土掩埋

B. 救援人员任何时候都不用戴防毒面具

C. 可大量浇水

12. 含氰基的化合物叫氰化物,大多数氰化物属(A)物质。

A. 剧毒 B. 无毒 C. 有害

13. 剧毒化学品的标志为(C)。

A. 1.6 1

B. 1.4 爆炸品 1

C. 6

14. 毒性物质的颗粒(A),越易引起中毒。

A. 越小 B. 越大 C. 越软

15. 毒性物质沸点(B),越易引起中毒。

A. 越高 B. 越低 C. 越不确定

16. 气温(B),毒性物质的挥发性越大,同时还会增加毒性物质的溶解度和加剧人体呼吸的次数,从而增加毒害品进入人体的可能性。

A. 越低 B. 越高 C. 越不确定

17. 毒性物质在水中的溶解度越大,其毒性也(B)。

A. 越小 B. 越大 C. 越软

18. 动物致死所需某毒性物质的摄入量(或浓度)越小,则表示该毒性物质的毒性(A)。

A. 越大 B. 越小 C. 无法确定

19. 脂溶性毒性物质易透过(C)溶于脂肪进入血液引起中毒。

A. 鞋 B. 衣服 C. 皮肤

20. 黄磷（又称白磷）性质极活泼，暴露在空气中即被氧化，自燃点低，只需 1～2min 即自燃。所以，黄磷必须（A），若包装破损出现渗漏，导致黄磷露出液面，就会自燃。

A. 浸没在水中　　B. 浸没在汽油中　　C. 浸没在丙酮中

第二章　剧毒化学品的包装知识

一、判断题（15 题）

1. 剧毒化学品包装的基本要求应当满足《危险货物运输包装通用技术条件》（GB 12463）的规定。（√）

2. 剧毒化学品包装的基本要求应当满足《危险货物分类和品名编号》（GB 694）的规定。（×）

3. 剧毒化学品包装的基本要求应当满足《危险货物品名表》（GB 12268）的规定。（×）

4.《道路运输危险货物安全卡》（背面）应有安全监督、环境保护、公安部、医疗急救（卫生主管）、事故发生地交通运输主管部门以及本运输企业的联系电话号码。（√）

5. 对剧毒化学品道路运输而言，安全技术说明书是运输剧毒化学品具体作业的技术指南和应急指南，也是企业安全教育的重要内容之一。（√）

6. 剧毒化学品安全标签是用于表示剧毒化学品所具有的危险性和安全注意事项的一组文字、象形图和编码组合，可粘贴、拴挂或喷印在剧毒化学品的外包装或容器上。（√）

7. 剧毒化学品驾驶人员或者押运人员，应当按照《汽车运输危险货物规则》（JT 617）的要求，随车携带《化学品安全标签》。（×）

8. 剧毒化学品驾驶人员或者押运人员，应当按照《汽车运输危险货物规则》（JT 617）的要求，随车携带《化学品安全技术说明书》。（×）

9.《道路运输危险货物安全卡》的主要内容有：危险化学品的危险性、储运要求、泄漏处理、急救、灭火方法、防护措施等。（√）

10.《危险化学品安全管理条例》第十五条规定“危险化学品生产企业应当提供与其生产的危险化学品相符的化学品安全技术说明书，并在危险化学品包装（包括外包装件）上粘贴或者拴挂与包装内危险化学品相符的化学品安全标签。化学品安全技术说明书和化学品安全标签所载明的内容应当符合国家标准的要求”。（√）

11. 剧毒化学品的包装上可以不喷涂或悬挂“剧毒化学品包装标签”。（×）

12. 出车前，剧毒化学品道路运输从业人员该认真学习所运剧毒化学品的《道路运输危险货物安全卡》和安全技术说明书、安全标签中涉及运输安全的内容。（√）

13. 剧毒化学品安全技术说明书、安全标签仅是包装的要求，与其道路运输的从业人员无关。（×）

14. 黄磷必须完全浸没在水中（如，装入盛水的玻璃瓶、金属容器），严封后再装入坚固木箱。（√）

15. 黄磷可以直接装入坚固的木箱内。 （×）

二、选择题（15 题）

1. 剧毒化学品包装的基本要求应当满足（C）的规定。
   A.《危险货物品名表》（GB 12268）
   B.《危险货物分类和品名编号》（GB 6944）
   C.《危险货物运输包装通用技术条件》（GB 12463）
2. 剧毒化学品的包装标志，应当执行（A）的规定。
   A.《危险货物包装标志》（GB 190）
   B.《危险货物运输包装通用技术条件》（GB 12463）
   C.《危险货物品名表》（GB 12268）
3. 危害环境物质和物品标记为（B）。

4. 方向标记为（A）。

5. 高温运输标记为（C）。

6. 驾驶人员或者押运人员，应当按照《道路危险货物运输管理规定》的要求，随车携带（B）。
   A.《危险货物分类和品名编号》（GB 6944）
   B.《道路运输危险货物安全卡》
   C.《危险货物运输包装通用技术条件》（GB 12463）
7.《危险化学品安全管理条例》第十五条规定“危险化学品生产企业应当提供与其生产

的危险化学品相符的化学品安全技术说明书，并在危险化学品包装（包括外包装件）上粘贴或者拴挂与包装内危险化学品相符的（A）”。

A.《化学品安全标签》　B. 专利说明书　C.《道路运输危险货物安全卡》

8.《危险化学品安全管理条例》第十五条规定“危险化学品生产企业应当提供与其生产的危险化学品相符的（C），并在危险化学品包装（包括外包装件）上粘贴或者拴挂与包装内危险化学品相符的化学品安全标签”。

A.《道路运输危险货物安全卡》

B. 专利说明书

C.《化学品安全技术说明书》

9.《道路运输危险货物安全卡》是依据产品的《化学品安全技术说明书》和（A）编写、制作的。

A.《化学品安全标签》

B. 专利说明书

C.《危险货物分类和品名编号》（GB 6944）

10.《道路运输危险货物安全卡》是依据产品的（C）和《化学品安全标签》编写、制作的。

A.《危险货物分类和品名编号》（GB 6944）

B. 专利说明书

C.《化学品安全技术说明书》

11.《道路运输危险货物安全卡》的主要内容有：（C）、急救、灭火方法、防护措施等。

A. 运输企业介绍

B. 专利说明书

C. 危险化学品的危险性、储运要求、泄漏处理

12.《道路运输危险货物安全卡》的主要内容有：危险化学品的危险性、储运要求、泄漏处理、（B）等。

A. 专利说明书

B. 急救、灭火方法、防护措施

C. 运输企业介绍

13.《道路运输危险货物安全卡》（背面）应是，危险货物道路运输事故应急和处理的联系电话：安全监督、环境保护、（A）、医疗急救（卫生主管）、事故发生地交通运输主管部门以及本运输企业的联系电话号码。

A. 质检部门　B. 有关政府部门　C. 教育部门

14.《道路运输危险货物安全卡》（背面）应有安全监督、环境保护、（A）、医疗急救（卫生主管）、事故发生地交通运输主管部门以及本运输企业的联系电话号码。

A. 公安部门　B. 质检部门　C. 教育部门

15.《道路运输危险货物安全卡》(背面)应有安全监督、环境保护、公安、医疗急救(卫生主管)、事故发生地交通运输主管部门以及(C)的联系电话号码。

A. 教育部门　　　　B. 质监部门　　　　C. 本运输企业

第三章　剧毒化学品道路运输管理

一、判断题(20题)

1. 机动车驾驶人员在实习期内不得驾驶载有爆炸物品、易燃易爆化学物品、剧毒或者放射性等危险物品的机动车。(√)

2. 道路运输剧毒化学品的罐式专用车辆,其罐体容积不得超过 $20m^3$。(×)

3. 运输剧毒化学品的罐式专用车辆的罐体容积不得超过 $10m^3$,但符合国家有关标准的罐式集装箱除外。(√)

4. 运输剧毒化学品的非罐式专用车辆,核定载质量不得超过10t,但符合国家有关标准的集装箱运输专用车辆除外。(√)

5. 运输剧毒化学品的非罐式专用车辆,核定载质量不得超过20t,但符合国家有关标准的集装箱运输专用车辆除外。(×)

6. 运输剧毒化学品专用车辆及罐式专用车辆(含罐式挂车)应当到具备危险货物道路运输车辆维修资质的企业进行维修。(√)

7. 从事爆炸品、剧毒性物质运输的驾驶人员、押运人员、装卸管理人员要有公安部门的政审材料。(×)

8.《中华人民共和国道路交通安全法》规定机动车载运爆炸物品、易燃易爆化学物品以及剧毒、放射性等危险物品,应当经公安机关批准后,按指定的时间、路线、速度行驶,悬挂警示标志并采取必要的安全措施。(√)

9.《中华人民共和国道路交通安全法实施条例》规定,机动车驾驶人员初次申领机动车驾驶证后的12个月为实习期。机动车驾驶人员在实习期内不得驾驶载有爆炸物品、易燃易爆化学物品、剧毒或者放射性等危险物品的机动车。(√)

10. 机动车载运爆炸物品,不需到公安机关批准后,按指定的时间、路线、速度行驶,悬挂警示标志并采取必要的安全措施。(×)

11. 在我国,机动车驾驶人员在实习期内可以驾驶载有爆炸物品、易燃易爆化学物品、剧毒或者放射性等危险物品的机动车。(×)

12. 通过道路运输剧毒化学品的,托运人应当向运输始发地或者目的地县级人民政府公安机关申请剧毒化学品道路运输通行证。(√)

13. 从事爆炸品、剧毒性物质运输的驾驶人员、押运人员、装卸管理人员要有公安部门的政审材料。(×)

14. 运输危险化学品途中因住宿或者发生影响正常运输的情况,需要较长时间停车的,

驾驶人员、押运人员应当采取相应的安全防范措施；运输剧毒化学品或者易制爆危险化学品的，还应当向当地公安机关报告。（√）

15. 剧毒化学品、易制爆危险化学品在道路运输途中丢失、被盗、被抢或者出现流散、泄漏等情况的，驾驶人员、押运人员应当立即采取相应的警示措施和安全措施，并首先向本企业报告。（×）

16. 运输剧毒化学品的，应当配备罐式、厢式专用车辆或者压力容器等专用容器。（√）

17. 剧毒化学品道路运输的驾驶人员、押运人员，要随车携带《剧毒化学品道路运输通行证》。（√）

18. 剧毒化学品道路运输企业，应将托运办理的《剧毒化学品道路运输通行证》存放在本企业备查。（×）

19. 办理剧毒化学品公路运输通行证，托运人应当向公安部门提交有关危险化学品的品名、数量、运输始发地和目的地、运输路线、运输单位、驾驶人员、押运人员、经营单位和购买单位资质情况的材料。（√）

20. 办理剧毒化学品公路运输通行证，承运人应当向公安部门提交有关危险化学品的品名、数量、运输始发地和目的地、运输路线、运输单位、驾驶人员、押运人员、经营单位和购买单位资质情况的材料。（×）

二、选择题（20题）

1. 剧毒化学品道路运输的驾驶人员、押运人员、装卸管理人员必须掌握所运输爆炸品的安全知识，并经所在地设区的市级人民政府（A）考核合格，取得注明为“爆炸品运输”的从业资格证，方可上岗从业。

A. 交通部门　　B. 质检部门　　C. 经贸部门

2.《中华人民共和国道路交通安全法》规定，机动车载运爆炸物品、易燃易爆化学物品以及剧毒、放射性等危险物品，应当经（C）批准后，按指定的时间、路线、速度行驶，悬挂警示标志并采取必要的安全措施。

A. 质检部门　　B. 交通部门　　C. 公安机关

3.《中华人民共和国道路交通安全法实施条例》规定，机动车驾驶人员在（B）不得驾驶载有爆炸物品、易燃易爆化学物品、剧毒或者放射性等危险物品的机动车。

A. 机动车行驶证有限期内

B. 实习期内

C. 从业资格证有效期内

4.《中华人民共和国道路交通安全法》规定，机动车载运爆炸物品、易燃易爆化学物品以及剧毒、放射性等危险物品，应当经公安机关批准后，按指定的（A），悬挂警示标志并采取必要的安全措施。

A. 时间、路线、速度行驶

B. 物品

C. 地点

5. 运输剧毒化学品的罐式专用车辆的罐体容积不得超过(B),但符合国家有关标准的罐式集装箱除外。

A. $5m^3$　　B. $10m^3$　　C. $20m^3$

6. 运输剧毒化学品的非罐式专用车辆,核定载质量不得超过(B),但符合国家有关标准的集装箱运输专用车辆除外。

A. 5t　　B. 10t　　C. 20t

7. 剧毒化学品道路运输,应当配备罐式、(C)或者压力容器等专用容器。

A. 面包车　　B. 客车　　C. 厢式专用车辆

8. 从事剧毒化学品道路运输的驾驶人员、装卸管理人员、押运人员,应当经考试合格,取得注明为"(B)"类别的从业资格证。

A. 危险货物运输　　B. 剧毒化学品运输　　C. 危险化学品运输

9. 剧毒化学品道路运输的托运人,必须委托具有(B)道路运输资质的企业承运。

A. 危险货物　　B. 剧毒化学品　　C. 危险化学品

10. 剧毒化学品道路运输承运人,应当在(A)的经营范围内承运。不得超范围经营。

A.《道路运输经营许可证》

B.《从业人员资格证》

C.《机动车行驶证》

11. 运输剧毒化学品的专用车辆,应当(A)在的经营范围内运输。不得超范围经营。

A.《道路运输证》　　B.《从业人员资格证》　　C.《机动车行驶证》

12. 通过道路运输剧毒化学品的,托运人应当向运输始发地或者目的地县级人民政府公安机关申请(B)。

A. 交通运输许可证

B. 剧毒化学品道路运输通行证

C. 道路占用证

13. 剧毒化学品道路运输通行证管理办法由国务院(A)制定。

A. 公安部门　　B. 质检部门　　C. 交通部门

14. (A)和未列入《危险货物品名表》(GB 12268)的其他危险化学品,由国家安全生产监督管理总局会同国务院公安、环境保护、卫生、质检、交通部门确定并公布。

A. 剧毒化学品目录　　B. 危险货物品名表　　C. 危险废物品名表

15. 未取得剧毒化学品道路运输通行证,通过道路运输剧毒化学品的,由(A)责令改正,处5万元以上10万元以下的罚款。

A. 公安机关　　B. 质检部门　　C. 交通部门

16.《危险化学品安全管理条例》(国务院令第591号)要求,由(A)负责危险化学品的公共安全管理，核发剧毒化学品购买许可证、剧毒化学品道路运输通行证，并负责危险化学品运输车辆的道路交通安全管理。

A. 公安机关　　B. 质检部门　　C. 交通部门

17.《危险化学品安全管理条例》（国务院令第591号）要求，由（C）负责危险化学品道路运输的许可以及运输工具的安全管理，负责危险化学品道路运输企业驾驶人员、装卸管理人员、押运人员的资格认定。

A. 公安机关　　B. 质检部门　　C. 交通部门

18. 剧毒化学品、易制爆危险化学品在道路运输途中丢失、被盗、被抢或者出现流散、泄漏等情况的，驾驶人员、押运人员应当立即采取相应的警示措施和安全措施，并向当地（C）报告。

A. 质检部门　　B. 交通部门　　C. 公安机关

19. 未取得剧毒化学品道路运输通行证，通过道路运输剧毒化学品的，由（C）责令改正，处5万元以上10万元以下的罚款。

A. 质检部门　　B. 交通部门　　C. 公安机关

20.《中华人民共和国道路交通安全法实施条例》规定，机动车驾驶人员初次申领机动车驾驶证后的（C）为实习期。

A. 3个月　　B. 6个月　　C. 12个月

第四章　剧毒化学品道路运输要求

第一节　剧毒化学品道路运输车辆要求

一、判断题（20题）

1. 剧毒化学品道路运输的车辆，应在车辆两侧面厢板几何中心部位附近的适当位置各增加悬挂一块标志牌。（√）

2. 剧毒化学品道路运输，应当配备罐式、厢式专用车辆或者压力容器等专用容器。（√）

3. 小包装剧毒化学品道路运输，可以使用普通货车。（×）

4. 运输剧毒化学品的罐式专用车辆的罐体容积不得超过$10m^3$，但符合国家有关标准的罐式集装箱除外。（√）

5. 运输剧毒化学品的非罐式专用车辆，核定载质量不得超过10t，但符合国家有关标准的集装箱运输专用车辆除外。（√）

6. 运输剧毒化学品的罐式专用车辆的罐体容积可以超过$10m^3$。（×）

7. 运输剧毒化学品的非罐式专用车辆，核定载质量可以超过10t。（×）

8. 通常所说的罐体容积，是在常温下罐体装满水时所容纳水的体积。（√）

9. 运输危险品的罐体及罐体上的管路及管路附件不得超出车辆的侧面及后下部防护装

置,罐体后封头及罐体后封头上的管路和管路附件与后下部防护装置的纵向距离不得小于150mm。 (√)

10. 在《道路运输液体危险货物罐式车辆 第一部分:金属常压罐体技术要求》(GB 18564.1)中,要求常压容器罐车的罐体安全附件,必须安装紧急切断装置。 (√)

11. 运输危险品的罐体及罐体上的管路及管路附件不得超出车辆的侧面及后下部防护装置,罐体后封头及罐体后封头上的管路和管路附件与后下部防护装置的纵向距离可以小于150mm。 (×)

12. 在《道路运输液体危险货物罐式车辆 第一部分:金属常压罐体技术要求》(GB 18564.1)中,常压容器罐车的罐体安全附件可以不安装紧急切断装置。 (×)

13. 在《道路运输液体危险货物罐式车辆 第一部分:金属常压罐体技术要求》(GB 18564.1)中,多次强调了"罐体允许最大从装质量应不大于罐车的额定载质量"。 (√)

14. 工业和信息化部《车辆生产企业及产品公告》以及罐体的《危险化学品运输汽车罐体委托检验报告》、《危险化学品运输罐车安全质量检验报告》对罐车的罐体有明确允许装载介质要求。 (√)

15. 罐体的《危险化学品运输汽车罐体委托检验报告》、《危险化学品运输罐车安全质量检验报告》明确标注了罐体的核定容积。 (√)

16. 液体危险货物道路运输的承运人,可以根据的运输需要任意改变充装介质。 (×)

17. 罐体(车)产品使用说明书,至少应有操作规程、最大允许充装质量的控制要求。(√)

18. 运输易燃、易爆类剧毒化学品的罐车,可以不配备灭火器。 (×)

19. 运输易燃、易爆类剧毒化学品的罐车,其车辆发动机排气装置可不具备灭火星的功能。 (×)

20. 用厢式货车运输剧毒化学品时,车辆的货厢门锁止结构要安全可靠。 (√)

二、选择题(10题)

1. 剧毒化学品道路运输车辆应当安装符合国家标准(A)的安全标示牌。

A.《道路运输爆炸品和剧毒化学品车辆安全技术条件》(GB 20300)

B.《包装储运图示标志》(GB 191)

C.《道路危险货物运输车辆标志》(GB 13392)

2.《道路危险货物运输管理规定》要求,道路运输剧毒化学品的罐式专用车辆的罐体容积不得超过(A),但符合国家有关标准的罐式集装箱除外。

A. $10m^3$　　B. $20m^3$　　C. $40m^3$

3.《道路危险货物运输管理规定》要求,道路运输剧毒化学品的非罐式专用车辆,核定载质量不得超过(A),但符合国家有关标准的集装箱运输专用车辆除外。

A. 10t　　B. 20t　　C. 40t

4. 运输易燃、易爆类剧毒化学品的罐车,其车辆发动机排气装置应具备灭火星的功能。

若装用排气火花熄灭器，应符合（A）的要求。

A.《机动车排气火花熄灭性能要求和试验方法》（GB 13365）

B.《包装储运图示标志》（GB 191）

C.《道路危险货物运输车辆标志》（GB 13392）

5. 运输危险品的罐体及罐体上的管路及管路附件不得超出车辆的侧面及后下部防护装置，罐体后封头及罐体后封头上的管路和管路附件与后下部防护装置的纵向距离不得小于（C）。

A. 50mm　　B. 100mm　　C. 150mm

6. 在《道路运输液体危险货物罐式车辆　第一部分：金属常压罐体技术要求》（GB 18564.1）中，要求常压容器罐车的罐体安全附件，必须安装（B）。

A. 标志灯　　B. 紧急切断装置　　C. 照明灯

7. 在《道路运输液体危险货物罐式车辆　第一部分：金属常压罐体技术要求》（GB 18564.1）中，多次强调了"罐体允许最大从装质量应不大于罐车的（B）"。

A. 整备质量　　B. 额定载质量　　C. 总质量

8. 在剧毒化学品运输车辆后部应安装（B）。安全标示牌上应标明运输介质的名称、种类、罐体有效容积、最大核载质量、施救方法、企业联系电话号码。

A. 标志牌　　B. 安全标示牌　　C. 标志灯

9. 在剧毒化学品运输车辆后部应安装安全标示牌。安全标示牌上应标明运输介质的（C）、种类、罐体有效容积、最大核载质量、施救方法、企业联系电话号码。

A. 危险性　　B. 包装类别　　C. 名称

10. 在剧毒化学品运输车辆后部应安装安全标示牌。安全标示牌上应标明运输介质的名称、种类、罐体有效容积、最大核载质量、（C）、企业联系电话号码。

A. 包装类别　　B. 危险性　　C. 施救方法

第二节　剧毒化学品道路运输驾驶人员基本要求

一、判断题（20 题）

1. 从事剧毒化学品道路运输的驾驶人员，应当了解所运输的剧毒化学品的危险特性及其包装物、容器的使用要求和出现危险情况时的应急处置方法。（√）

2. 从事剧毒化学品道路运输的驾驶人员，可以持有注明为"危险货物运输"的从业资格证上岗。（×）

3. 从事剧毒化学品道路运输的驾驶人员，应取得相应机动车驾驶证，年龄不限。（×）

4. 从事剧毒化学品道路运输的驾驶人员，需经所在地设区的市级人民政府交通运输主管部门考试合格，取得危险货物道路运输从业资格证；并在此基础上，参加爆炸品道路运输的专门考试，经考试合格，取得注明为"剧毒化学品运输"的从业资格证，方可上岗从业。（√）

5. 从事剧毒化学品道路运输的驾驶人员，可以直接经考试合格取得注明为“剧毒化学品运输”的从业资格证，方可上岗从业。 (×)

6. 从事剧毒化学品道路运输的驾驶人员，可以直接经考试合格取得注明为“爆炸品运输”的从业资格证，方可上岗从业。 (×)

7. 从事剧毒化学品道路运输的驾驶人员，在行车时必须集中精力，严格遵守《中华人民共和国道路交通安全法》等法规和操作规程，同时注意观察，保持行车平稳。 (√)

8. 从事剧毒化学品道路运输的驾驶人员，应根据所装剧毒化学品的性质，配备防护用品（如工作服、手套、防毒口罩、护目镜或者轻型防护服、防毒面具等）。 (√)

9. 剧毒化学品道路运输的驾驶人员出车前，应对车辆进行例行检查。 (√)

10. 从事剧毒化学品道路运输的驾驶人员，应了解《道路运输爆炸品和剧毒化学品车辆安全技术条件》（GB 20300）对剧毒化学品道路运输车辆的主要要求。 (√)

11. 运输剧毒化学品的罐式专用车辆的罐体容积可以超过 $20m^3$。 (×)

12. 运输剧毒化学品的非罐式专用车辆，核定载质量可以超过 10t。 (×)

13. 易燃、易爆类剧毒化学品运输车辆发动机排气装置，应具备灭火星的功能。若装用排气火花熄灭器，应符合《机动车排气火花熄灭性能要求和试验方法》（GB 13365）的要求。 (√)

14. 剧毒化学品道路运输时，驾驶人员和押运人员需要特别关注的是毒性物质是否丢失、破损。 (√)

15. 剧毒化学品运输车辆的货厢结构为封闭式，并且具有一定的强度和刚度。但可以不具有防火、防雨、防盗功能。 (×)

16. 在剧毒化学品运输车辆后部应安装安全标示牌。安全标示牌上应标明运输介质的名称、种类、罐体有效容积、最大核载质量、施救方法、企业联系电话号码。 (√)

17. 剧毒化学品运输车辆仅需要安装符合国家标准的标志灯、标志牌，不需要安装安全标示牌。 (×)

18. 通过道路运输剧毒化学品的，应当按照运输车辆的核定载质量装载剧毒化学品，不得超载。 (√)

19. 道路运输剧毒化学品的专用车辆应当安装具有行驶记录功能的卫星定位装置。 (√)

20. 运输剧毒化学品的，应当配备罐式、厢式专用车辆或者压力容器等专用容器。 (√)

二、选择题（20 题）

1. 剧毒化学品道路运输时，驾驶人员和押运人员需要特别关注的是（B）。

A. 运价

B. 毒性物质是否丢失、破损

C. 沿途各地公安局电话号码

2. 剧毒化学品道路运输的驾驶人员必须掌握危险货物运输的安全知识，并经所在地设区的市级人民政府（A）考核合格，取得从业资格证，方可上岗作业。

A. 交通部门　　B. 质检部门　　C. 经贸部门

3. 通过道路运输剧毒化学品的，托运人应当向运输始发地或者目的地县级人民政府公安机关申请（B）。

A. 交通运输许可证

B. 剧毒化学品道路运输通行证

C. 道路占用证

4. 通过道路运输剧毒化学品的，托运人应当向运输始发地或者目的地县级人民政府（C）申请剧毒化学品道路运输通行证。

A. 交通部门　　B. 质检部门　　C. 公安机关

5.（C）负责危险化学品的公共安全管理，核发剧毒化学品购买许可证、剧毒化学品道路运输通行证，并负责危险化学品运输车辆的道路交通安全管理。

A. 交通部门　　B. 安全监管部门　　C. 公安机关

6.（A）和未列入《危险货物品名表》（GB 12268）的其他危险化学品，由国家安全生产监督管理总局会同国务院公安、环境保护、卫生、质检、交通部门确定并公布。

A. 剧毒化学品目录　　B. 危险货物品名表　　C. 危险废物品名表

7. 危险化学品道路运输企业的驾驶人员装卸管理人员、押运人员未取得从业资格上岗作业的；（A）责令改正，处5万元以上10万元以下的罚款。

A. 交通部门　　B. 工商行政管理部门　　C. 公安机关

8. 未取得剧毒化学品道路运输通行证，通过道路运输剧毒化学品的，由（A）责令改正，处5万元以上10万元以下的罚款。

A. 公安机关　　B. 质检部门　　C. 交通部门

9. 公安机关负责危险化学品的公共安全管理，核发剧毒化学品购买许可证、（B）道路运输通行证，并负责危险化学品运输车辆的道路交通安全管理。

A. 危险货物　　B. 剧毒化学品　　C. 食品

10. 通过道路运输剧毒化学品的，（C）应当向运输始发地或者目的地县级人民政府公安机关申请剧毒化学品道路运输通行证。

A. 收货人　　B. 承运人　　C. 托运人

11. 从事剧毒化学品道路运输的驾驶人员，应了解（A）对剧毒化学品道路运输车辆的主要要求。

A.《道路运输爆炸品和剧毒化学品车辆安全技术条件》（GB 20300）

B.《汽车导静电橡胶拖地带》（JT 230）

C.《危险货物运输包装通用技术条件》（GB 12463）

12. 根据《道路运输爆炸品和剧毒化学品车辆安全技术条件》（GB 20300），在爆炸品运输车辆后部应安装(C)。安全标示牌上应标明运输介质的名称、种类、罐体有效容积、最大核载质量、施救方法、企业联系电话号码。

A. 标志牌　　B. 标志灯　　C. 安全标示牌

13.《道路危险货物运输管理规定》要求,剧毒化学品道路运输罐式专用车辆的罐体容积不得超过(A)。

A. $10m^3$　　B. $20m^3$　　C. $40m^3$

14.《道路危险货物运输管理规定》要求,剧毒化学品道路运输的非罐式专用车辆,核定载质量不得超过(A),但符合国家有关标准的集装箱运输专用车辆除外。

A. 10t　　B. 20t　　C. 40t

15. 根据《中华人民共和国道路交通安全法实施条例》规定,机动车驾驶人在(B)不得驾驶载有爆炸物品、易燃易爆化学物品、剧毒或者放射性等危险物品的机动车。

A. 驾驶证有限期内　　B. 实习期内　　C. 从业资格有限期内

16. 运输危险化学品途中因住宿或者发生影响正常运输的情况,需要较长时间停车的,驾驶人员、押运人员应当采取相应的安全防范措施;运输剧毒化学品或者易制爆危险化学品的,还应当向当地(A)报告。

A. 公安机关　　B. 质检部门　　C. 交通部门

17. 剧毒化学品、易制爆危险化学品在道路运输途中丢失、被盗、被抢或者出现流散、泄漏等情况的,驾驶人员、押运人员应当立即采取相应的警示措施和安全措施,并向当地(A)报告。

A. 公安机关　　B. 质检部门　　C. 交通部门

18. 剧毒化学品道路运输通行证管理办法由国务院(A)制定。

A. 公安部门　　B. 质检部门　　C. 交通部门

19. 通过道路运输剧毒化学品的,托运人应当向运输始发地或者目的地县级人民政府(A)申请剧毒化学品道路运输通行证。

A. 公安机关　　B. 质检部门　　C. 交通部门

20. 通过道路运输(A)的,托运人应当向运输始发地或者目的地县级人民政府公安机关申请剧毒化学品道路运输通行证。

A. 剧毒化学品　　B. 危险货物　　C. 危险化学品

第三节　剧毒化学品道路运输押运人员基本要求

一、判断题(15 题)

1. 从事剧毒化学品道路运输的押运人员,需经所在地设区的市级人民政府交通运输主管部门考试合格,取得危险货物道路运输从业资格证;并在此基础上,参加剧毒化学品道路运输的专门考试,经考试合格,取得注明为“剧毒化学品运输”的从业资格证,方可

上岗。（√）

2. 从事剧毒化学品道路运输的押运人员，可以直接经考试合格取得注明为“剧毒化学品运输”的从业资格证，方可上岗从业。（×）

3. 通过道路运输剧毒化学品的，应当配备押运人员，并保证所运输的危险化学品处于押运人员的监控之下。（√）

4. 通过道路运输剧毒化学品的，可仅配备具有“剧毒化学品运输”的从业资格证驾驶人员，而不需要配备押运人员。（×）

5. 剧毒化学品道路运输的押运人员，要保证所运输的剧毒化学品处于其的监控之下。（√）

6. 运输剧毒化学品的押运人员，应当了解所运输的剧毒化学品的危险特性及其包装物、容器的使用要求和出现危险情况时的应急处置方法。（√）

7. 剧毒化学品道路运输发车前，押运人员必须对其装车情况进行检查确认，并签字认可，锁好车厢门，保管好钥匙。（√）

8. 途中认真观察周围情况，每隔 2h 要停车检查，严防剧毒化学品丢失、被盗和发生其他情况。（√）

9. 剧毒化学品道路运输，可以不配备押运人员。（×）

10. 从事剧毒化学品道路运输的押运人员，可以持有注明为“危险货物运输”的从业资格证上岗从业。（×）

11. 运输剧毒化学品途中需要较长时间停车，驾驶人员、押运人员可以不向当地公安机关报告。（×）

12. 剧毒化学品在道路运输途中丢失、被盗、被抢或者发生流散、泄漏等情况，驾驶人员、押运人员不必采取警示措施和安全措施，也不必向当地公安机关报告。（×）

13. 剧毒化学品目录和未列入《危险货物品名表》（GB 12268）的其他危险化学品，由国家安全生产监督管理总局会同国务院公安、环境保护、卫生、质检、交通部门确定并公布。（√）

14. 剧毒化学品道路运输通行证管理办法由国务院公安部门制定。（√）

15. 剧毒化学品道路运输通行证管理办法由国务院交通运输主管部门制定。（×）

二、选择题（15 题）

1. 从事剧毒化学品道路运输的押运人员，应取得注明为（A）的从业资格证，方可上岗从业。

A. “剧毒化学品”　　B. “危险货物运输”　　C. “化学品”

2. 从事剧毒化学品道路运输的押运人员，需经所在地设区的市级人民政府（A）考试合格，取得危险货物道路运输从业资格证；并在此基础上，参加剧毒化学品道路运输的专门考试，经考试合格，取得注明为“剧毒化学品运输”的从业资格证，方可上岗从业。

A. 交通部门　　B. 公安部门　　C. 安监部门

3. 从事剧毒化学品道路运输的押运人员，应在获取(B)道路运输资质的基础上，参加剧毒化学品道路运输的专门考试。

A. 烟花爆竹　　B. 危险货物　　C. 化学品

4. 剧毒化学品道路运输过程中，不配备押运人员，由(C)处1万元以上5万元以下的罚款。

A. 交通部门　　B. 质检部门　　C. 公安机关

5. 通过道路运输剧毒化学品的，应当配备(C)，并保证所运输的剧毒化学品处于(C)的监控之下。

A. 运输经理人　　B. 专职管理人员　　C. 押运人员

6. (C)应该认真检查剧毒化学品运输车辆的货厢门铰链应固定可靠，旋转自如，锁止结构安全可靠。

A. 运输经理人　　B. 专职管理人员　　C. 押运人员

7. 未取得剧毒化学品道路运输通行证，通过道路运输剧毒化学品的，由(A)责令改正，处5万元以上10万元以下的罚款。

A. 公安机关　　B. 质检部门　　C. 交通部门

8. 从事剧毒化学品道路运输的押运人员，在运输途中认真观察周围情况，每隔(C)要停车检查，严防爆炸物品丢失、被盗和发生其他情况。

A. 8h　　B. 6h　　C. 2h

9. 从事剧毒化学品道路运输的押运人员，在运输途中认真观察周围情况，每隔2h要停车检查，(C)剧毒化学品丢失、被盗和发生其他情况。

A. 注意　　B. 预防　　C. 严防

10. 剧毒化学运输发车前，押运人员必须对其装车情况进行检查确认，并签字认可，锁好(A)，保管好钥匙。

A. 车厢门　　B. 车门　　C. 加油口盖

11. 运输剧毒化学品途中需要较长时间停车，驾驶人员、押运人员不向当地公安机关报告的，由(A)责令改正，处1万元以上5万元以下的罚款。

A. 公安机关　　B. 质检部门　　C. 交通部门

12. 剧毒化学品在道路运输途中丢失、被盗、被抢或者发生流散、泄漏等情况，驾驶人员、押运人员不采取必要的警示措施和安全措施，或者不向当地公安机关报告的，由(A)责令改正，处1万元以上5万元以下的罚款。

A. 公安机关　　B. 质检部门　　C. 交通部门

13. 危险化学品道路运输企业的驾驶人员装卸管理人员、押运人员未取得从业资格上岗作业的；(A)责令改正，处5万元以上10万元以下的罚款。

A. 交通部门　　B. 工商行政管理部门　　C. 公安机关

14.（A）和未列入《危险货物品名表》（GB 12268）的其他危险化学品，由国家安全生产监督管理总局会同国务院公安、环境保护、卫生、质检、交通部门确定并公布。

A. 剧毒化学品目录　B. 危险货物品名表　C. 危险废物品名表

15. 剧毒化学品道路运输通行证管理办法由（B）制定。

A. 国务院交通部门　B. 国务院公安部门　C. 国务院卫生部门

第四节　剧毒化学品道路运输装卸管理人员基本要求

一、判断题（10 题）

1. 从事剧毒化学品道路运输的装卸管理人员，需经所在地设区的市级人民政府交通运输主管部门考试合格，取得危险货物道路运输从业资格证；并在此基础上，参加剧毒化学品道路运输的专门考试，经考试合格，取得注明为“剧毒化学品运输”的从业资格证，方可上岗从业。（√）

2. 从事剧毒化学品道路运输的装卸管理人员，可以持有注明为“危险货物运输”的从业资格证上岗。（×）

3. 剧毒化学品的装卸作业应当遵守安全作业标准、规程和制度，并在装卸管理人员的现场指挥或者监控下进行。（√）

4. 剧毒化学品的装卸作业应当遵守安全作业标准、规程和制度，但可以不在装卸管理人员现场指挥或者监控下进行。（×）

5. 运输剧毒化学品的装卸管理人员，应当了解所装卸的剧毒化学品的危险特性及其包装物、容器的使用要求和出现危险情况时的应急处置方法。（√）

6. 运输剧毒化学品的，应当配备罐式、厢式专用车辆或者压力容器等专用容器。（√）

7. 装卸管理人员，应检查进入易燃易爆类剧毒化学品装卸作业区车辆的排气管是否安装了排气火花熄灭器。（√）

8. 装卸操作人员应根据所装卸剧毒化学品的毒性、状态及包装，为装卸人员配备（携带好）相应的劳动防护用品（如工作服、手套、防毒口罩或面具）、防散失、防雨、捆扎等工具。（√）

9. 在剧毒化学品装卸过程中，装卸管理人员应指导装卸人员正确穿戴劳动防护用品，防止直接接触剧毒化学品。（√）

10. 在剧毒化学品装卸过程中，装卸管理人员应指导驾驶人员正确穿戴劳动防护用品，防止直接接触剧毒化学品。（×）

二、选择题（15 题）

1. 从事剧毒化学品道路运输的装卸管理人员，应取得注明为（A）的从业资格证，方可上岗从业。

A.“剧毒化学品运输” B.“危险货物运输” C.“化学品”

2. 从事剧毒化学品道路运输的装卸管理人员，需经所在地设区的市级人民政府（A）考试合格，取得危险货物道路运输从业资格证；并在此基础上，参加剧毒化学品道路运输的专门考试，经考试合格，取得注明为“剧毒化学品运输”的从业资格证，方可上岗从业。

A. 交通部门 B. 公安部门 C. 安监部门

3. 从事剧毒化学品道路运输的装卸管理人员，应在获取（B）道路运输资质的基础上，参加剧毒化学品道路运输的专门考试。

A. 烟花爆竹 B. 危险货物 C. 化学品

4. 剧毒化学品的装卸作业应当遵守安全作业标准、规程和制度，并在（A）的现场指挥或者监控下进行。

A. 装卸管理人员 B. 押运人员 C. 驾驶人员

5. 运输剧毒化学品的装卸管理人员，应当了解所装卸的剧毒化学品的（A）及其包装物、容器的使用要求和出现危险情况时的应急处置方法。

A. 危险特性 B. 物理特性 C. 化学性质

6. 装卸管理人员，应检查进入易燃易爆剧毒化学品装卸作业区车辆的发动机排气装置，应具备（C）。

A. 静音器 B. 环保装置 C. 灭火星的功能

7. 装卸操作人员应根据所装卸剧毒化学品的毒性、状态及包装，为装卸人员配备（携带好）相应的（B）（如工作服、手套、防毒口罩或面具）、防散失、防雨、捆扎等工具。

A. 静音器 B. 劳动防护用品 C. 通信设备

8. 在剧毒化学品装卸过程中，（A）应指导装卸人员正确穿戴劳动防护用品，防止直接接触剧毒化学品。

A. 装卸管理人员 B. 押运人员 C. 驾驶人员

9. 在剧毒化学品装卸过程中，装卸管理人员应指导（A）正确穿戴劳动防护用品，防止直接接触剧毒化学品。

A. 装卸人员 B. 押运人员 C. 驾驶人员

10.《道路危险货物运输管理规定》要求，道路运输剧毒化学品的罐式专用车辆的罐体容积不得超过（A），但符合国家有关标准的罐式集装箱除外。

A. $10m^3$ B. $20m^3$ C. $40m^3$

11.《道路危险货物运输管理规定》要求，道路运输剧毒化学品的非罐式专用车辆，核定载质量不得超过（A），但符合国家有关标准的集装箱运输专用车辆除外。

A. 10t B. 20t C. 40t

12. 装卸管理人员，应当指导（B）按照运输车辆的核定载质量装载剧毒化学品，不得超载。

A. 驾驶人员 B. 装卸人员 C. 押运人员

13. 装卸管理人员，应当指导装卸人员按照运输车辆的（B）装载剧毒化学品，不得超载。

A. 质量　　B. 核定载质量　　C. 整备质量

14. 所有操作或接触（B）的装卸人员必须佩戴符合要求的劳动防护用品和器具，劳动防护用品和器具应专人保管，定期检修，保持完好。

A. 货物　　B. 剧毒化学品　　C. 化学品

15. 运输剧毒化学品的装卸管理人员，应当了解所装卸的（A）的危险特性及其包装物、容器的使用要求和出现危险情况时的应急处置方法。

A. 剧毒化学品　　B. 货物　　C. 化学品

第五节　常运剧毒化学品

一、判断题（30题）

1. 氰化物主要有氰化钾（UN1680，CN61001，KCN）、氰化钠（UN1689，CN61001，NaCN）、氰化汞［UN1636，CN61001，$Hg(CN)_2$］等。（√）

2. 大多数氰化物属剧毒物质，在体内能迅速离解出氰根（CN^-），而起毒性作用，50～100mg就可使人致死。（√）

3. 大多数氰化物属剧毒物质，在体内能迅速离解出超氧根（O_2^-），而起毒性作用，50～100mg就可使人致死。（×）

4. 氰化钾是白色圆球形硬块，粒状或结晶性粉末，剧毒。接触皮肤的伤口或吸入微量粉末即可中毒死亡。（√）

5. 氰化钾是白色圆球形硬块，粒状或结晶性粉末，无毒。接触皮肤的伤口或吸入微量粉末有可能中毒。（×）

6. 氰化钾受高热或与酸接触会产生剧毒的氰化物气体。（√）

7. 氰化钾与硝酸盐、亚硝酸盐、氯酸盐反应剧烈，有发生爆炸的危险。（√）

8. 运输氰化钾前应先检查包装容器是否完整、密封，运输过程中要确保容器不泄漏、不倒塌、不坠落、不损坏。（√）

9. 严禁氰化钾与酸类、氧化剂、食品及食品添加剂混运。（√）

10. 氰化钾运输车辆应配备泄漏应急处理设备。运输途中应防暴晒、雨淋，防高温。（√）

11. 氰化钾与硝酸盐、亚硝酸盐、氯酸盐反应剧烈，不会发生爆炸的危险。（×）

12. 氰化钾可以与酸类、氧化剂、食品及食品添加剂混运。（×）

13. 氰化钾受高热或与酸接触不会产生剧毒的氰化物气体。（×）

14. 氰化钾中毒时的救治。皮肤接触：立即脱去污染的衣着，用流动清水或5%硫代硫酸钠溶液彻底冲洗至少20min；就医。（√）

15. 氰化钾中毒时的救治。吸入：迅速脱离现场至空气新鲜处；保持呼吸道通畅；如呼吸

困难,给输氧;呼吸心跳停止时,立即进行人工呼吸(勿用口对口)和胸外心脏按压术;给吸入亚硝酸异戊酯;就医。 (√)

16. 氰化钾中毒时的救治。食入:饮足量温水,催吐;用1:5000高锰酸钾或5%硫代硫酸钠溶液洗胃;给吸入亚硝酸异戊酯;就医。 (√)

17. 氰化钾中毒时的救治。眼睛接触:立即提起眼睑,用大量流动清水或生理盐水彻底冲洗至少15min;就医。 (√)

18. 有氰化钾的现场发生火灾时,消防人员须佩戴防毒面具、穿全身消防服,在上风向灭火。可用干粉、砂土灭火。禁止用二氧化碳和酸碱灭火剂灭火。 (√)

19. 有氰化钾的现场发生火灾时,消防人员须佩戴防毒面具、穿全身消防服,在下风向灭火。可用干粉、砂土灭火。禁止用二氧化碳和酸碱灭火剂灭火。 (×)

20. 有氰化钾的现场发生火灾时,消防人员须佩戴防毒面具、穿全身消防服,在下风向灭火。可用二氧化碳和酸碱灭火剂灭火。 (×)

21. 氯气能与许多化学品如乙炔、松节油、乙醚、氨、燃料气、烃类、氢气、金属粉末等猛烈反应发生爆炸或生成爆炸性物质。 (√)

22. 夏季运输液氯应早晚运输,防止日光暴晒。道路运输时要按规定路线行驶,禁止在居民区和人口稠密区停留。 (√)

23. 液氯如发生泄漏,要迅速撤离泄漏污染区人员至上风处,并立即进行隔离,小泄漏时隔离150m,大泄漏时隔离450m,严格限制出入。 (√)

24. 液氯运输、装卸现场发生火灾时,消防人员必须佩戴过滤式防毒面具(全面罩)或隔离式呼吸器、穿全身防火防毒服,在上风向灭火。切断气源。喷水冷却容器,可能的话将容器从火场移至空旷处。可用雾状水、泡沫、干粉灭火。 (√)

25. 氯气不能与乙炔、松节油、乙醚、氨、燃料气、烃类、氢气、金属粉末等猛烈反应发生爆炸或生成爆炸性物质。 (×)

26. 夏季运输液氯可在中午运输,不用防日光暴晒。 (×)

27. 液氯如发生泄漏,要迅速撤离泄漏污染区人员至下风处,并立即进行隔离,严格限制出入。 (×)

28. 液氯如发生泄漏,要迅速撤离泄漏污染区人员至上风处,但不用进行隔离。 (×)

29. 有液氯的现场发生火灾时,消防人员必须佩戴过滤式防毒面具(全面罩)或隔离式呼吸器、穿全身防火防毒服,在下风向灭火。 (×)

30. 液氯可以与易燃物或可燃物、醇类、食用化学品等混装混运。 (×)

二、选择题(15题)

1. 氰化物主要有氰化钾、(B)、氰化汞等。

A. 亚砷酸钠　　B. 氰化钠　　C. 四乙基铅

2. 大多数氰化物属剧毒物质,在体内能迅速离解出(B),而起毒性作用,50~100mg就可使人致死。

A. 氰化钠　　B. 氰根（CN^-）　　C. 超氧根（O_2^-）

3. 氰化钾是（C）圆球形硬块，粒状或结晶性粉末，剧毒。接触皮肤的伤口或吸入微量粉末即可中毒死亡。

A. 红色　　B. 黑色　　C. 白色

4. 氰化钾受（A）或与酸接触会产生剧毒的氰化物气体。

A. 高热　　B. 低温　　C. 常温

5. 运输氰化钾前应先检查包装（A）是否完整、密封，运输过程中要确保（A）不泄漏、不倒塌、不坠落、不损坏。

A. 容器　　B. 纸盒　　C. 木箱

6. 氰化钾运输车辆应配备泄漏应急处理设备。运输途中应防暴晒、雨淋，防（A）。

A. 高温　　B. 低温　　C. 常温

7. 氰化钾中毒时的救治。皮肤接触：立即脱去污染的衣着，用流动清水或5%硫代硫酸钠溶液彻底冲洗至少（A）；就医。

A. 20min　　B. 2min　　C. 20s

8. 氰化钾中毒时的救治。吸入：迅速脱离现场至（A）新鲜处；保持呼吸道通畅；如呼吸困难，给输氧；呼吸心跳停止时，立即进行人工呼吸（勿用口对口）和胸外心脏按压术；给吸入亚硝酸异戊酯；就医。

A. 空气　　B. 驾驶室　　C. 车厢

9. 氰化钾中毒时的救治。食入：饮足量（B），催吐；用1∶5000高锰酸钾或5%硫代硫酸钠溶液洗胃；给吸入亚硝酸异戊酯；就医。

A. 饮料　　B. 温水　　C. 白酒

10. 氰化钾中毒时的救治。眼睛接触：立即提起眼睑，用大量流动清水或生理盐水彻底冲洗至少（B）；就医。

A. 2min　　B. 15min　　C. 20s

11. 有氰化钾的现场发生火灾时，消防人员须佩戴（C）、穿全身消防服，在上风向灭火。可用干粉、砂土灭火。禁止用二氧化碳和酸碱灭火剂灭火。

A. 手套　　B. 口罩　　C. 防毒面具

12. 氯气能与许多化学品如乙炔、松节油、乙醚、氨、燃料气、烃类、氢气、金属粉末等猛烈反应发生（B）或生成（B）性物质。

A. 燃烧　　B. 爆炸　　C. 稀释

13. 夏季运输液氯应早晚运输，防止日光（A）。道路运输时要按规定路线行驶，禁止在居民区和人口稠密区停留。

A. 暴晒　　B. 照射　　C. 照耀

14. 液氯如发生泄漏，要迅速撤离泄漏污染区人员至（A），并立即进行隔离，小泄漏时隔离 150m,大泄漏时隔离 450m,严格限制出入。

A. 上风处　　B. 下风处　　C. 无风处

15. 液氯如发生泄漏,要迅速撤离泄漏污染区人员至上风处,并立即进行(A),小泄漏时隔离 150m,大泄漏时隔离 450m,严格限制出入。

A. 隔离　　B. 疏散　　C. 集中

第五章 剧毒化学品道路运输事故应急预案

一、判断题(20 题)

1.《中华人民共和国安全生产法》第十七条中规定,“生产经营单位的主要负责人,负有组织制定并实施本单位的生产安全事故应急预案”。 (√)

2.《危险化学品安全管理条例》第七十条中要求“危险化学品单位应当制定本单位事故应急救援预案,配备应急救援人员和必要的应急救援器材、设备,并定期组织演练”。 (√)

3. 危险化学品单位应当制定本单位事故应急救援预案,配备应急救援人员和必要的应急救援器材、设备,但不必定期组织演练。 (×)

4. 危险化学品单位应当制定本单位事故应急救援预案,配备驾驶人员和备用轮胎,定期组织演练。 (×)

5. 应急救援预案编制目的:为加强对剧毒化学品道路运输安全的有效控制,最大限度地预防或降低爆炸品事故危害,保障人民生命和财产安全,保护环境,指导剧毒化学品运输企业制定应急预案,使剧毒化学品运输企业在突发泄漏、火灾、爆炸灾害事故时,能迅速反应、妥善处置,尽可能减少对人员、财产和环境的有害影响。 (√)

6. 事故报警的内容:报警人的姓名、联系方式;发生时间、具体地点(如,×××公路×××km 处)、车辆行驶方向;危险货物编号(UN)、品名、数量(t);事故性质(泄漏、燃烧、爆炸);事故规模、人员伤亡及危害情况;车辆牌照等。 (√)

7. 事故报警的内容:报警人的姓名、联系方式,发生时间、具体地点(如,×××公路×××km 处)、车辆行驶方向,事故性质(泄漏、燃烧、爆炸),事故规模、人员伤亡及危害情况,车辆牌照等;但可以不报所运危险货物编号(UN)、品名。 (×)

8.《危险化学品安全管理条例》第七十一条规定“发生危险化学品事故,事故单位主要负责人应当立即按照本单位危险化学品应急预案组织救援,并向当地安全生产监督管理部门和环境保护、公安、卫生主管部门报告;道路运输过程中发生危险化学品事故的,驾驶人员或者押运人员还应当向事故发生地交通运输主管部门报告”。 (√)

9. 应急预案随依据的法律法规的变化或涉及要素的变化应定期进行修订、完善。 (√)

10. 如果患者吸入泄漏的剧毒化学品,要尽快施行口对口人工呼吸。 (×)

11. 剧毒化学品中的易燃液体发生小泄漏事故时,泄漏物可以用干土、砂子或其他不燃物质吸收或覆盖,然后转移至容器中待处理。 (√)

12. 应急预案制定后，不必进行修订、完善。 (×)

13. 任何剧毒化学品都可以用橡胶手套运送。 (×)

14. 大部分剧毒化学品着火时，能产生有毒和刺激性气体及烟雾。扑救时，应尽可能站在上风处，并戴好防毒面具。 (√)

15. 对剧毒化学品的撒漏物不能任意处理，以免扩大污染甚至造成不可估量的危害。 (√)

16. 撒漏的液体剧毒化学品，应用砂土、锯末等松软物浸润、吸附收集后，盛入容器中，可将其交付运输管理部门处理。 (√)

17. 护目镜可以避免辐射光对眼睛造成伤害。这种眼镜分为吸收式和反射式两大类。 (√)

18. 大部分剧毒化学品着火时，能产生有毒和刺激性气体及烟雾。扑救时，应尽可能站在下风处，并戴好防毒面具。 (×)

19. 对剧毒化学品的撒漏物，在从业人员不直接接触撒漏物的前提下，可以任意处理。 (×)

20. 发生剧毒化学品道路运输事故时，人应停留在驾驶室内。 (×)

二、选择题(10 题)

1.《中华人民共和国安全生产法》第十七条中规定，“生产经营单位的(A)，负有组织制定并实施本单位的生产安全事故应急预案”。

A. 主要负责人　　B. 驾驶人员　　C. 装卸管理人员

2.《危险化学品安全管理条例》第七十条中要求“危险化学品单位应当制定本单位事故应急救援预案，配备应急救援人员和必要的应急救援器材、设备，并定期组织(A)”。

A. 演练　　B. 研究　　C. 学习

3. 事故报警的内容：报警人的姓名、联系方式；发生时间、具体地点（如，×××公路×××km 处）、车辆行驶方向；危险货物(C)、品名、数量(t)；事故性质（泄漏、燃烧、爆炸）；事故规模、人员伤亡及危害情况；车辆牌照等。

A. 化学特性　　B. 物理特性　　C. 编号(UN)

4. 事故报警的内容：报警人的姓名、联系方式；发生时间、(C)、车辆行驶方向；危险货物编号(UN)、品名、数量(t)；事故性质（泄漏、燃烧、爆炸）；事故规模、人员伤亡及危害情况；车辆牌照等。

A. 事故县

B. 事故省

C. 具体地点（如，×××公路×××km 处）

5.《危险化学品安全管理条例》第七十一条规定“道路运输过程中发生危险化学品事故的，驾驶人员或者押运人员还应当向事故发生地(B)报告”。

A. 运管机构　　B. 交通部门　　C. 质检部门

6.《危险化学品安全管理条例》第七十一条规定“道路运输过程中发生危险化学品事故的,驾驶人员或者押运人员还应当向事故(B)交通运输主管部门报告”。

A. 企业所在地　　B. 发生地　　C. 许可单位所在地

7. 剧毒化学品道路运输事故应急预案应在了解相关法律法规和技术标准,搜集掌握国内外同行业事故案例处理方法的基础上进行编制。下面各项中不属于其编制依据的是(C)。

A.《中华人民共和国安全生产法》

B.《中华人民共和国危险化学品安全管理条例》

C.《中华人民共和国卫生安全法》

D.《国家突发公共事件总体应急预案》

8. 发生剧毒化学品道路运输事故时,人应停留在(A)。

A. 上风向　　B. 下风向　　C. 驾驶室内

9. 氯气的大量泄漏时,应采用(A)喷洒,有效降低氯气的浓度。

A. 酸性物质　　B. 碱性物质　　C. 水

10. 在道路运输毒性物质过程中,应随车携带(C)。

A. 苫布　　B. 麻袋　　C. 防毒面具